ミサの司式

ローマ・ミサ典書のルブリカの研究

第2巻
読唱ミサの司式の典礼

オコーネル　著

Rev. J. B. O'Connell

加藤肇　訳

Hajime Kato

NIHIL OBSTAT

GEORGE KOLANDA

Cenosr deputatus

IMPRIMATUR

✠ ROMAN R. ATKIELSKI

Ep. Aux. et Vicarius Generalis

Milwauchiensis

November 6, 1963

THE CELEBRATION OF MASS

A Study of the Rubrics of the Roman Missal

Fourth Revised Edition

1964 by Bruce Publishing Company

ミサの司式

第2巻　読唱ミサの司式の典礼

著者　オコーネル

訳者　加藤肇

発行所　株式会社Ｓｔトマス

〒102-0084　東京都千代田区二番町 5-2 麹町駅プラザ 901

電話 03-6869-1727

2016 年 12 月 21 日　初版発行

ISBN978-4-9908645-6-9

出典

Missale Romanum（新規範版、1962）.

Caereminiale Episcoporum（規範版、1886）.

Memoriale Rituum Benedicti XIII（規範版後の第一版、1950）.

Rituale Romanum（規範版、1952）.

Instructio Clementina（1731）.

Codex Juris Canonici（1917 年出版）.

Decreta Authentica Congregationis Sacrorum Rituum（1588-1926）.

Acta Apostolicae Sedis（1909-1962）.

Motu Proprio "Inter Pastoralis Officii Sollicitudines"（Pius X, 1903）.

Graduale Sacrosanctae Romanae Ecclesiae（規範版、1907）.

Cantorinus seu Toni Communes（規範版、1911）.

Encyclical Letter, *Mediator Dei,* on Christian Worship（Pius XII, 1947）.

De Rubricis ad Simpliciorem Formam Redigendis（1955 年 3 月 23 日の general decree of S.R.C.）.

Ordo Hebdomadae Sanctae Instauratus（規範版、1956）.

Encyclical Letter, *Musicae Sacrae Disciplina*（Pius XII, 1955）.

Instructio de Musica Sacra et Sacra Liturgia（S.R.C., 1958 年 9 月 3 日）.

Rubricae Breviarii et Missalis Romani（1960 年 7 月 26 日）.

略語

A.A.S. ＝*Acta Apostolicae Sedis.*

C.E. ＝*Caeremoniale Episcoporum.*

C.J.C. ＝*Codex Juris Canonici.*

D. ＝*Decretum*（礼部聖省の）.

D.G.R.S. ＝*Decretum Generale de Rubricis ad Simpliciorem Formam Redigendis*（1955）.

I.C. ＝*Instructio Clementina*（40 時間の礼拝に関するクレメント 12 世の）.

Instr. ＝*Instructio de Musica Sacra*（1958）.

M.P. ＝*Motu Proprio* of Pius X, 1903（教会音楽の刷新に関する）.

M.D. =Encyclical *Mediator Dei*（1947）.[1]

Mem. Rit.=*Memoriale Rituum.*

O.H.S. =*Ordo Hebdomadae Sanctae Instauratus*（1956）.

O.M. =*Ordo Missae*（通常、聖土曜日の後で、ミサ典書の中央にある）.

R. =*Ritus Servandus in Celebratione Missae*（ミサ典書の始めにあ
る）.

R.G. =*Rubricae Generales Missalis*（1960 年の法典よりも前）.

R.M. =*Rubricae Missalis Romani*（1962）.

R.R. =*Rituale Romanum.*

R.S. =*De Ritibus Servandis in cantu Missae*（Gradual より）.

S.C.I. =Sacred Congregation of Indulgences.

S.R.C. =Decrees of the Congregation of Sacred Rites.

---

[1] Gerald Ellard, S.J., 1948により編集された米国版。括弧内の参照はMsgr. G. D. Smith,
1948 による Catholic Truth Society のために翻訳された英語版へのもの。

目次

第1部　　ミサの全般的な儀式

第1章　　ミサ司式での声

In Missa lecta, dicuntur clara voce:[1]

(a) verba *In nomine Patris*, etc.; psalmus *Iudica me, Deus*, cum sua antiphona; confessio et ea quae sequuntur usque ad *Oremus* inclusive; orationes vero *Aufer a nobis et Oramus te, Domine* dicuntur secreto;

(b) antiphona ad Introitum cum suo versu et *Gloria Patri* necnon *Kyrie eleison*;

(c) hymnus *Gloria in excelsis*;

(d) *Dominus vobiscum, Oremus, Flectamus genua-Levate*, orationes;

(e) lectiones, epistola, graduale, tractus, *Alleluia* cum suo versu, sequentia et Evangelium;

(f) *symbolum*;

(g) *Dominus vobiscum, Oremus* et antiphona ad Offertorium, necnon verba *Orate, fratres*;

(h) praefatio et *Sanctus-Benedictus*;

(i) verba *Nobis quoque peccatoribus*; oratio dominica cum sua praefatione; *Per omnia saecula saeculorum* et *Pax Domini sit semper vobiscum*; *Agnus Dei*, etc.; verba *Domine, non sum dignus* ante Communionem sacerdotis celebrantis; formulae ad Communionem fidelium; antiphona ad Communionem; *Dominus vobiscum* et postcommuniones; necnon verba *Humiliate capita vestra Deo* et oratio super populum;

(l) *Ite, missa est* vel *Benedicamus Domino* aut *Requiescant in pace*; benedictio et ultimum Evangelium.

Cetera dicuntur secreto.

Sacerdos autem maxime curare debet ut quae clara voce dicenda sunt, distincte et apposite proferat, non admodum festinanter, ut advertere possit quae legit, nec nimis morose, ne audientes taedio afficiat neque etiam voce nimis elata, si in altari secundario celebrat, ne perturbet alios, qui fortasse in eadem ecclesia tunc temporis celebrant; neque tam submissa, ut a circumstantibus audiri non possit. Quae vero secreto dicenda sunt, ita pronuntiet, ut ipsemet se audiat, et a circumstantibus non audiatur.

---

[1] R.M., nn. 511, 512.

1

ミサの全般的な儀式

1 話す際に、我々は用語の正確な意味で発声された（すなわち、声帯で）か、あるいは広義の意味でのみ発声された（すなわち、歯擦音として歯と唇で）かのいずれかの声を用いる。最初の場合、我々は大きい、中位あるいは小さい音調を生じながら、異なる強さの度合いで声を出して話す。二番目の場合には、我々は、大きくか聞こえないようにかのどちらかでささやく。ミサでは3通りの音調が使用される。ある言葉は声を出して、ある言葉は中位の声で（あるいは節度のある、控えめな）、そしてある言葉は静かに発音される。一般に、読唱ミサでは会衆の教育と教化に向けられている部分——そしてこれは荘厳ミサでは会衆により、あるいは会衆に対して歌われる——は声を出して朗唱される。一方、本質的に聖職者のものであり、秘跡の行為及びいけにえとその類の事の奉献と祝別のために予定されている祈祷文は、より大きな荘厳さと敬意のために、密やかに唱えられる。これらの後者は全員の名義であっても、1人で行為を行っている司祭の祈祷文である。

2 声を出して朗唱されることになっているミサの部分は、ルブリカで *clara*[2] あるいは *intellegibilis* と書かれている、ミサに列席する者が雑音や教会が極めて大きいというような外的な障害は別として、司式者を明瞭に聞くことができる音調の声で唱えられる。当然、この明瞭な声は、状況に従って強さが変化するであろう。司祭が大きな教会で数多くの会衆のためにミサを司式している場合には声は大きくなるであろうし、小さな礼拝堂で司式者の近くで少しの者しか列席していない場合には声は小さくなるであろう。また、例えば別の司祭が近くの脇祭壇でミサを行っている場合にも、この司祭を妨げないように、声はより小さくなるであろう。しかし、司式者の声は常に、通常の条件下で、列席している者が唱えられているものを困難なく聞くことができるよう、十分に大きく明瞭であるべきである。現在では、教会の精神に従って、多くの人々が対話ミサに参加するか、少なくともミサ典書でミサを追っており、彼らは通常、司祭の声を明瞭に聞くことができるべきである。当然、司式者は特に小さな建物では叫ばず、声を出して唱えられることになっている部分をルブリカ[3]で

---

[2] R.M., n. 511.
[3] R.G. xvi, 2. Cf. R.M., n. 512.

mediocris et gravis と書かれている声で朗唱するべきである。司祭は、気取った声でもミサの司式には全く奇妙に思われる声でもなく、自然な声で―演説するのではなく―話すべきである。

3　ミサの多くは、特により荘厳な部分では、ルブリカで「密やかな」[4]と書かれている声で唱えられ、すなわち、司祭は言葉を外的な妨げ（例、侍者あるいは会衆による雑音、音楽、教会の鐘の鳴る音）は別として、「自身で聞くことはできるが、近くの者により聞かれることができない」ように発音する。これは、たとえ静かに祈っていても、唇と舌で言葉を実際に発音しなければならず、単に目で読んだり心の中で唱えたりはしないことを意味している。これを誇張した発音あるいは唇や舌のゆがめなしで、自然な方法で行うべきである。

4　新しいルブリカに従い（R.M., n. 513 e）、*alia quae in missa lecta dicuntur clara voce*（読唱ミサで明瞭な声で唱えられる全て）は荘厳ミサでは密やかな声で唱えられることになっている[5]。これらは入祭文及び昇階唱、*Alleluia* 唱、詠唱、続唱、司式者の聖体拝領のための *Domine non sum dignus*、聖体拝領の交唱、最後の聖福音[6]である。ルブリカ[7]で *vox conveniens* と書かれている三番目の音調が荘厳ミサで用いられるが、この声で司式者は、聖なる奉仕者が応答しなければならない部分（例、準備の祈祷文、*Kyrie eleison*）を唱える。この同じ声は３人の聖なる奉仕者による *Gloria in Excelsis*、クレド、*Sanctus*[8]、*Agnus Dei* の朗唱のために用いられる。

5　読唱ミサで明瞭な声で朗唱されることになっているミサの部分は以下である[9]。

a）*Oremus* までの準備の祈祷文（交唱、詩篇、*Confiteor* 等）

---

[4] R.M., n. 512.

[5] 古いルブリカ（R.G., XVI, 2）はこれらの *alia* が *submissa voce* で唱えられるよう指示している。

[6] 副助祭が答える始まりと終わりを除く。

[7] R.M., n. 513 a.　これが本当に以前の R.G., xvi, 2 の古い *Submissa voce* であり、いまだに R. IV, 7. で助祭・副助祭による *Gloria in excelsis* の朗唱のためにそう書かれている。O.H.S では、受難を歌う聖職者による *Munda cor meum* を唱えるのは *submissa voce* であることになっている（枝の主日、*De Missa*, n. 8）。

[8] Cf. R. IV, 7; VI, 5; VII, 11.

[9] R.M., n. 511.

b）入祭文、*Kyrie*、*Gloria in excelsis*

c）*Dominus vobiscum*、*Oremus*（*Flectamus genua, Levate*）

d）集祷文

e）書簡、昇階唱、*Alleluia* 唱、詠唱、続唱

f）聖福音、クレド、*Dominus vobiscum*、*Oremus*

g）奉献の交唱、*Orate fratres*、*Amen*（98 ページ、注 57 参照）

h）序唱、*Sanctus-Benedictus*、*nobis quoque peccatoribus* の言葉

i）*Pater noster* とその序文

j）*Per omnia saecula saeculorum, Pax Domini* 等

k）*Agnus Dei, Domine non sum dignus*、及び会衆の聖体拝領のための式文

l）聖体拝領の交唱、*Dominus vobiscum*

m）聖体拝領後の祈祷文

n）*Humiliate capita vestra Deo* 及び *Oratio super populum*

o）*Ite, missa est* あるいは *Benedicamus Domino, Requiescant in pace*

p）祝福及び最後の聖福音

　他の全ての部分は密やかに唱えられることになっている[10]。

　6　ミサの様々な部分のための声の高さを指示しているルブリカを習慣的に無視することは、当然、罪であろう——重要な事柄では、多分重大な罪であろう。従って、ある道徳神学者はカノンの全体あるいは重要な部分、あるいは聖変化の言葉のみであっても声を出して朗唱することは重大な罪であると考えて

---

[10] R.M., n. 511. この新しいルブリカには *Orate, fratres* への応答の終わりの *Amen* について（R. VII, 7, *submissa voce*）、密唱の結びについて（R. VII, 8, *convenienti et intelligibili voce*）、カノンの結びの *Amen* 及び *Pater noster* の終わりでの *Amen* について（R. X, 1, *submissa voce*）何も書かれていない。*Orate, fratres* 全体が声を出して唱えられないことはこれが応答を必要とするために、そして、司式者の聖体拝領前の *Domine non sum dignus* が声を出して（*clara voce*）唱えられることはこれが司式者の私的な祈りであるために、奇異に思われる。新しいルブリカが古いルブリカの *submissa voce* を排除している（nn. 511, 513）ように思われる一方で、これはなおも *Ritus* の数箇所で見られ、実際には R.M., n. 513d の *vox conveniens* である。さらに、R.M., n. 511 に *Orate, fratres* 及び *Nobis quoque peccatoribus*、*Domine non sum dignus* が *clara voce* で（そして、この声は R.M., n. 512 及び Instr., 34, 78 で定義されている）唱えられることになっていると書かれている一方で、R. VII, 7 及び IX, 3, X, 4（そしてカノンのルブリカ）はこれらの言葉のために、なおも *voce aliquantulum elevata* を使用している。

いる。ルブリカへの侮りから行われた場合、あるいは物議を醸した場合には確かにそうであろう。トリエント公会議は *Si quis dixerit, pars Canonis et verba consecrationis proferuntur, damnandum esse, anathema sit.* と述べている[11]。他方で、聖変化の言葉を司式者が通常の条件下で自身を聞くことができないように発音することは、秘跡を無効へとさらすことになるため、重大な罪であろう。秘跡の式文は、形式とされているように分別があり聞こえる方法で発音されなければならない。

7　ミサの祈祷文及び式文を恭しく、正しく、明瞭にそして規定されている音調で朗唱することは極めて重要である。司式者が句を短くしたりいくつかの句を全て省略しながら、言葉をもぐもぐさせる時には、全く無益である。あるいは言葉を大急ぎで発音して、理解力があり注意深い者でさえもミサ典書で追うことができない時もそうである。あるいは侍者に適切に答えるための時間を許さずに、侍者が応答の部分を省くか、司祭が司祭の部分を唱えている間に応答を唱える事を余儀なくされる時もそうである。司式者は、気取りや堅苦しい演説の様子を避けながら、祈祷文及びそれぞれのミサの式文の他の部分を、唱えている事を理解し、他の者にできるだけわかりやすくすること、そして聖なる言葉に当然の敬意を払って文章を朗唱することを明確にするように、句読、アクセント、休止、声の抑揚に注意をして読むべきである。「対話ミサ」では司式者が、会衆が参加する部分を他のミサでよりもゆっくり（適切な休止とともに）かつ明瞭に、そして会衆に発声の先導をして励ますような音調で朗唱するべきであることは明白である。

8　聖なる音楽と聖なる典礼に関する礼部聖省の訓令（1958 年 9 月 3 日）は、特に大きく込み合った教会では、ルブリカに従って声を出して（*clara voce*）唱えられることになっているミサの言葉を、全ての信徒が適切にそして不便なく聖なる行為を追うことができるように発音するよう司式者に指示している[12]。

---

[11] Session xii, *De Sacrificio Missae*, Canon ix.
[12] N. 34　放送ミサでは、司式者はこれらの言葉を *altius* で発音することになっている（n. 78）。

　対話ミサでは、司式者はミサに行動的に参加するよう会衆を励まし、司式者とともに朗唱する祈祷文で先導するように声を用いるべきである。放送ミサでは、司式者は通常は *submissa voce* で唱えられるべき部分で——視聴者がより容易に追えるよう助けるために——声を上げても良い[13]。ミサの祝福では、司式者は全ての信徒により理解されるように言葉を発音することになっている[14]

---

[13] Instr., n. 78　ここでは *submissa voce* は *secreto* を意味しているように思われる（O'Connell, *Sacred Music and Liturgy,* p. 75 参照）。

[14] Instr., n. 27g.

第2章　　典礼上の身ぶり

　ミサの動作が最大の敬意と礼儀、威厳をもって行われるために、ルブリカは司式者の姿勢と動き、身ぶりを詳細に規制している。これらの詳細な指示の根底にある一般原則は、単に司式者が効率よく、礼儀正しく、敬意をもってふるまうべきであるばかりでなく、司式者がキリストの代理として祭壇に立つ時には司式者は可能な限り、司式者自身の注意を引き、司式者が務めている重大な行いから注意をそらさせ得る、全ての個人的特性を、どのように小さな特性、誇張、気取りであっても放棄するべきであるということのように思われる。従って、司式者の手の位置及び目の動き、様々な典礼上の身ぶりに関するルブリカは、不敬あるいは無関心、不注意の感じがするものばかりでなく、マンネリや「敬虔な」性質にさえ見える途方もない行いまでも除去することを目指している。ルブリカは司祭の動きと外観、声を正当な範囲に保つ——ルブリカは抑制の法規である。ルブリカは極めて現実的な霊的修養を構成しているため、司祭の個人的な聖化を助ける規則である。毎日毎日、例えば、完全にまっすぐに片膝をつくこと、あるいは伸ばして広げた手を正しい位置に保持することは、自己修練と自制の小さな行いではない[1]。

I.　　全般的な立ち居ふるまい

歩く

　ルブリカには[2]、司祭が「目を下方に向けて、威厳のある身のこなしで、まっすぐに立って」祭壇に向かうことになっていると書かれている。これは儀式で歩くための一般的な規則を示している。尊敬と謙遜は、祭壇に向かいあるいは祭壇から戻り、祭壇で動いている時に、司式者が目の管理を行うことを必要としている。これは特に、司式者が *Dominus vobiscum* 及び *Orate, fratres*、祝

---

[1] 13 ページ及び 17 ページを参照。
[2] R. II, 1.

福のために会衆の方に回る時に、ルブリカにより繰り返し教えられている[3]。歩いている時、司式者は自身をまっすぐに保ち、肩を十分に後方にし、頭を完全にまっすぐに保つべきである[4]。祭壇で移動する時、司式者は後ろ向きあるいは横向きに歩くべきではなく、向かう地点をまっすぐに向く。従って、祭壇の中央から脇に移動する時には、前へ進み始める前に、書簡側あるいは福音書側の隅の方を完全に向くべきである。

立つ

祭壇で立っている時、ルブリカ[5]は司式者が *stans erectus* であると述べている。司式者はまっすぐに立つが、単に外見がふさわしいからではなく、犠牲の祭壇の前で立っているもう1人のキリストとしての務めの威厳のためでもある。司祭は両足を合わせ、拇指球に体重をかけて、十分に安定して立つべきである。規定されている時を除き[6]、前かがみになったり、祭壇にもたれかかったり[7]、ましてや肘を祭壇に置くべきではない。体を揺らさずに、静止して立つべきである。中でも、頭はまっすぐに保ち、下げず[8]、片側にも上げず、首をミサ典書の方に伸ばすべきでもない[9]。

回る

---

[3] R. V, 1; VII, 7; XII, 1.
[4] しかしながら、これは司式者が、歩哨任務中の兵士のようにそりかえって歩くべきであることを意味していない。
[5] 例、R. VIII, 4.
[6] すなわち、各聖変化、及びパンの形式での司祭の聖体拝領で。
[7] これはやがては、祭服を傷つける。
[8] 常に頭をかがめて保つ場合、ルブリカにより規定されている小さなお辞儀をどのように行うことができるだろうか？
[9] ミサ典書の台が、特に背の高い司祭のために高く――一般的よりもずっと高く――作られ、司式者が体をかがめたり首を伸ばす必要がなく、すべきであるように全くまっすぐに立てるようにすることが非常に望まれる。

祭壇で立つ時、司式者は右側から会衆の方に回ることになっており（例、典礼上の挨拶及び祈りへの招きのため）、通常は同じように、すなわち左側から回って戻り、円を完成させないことになっている[10]。

しかしながら、*Orate fratres* と祝福の後の2つの場合には[11]、ルブリカは円を完成するよう指示しており、従って、ずっと右側から回る。

会衆の方に回る場合、祭壇に残ろうとしている時には、司式者は完全に回り会衆の方をまっすぐに向くが（御聖体が顕示されているか、祭壇のテーブル上にある場合を除く）、祭壇の下に下りようとしている場合には、司式者は福音書側に少し下がり、やや書簡側の方を向くようにするが[12]、例えばミサを始めるために下りて来る時である。

一般に、祭壇での司式者の動き、及び特に会衆の方へ回ることは、急ぎすぎず、しかし長々とゆっくりで躊躇するべきでもない。司式者の動きは落ち着いて、威厳があり、敬意があり、優美であるべきである。

II. 儀式上のキス

典礼上のキス

　人の（例、荘厳ミサで、司教の聖別あるいは司祭の叙階のミサで）

物の　　（a）敬意の（司式者の手へのキス）

　　　　（b）象徴的（祭壇へのキス）

　　　　（c）混合の

通常は尊敬と慈しみの行為として、時折、象徴的な理由のために、ルブリカはミサの司式で、祭服のいくつか（すなわち、肩衣、マニプル、ストラの十字）祭壇、ミサ典書、Embolism 中[13]のパテナが司式者によりキスされることにな

---

[10] R. V, 1; VII, 1.

[11] R. VII, 7 and R. XII, 1: cf. also C.E. I, xix, 5.　一般的に、司祭は読もうとしているミサ典書の方に回る。奉献では明らかな例外があるが、もともと司式者は奉献唱を読まなかった。

[12] R. II, 4.

[13] 128 ページ参照

っていると規定している。司式者は実際に、しかし聞こえないように、これらに唇で触れることになっている。

祭壇はミサ中に何回もキスで表敬される。一般に祭壇は実際のミサの司式で、司祭が祭壇に近づく時、あるいは祭壇から出発しようとしている時（例、書簡側の隅に向かうため）あるいは、奉献の始まりや *Orate, fratres* でのようにほんのしばらく祭壇から向きを変えようとしている時でさえも、毎回そうして表敬される。キリストを象徴するため、荘厳な聖別のために聖であるため、偉大な犠牲がその上で度々献げられるため、そして聖人の聖遺物を安置しているために、祭壇はこのように尊敬される。

威厳と優美をもって祭壇へキスをすることは気配りを必要とする。司式者は最初に祭壇から少し下がり、両手（単に指先ではなく）を掌を下にしてコルポラーレの外側で[14]テーブルの上に置き[15]、次いで唇でテーブルに触れるためにまっすぐにかがむ。司式者は体をねじったり、頭を片側に曲げてはならない。祭壇は中央にキスをされることになっているため[16]、そしてミサの始めからコルポラーレが完全に広げられることになっているため[17]、祭壇はコルポラーレの上でキスをされて良いし、一般にはそうである[18]。当然、司式者はカリスベールが祭壇の前方に広げられている場合、これに触れることを避けるであろうし、

---

[14] コルポラーレが大き過ぎて、両手をコルポラーレの外側に置くことがぶかっこうである場合には、司式者は両手をコルポラーレの上に置いても良い。聖変化から聖体拝領まで、両手の親指と人差し指は合わせて、両手をコルポラーレ内に置かなければならない（cf. R. VIII, 5; IX, 1）。

[15] 自身を支えるため、そして象徴的には、キリストとの親密な結合の印として。

[16] R. IV, 1 and cf. C.E. I, xix, 6.

[17] R. II, 2.

[18] コルポラーレが通常、祭壇のテーブルの端の約1インチ弱まで来るため、別の方法で行うことはほとんど不可能である。用心深い司祭は、コルポラーレ上に以前のミサからの御聖体の小さなかけらがあるといけないので、コルポラーレにキスをすることを避けることを好み、そのため、ミサの始めからコルポラーレを完全に広げないか、コルポラーレの一方の横で祭壇にキスをするかのどちらかである。どちらの習慣も正しくない。ルブリカが遵守されるべきである。これはルブリカにより規定されている*正当な敬意*の例であり、用心深さを避けることを説明している（奉献でカリスの中に注がれることになっている水の量—*parum aquae*, R. VII, 4, 9—に関するルブリカ、そしてコルポラーレの清めのために与えられている指示R. X, 4. を参照）。

聖変化の後で御聖体がテーブルの端に近すぎる場合にもさらに強い理由で、これに触れることを避けるであろう。

　祭壇あるいはミサ典書、あるいは他の全ての物へのキスの前に、手あるいは親指で最初に物の上に十字の印は描かれないことになっている[19]。

III. ミサの司式での手

　手は外的動作の主要な手段であり、その位置により、多くの思いと感情を示すことができる。この理由により、ミサの司式中の手の位置はルブリカにより注意深く規制されている。

　一般的に、儀式中に両手が使用されていない時、両手は合わせて胸の前で保持されることになっており、これは尊敬と威厳の姿勢である。一方の手のみが使用されている時——通常は右手であろう——他方の手は、司祭が祭壇にいる場合、掌を下にしてテーブルの上に置く（本の上あるいはカリスの脚の上に置くことになっているのでなければ）。司祭が祭壇にいない場合、あるいは自身に十字の印をする時には、乳房のすぐ下の胸に置く。空中でぶら下げたり、脇に下げてはならない[20]。

両手を

　A　合わせる

　　　(i) 胸の前で　　(ii) 顔の前で　　(iii)祭壇の上で

　B　離す

　（a）広げる　　(i) 胸の前で　　(ii) 再び合わせる　　(iii) 上げて合わせる

　（b）置く　　　(i) 祭壇の上に　　(ii) 本の上に

A　両手を合わせる

---

[19] R. IV, 1; cf. C.E. I, xix, 6.
[20] R. III, 5, 7; X, 2; XII, 1; C.E. I, xix, 1, 3.

（i）胸の前で両手を合わせる（*iunctis manibus ante pectus*）

1　このように保持された両手は、単に指と指ばかりでなく、掌と掌も合わせることになっている。指は完全に伸ばし、一緒につけて、右手の親指は左手の親指の上で十字の形にすることになっている。しかしながら、聖変化後は、指の清めまで、指に付着したかもしれない御聖体のどんな小さなかけらも床に落ちることを防ぐために、両手の親指と人差し指をつけておくことになっている[21]。

2　両手がこのように合わせて保持されている時、指は地面の方ではなく、少し上方を向くようにするべきである。肘は身体の近くで保持する。両手は胸の高さで、これより低くも高くもなく、保持することになっており、祭服に実際に触れてはならない。

何かに祝別をする前には、例えば奉献での水の祝別の時のように、左手が他にふさがっているのでなければ、――特に神のとりなしを願うために――最初に胸の前で両手を合わせることになっている[22]。

（ii）顔の前で両手を合わせる

最大の回想を示すため、ルブリカは3箇所で合わせた両手を顔の前で保持するように指示している。

1　カノンの始めの生者の記念での *elevans et iungens manus usque ad faciem vel pectus*

2　死者の記念での *extensis et iunctis manibus ante pectus, et usque ad faciem elevatis*

3　御聖体の拝領後の *iunctis indicibus et pollicibus, ambas quoque manus ante faciem iungit*[23]

Ordo Missae（カノン）ではこれらの部分で、両手を上げることに関して何も書かれておらず、単に *iungit manus* と書かれている。

---

[21] R. III, 1; VIII, 5; X, 1.
[22] R. VII, 5. 参照。
[23] (1) R. VIII, 3; (2) R. IX, 2; (3) R. X, 4.

最初の場合、合わせた両手を胸の高さで保つことで十分であるが、あるいは他の２つの場合でルブリカが指示しているように「顔の前」に上げても良い。ルブリカの専門家はこれを、合わせた両手を、指先が口の高さ付近になるまで上げることを意味すると説明している。当然、両手は口あるいは鼻に触れてはならない。

(iii) 祭壇上で両手を合わせる（*manibus iunctis super altare positis*）

祭壇で立ちながら、深くか中位いずれかのお辞儀をする時、合わせた両手は通常、祭壇のテーブルの上に置く。小指はテーブルより下に置くが、テーブルの正面の縁に押しつける。小指は、伸ばして一緒につけて[24]、聖変化の後でさえも、コルポラーレの上ではなくコルポラーレの近くでテーブルの上にある他の指の近くに保たれる[25]。

合わせた両手を祭壇の上に置くことの理由は二通りある。最初に、司祭が自身を支えるために[26]、そして第二に、祭壇により象徴されるキリストとの大きな結合を神秘的な方法で示すためである。これが行われる間の祈祷文は以下である。

1 *Oramus te, Domine*、*quorum reliquiae* の前まで

2 *In spiritu humilitatis*、祈祷文全体

3 *Suscipe, sancta Trinitas*、祈祷文全体

4 *Te igitur*、*uti accepta* の前まで

5 *Supplices te rogamus*、*ex hac altaris participatione* の前まで

6 *Domine Iesu Christe, qui dixisti* 及びその次の２つの祈祷文全体で

7 *Placeat*、祈祷文全体[27]

---

[24] 聖変化前には、両手は掌を掌に、指を指に、右の親指を左の親指の上に交差させて保持する。聖変化からすすぎまで、それぞれの手の人差し指と親指はつけておかなければならないため、一方の手の指は他方の手の指と指先でのみ触れるであろう。

[25] S.R.C. 2572[21]

[26] R. V, 4. 参照。

[27] (1) R. IV, 1; (2) R. VII, 5; (3) R. VII, 7; (4) R. VIII, 1; (5) R. IX, 1; (6) R. X, 3; (7) R. XII, 1.

しかしながら、次の４つの場合では合わせた両手は祭壇の上に置かず、胸の前で保持する（*iunctis manibus ante pectus*）。

1　*Munda cor meum*

2　*Sanctus*

3　生者のミサでの最初の *Agnus Dei* で *mundi* まで、あるいは死者ミサでは *Agnus Dei*（３回繰り返される）全体を通して。

4　*Benedicamus Domino* あるいは *Requiescant*（まっすぐで唱えられる）が *Ite, missa est* に取って代わる時[28]。

B　両手を離す

（a, i）胸の前で広げる

ミサのより荘厳な、聖職者の祈祷文（集祷文及び密唱、序唱、カノン、*Pater noster*、聖体拝領後の祈祷文）を朗唱する間、司式者は、十字架上のキリストの祈りを思い出させるやや古風な *orantes* のやり方で両手を保持するよう指示されている。ルブリカ[29]は両手をどのように保持することになっているかを、やや詳細に説明している。

1　胸の前で（*ante pectus*）

2　互いに平行に（*ita ut palma unius manus respiciat alteram*）[30]

3　指は完全に伸ばすが、広げずに一緒につける（*et digitis simul iunctis*）

4　　両手は両肩よりも高く上げず、両肩の幅よりも広げない（*quorum summitas humerorum altitudinem distantiamque non excedat*）[31]。従って、両手は高く上げすぎても、幅を広げすぎてもならず[32]、掌は上向きでも下向きでもなく互いに*厳密に平行に*保持して、自然で楽な姿勢で指がわずかに上方を

---

[28]（1）R. VI, 2;（2）R. VII, 8;（3）R. X, 2;（4）R. XI, 1.

[29] R. V, 1（古いミサ典書）及び VII, 8; C.E. I, xix, 3.

[30] C.E. II, viii, 38 参照。

[31] これらの制限は、身ぶりを誇張することを排除し、祈祷文での両手の使用が礼儀正しく威厳のあるものであるように保障することを意図している。

[32] 両手が正しく保持されている時、司式者のまっすぐ後方にいる者には両手は見えない（あるいはほとんど見えない）。

指すようにしなければならない。両手を伸ばす際、*肘は脇の近くに保つべきで*ある。これは両手を広げ過ぎて保持すること、及び両手を高く上げすぎることを不可能にするであろう。聖変化後には清めまで、それぞれの手の3本の指のみを完全に伸ばし、両手の親指と人差し指は指先を一緒につけたままで保持する[33]が、当然、御聖体を扱う時を除く。

広げた両手に関するルブリカ（R. V, 1）は新しい *Ritus*（1962）では変更されており、現在は *tum manus ante pectus extendit, digitis simul iunctis* と書いてある[34]。古いルブリカにある広げた両手の姿勢の詳細——いずれにせよ、しばしば遵守におけるよりも違反において名誉を与えられた——は、現在では堅苦しくて機械的すぎると考えられており、より大きな自由が新しいルブリカにより許されている。それでも、両手を誇張して広げることは避けるべきである（上記7ページを参照）。

両手は以下でこのように広げて保持する。

1　ミサ中の祈祷文（*orationes*）、すなわち集祷文及び密唱、聖体拝領後の祈祷文、四旬節での *Oratio super populum* のため。ミサ外での祈祷文、例えばろうそく、灰、枝の祝別でのものは異なり、両手を合わせる[35]。それぞれの祈祷文の結語、すなわち *Per (eundem) Dominum nostrum* の言葉の間[36]、あるいは結語が *Qui tecum* 又は *Qui vivis* の場合には司祭が *in unitate* を唱える時、両手を再び合わせる。

2　序唱前、*Sursum corda* の言葉とその応答の間[37]、そして序唱全体の間、*Vere dignum* から *Sanctus* の前まで。

3　カノン全体を通して。他に *Ritus* あるいは *Ordo* で別に指示されている箇所、例えば *Te igitur*（祭壇の上で両手を合わせる）、生者の記念（顔あるい

---

[33] R. VIII, 5.
[34] 密唱のために、ルブリカ（R. VII, 8）には *manus elevat hinc inde ante pectus extensas* と書いてある。
[35] 聖マリアのお清めの祝日等の典礼の特別なルブリカを参照。
[36] R. V, 1.
[37] R. VII, 8.

は胸の前で両手を合わせる）、*Hanc igitur oblationem*（両手はいけにえの上に、そして結語で合わせる）を除く。

4　*Pater noster*の間（*Amen*まで）。

（a, ii）両手を広げて再び合わせる

ミサ自体の中で、両手はほんのしばらく広げ――祈祷文と司式司祭との親密な結びつきへの招きとして――すぐに再び合わせる（*extendens, ac iungens manus ante pectus*）。しかし、例えばろうそく、灰、枝の祝別の祈祷文では異なる。

1　*Oremus*を唱える間[38]（*Pater noster*の直前でルブリカ R. X, 1 が司祭に両手を合わせるよう指示しているのを除く）。

2　司式者が会衆の方に回り、会衆に *Dominus vobiscum* の挨拶で会衆に呼びかける間[39]（祭壇に上る前、及び各聖福音の前、序唱の直前のこの言葉では、両手を広げない[40]）。

3　*Orate, fratres*の2語を唱える間[41]。

両手をこのように広げる間、なるべく肩幅よりも広げず、肩よりも高く上げず（従って肘は脇近くに保つべきである）、両手は動作の間に*下げてはならず*、胸の前で保持する。両手は屈曲させず、直線で開く。

（a, iii）両手を広げて、上げて、合わせる

讃美とより熱心な懇願の身ぶりである、この典礼上の身ぶりは *extendens, elevans et iungens manus* として説明されており[42]、以下の冒頭の言葉で使用される。

---

[38] R. V, 1; R. VII, 1 等
[39] 司祭が会衆の方を向いて司式している祭壇では、司祭は当然 *Dominus vobiscum* を唱えるために回らず、両手を広げて、再び合わせる（R. V, 3）。
[40] R. VI, 2; R. VII, 8 参照。
[41] R. VII, 7.
[42] R. IV, 3, etc.; *Ordo Missae*, C.E. I, xix, 3; II, viii, 38; R.R. V, v, 9.
　これらの *Ritus* の異なる部分のルブリカ及び対応する *Ordo* あるいはカノンのルブリカがこの典礼の身ぶりを記述する際に様々な言い回しを用いているが、ルブリカの専門

1 *Gloria in excelsis*（84 ページを参照）

2 *Credo*

3 *Veni, sanctificator*

4 *Te, igitur*

5 祝福[43]

この身ぶりはまた、カノンの祈祷文 *Quam oblationem* 中で *ut nobis Corpus et Sanguis fiat* の言葉の後で使用される[44]。

両手は胸の前で、肩幅まで広げ、肩の高さまで上げて[45]、次いでまっすぐな線で下げて、胸の前で再び合わせる。この全ては１つの連続した動きで行われ、両手は平らな楕円を短軸で描く。この身ぶりで両手を上げるのはわずかである。両手は顔の前に（一見して C.E. I, xx, 3 が示唆しているように）ではなく、ただ肩の高さまで上げることになっている。これらは *Ritus* IV, 3（そしてこれは *quod in omni manuum elevatione observatur* と加えている）及び「一方の手掌が他方の掌を向く（*respiciat*）ように」と加えている C.E. II, viii, 38 の指示である。*Veni, sanctificator* でのこの身ぶりに関するルブリカ[46]は *quod semper facit [Celebrans] quando aliquid est benedicturus* と加えている。

この身ぶりが起こる６つ全ての場面で、付随する言葉を唱える間に行われるが、*Te igitur* では祈祷文が始める前に動作が終わるのを除く[47]。

（b, i）両手を祭壇の上に置く

時々ルブリカは[48]、祭壇に片膝をつくかキスをする時、あるいは祝別をする時に[49]、司式者に一方あるいは両方の手を祭壇の上に置くよう指示している。

家はこの身ぶりが上で記述されているものであること、そして言及されている五つの場合での同じ身ぶりであることに一致している。

43 (1) R. IV, 3; (2) R. VI, 3; (3) R. VII, 5; (4) R. VIII, 1; (5) R. XII, 1; cf. R. VII, 5.

44 R. VIII, 4.　この特別な場合には、司祭は両手を祭壇から上げることでこの身ぶりを始めない。右手はカリスの上で十字の印をするために既に上げており、これが終えられた時に左手を祭壇のテーブルから持ち上げる。次いで、両手を胸の高さから肩の高さまで上げ、合わせる。

45 R. IV, 3.

46 R. VII, 5.

47 R. VIII, 1及びカノンのルブリカ。

そのような場合、司式者は手全体を平らにして[50]、指を一緒につけて掌を下にして、コルポラーレの外ではあるがコルポラーレの近くで祭壇のテーブルの上に置く[51]。両方の手の人差し指と親指をつけている聖変化とすすぎの間には、両手はコルポラーレの上[52]、しかし端の近くに置き、コルポラーレの上にあるかもしれない聖なるかけらに触れることを避けるようにする。

両手は以下でこのように置く。

　1　司式者が祭壇にキスをする毎

　2　司式者が祭壇で片膝をつく毎（両手に御聖体を保持しているため、御聖体の奉挙の直前に片膝をつく時は除く）

　3　密唱の結語の後、序唱の始まりの前の *Dominus vobiscum* のため

　4　カノンの終わりの *Per omnia saecula saeculorum* の間

司式者がミサを続ける前に待たなければならない場合にはいつも、両手はこのように祭壇の上に置いても良い（例、荘厳ミサで司式者が *Gloria* あるいはクレドの歌のために座らなかった場合）。

（b, ii）両手をミサ典書の上に置く

書簡あるいは昇階唱、詠唱、続唱の朗読のため、司式者は掌を下にして両手をミサ典書の上か祭壇の上のどちらかに置くことになっている[53]が、あるいは、司式者が好む場合には本を保持しても良い[54]。司式者は聖福音の始まりでミサ典書に十字の印をする間、左手を平らにしてミサ典書の上に置く[55]。

---

[48] 例、R. IV, 1; V, 4; VI, 1; VII, 7; IX, 1.

[49] R. III, 5.

[50] しかしながら、袖の端でコルポラーレに触れてはならない。片膝をつく時、両手は一部分に上げずに一祭壇上で平らにして保たれるべきである。背の低い司祭はこれに特別な注意を払うべきである。

[51] 12 ページ、n. 18 参照。

[52] R. VIII, 5; IX, 1.

[53] R. V, 4; VI, 1.　80 ページ参照。

[54] R. VI, 1.

[55] S.R.C. 2572[11]

IV. 十字の印

　十字は神秘的な力と恩寵の源であり、そのため十字の印は「キリストの印」（聖アウグスチヌス）、キリスト教徒の特別な記号、「悪魔の恐れるもの」（聖チリロ）、「全ての恩寵の原因、全ての祝福の源」（聖レオ）である。このため、十字の印は意味に満ちた象徴としてばかりでなく、祈りの祝福、これにより十字架の功徳を通して我々の祈りと奉献がより受け入れられ犠牲が我々により効果があるようにされる、の真の印としてミサ―― 十字架の犠牲の更新――でたびたび用いられる。聖トマス・アクィナスは *Consecratio huius Sacramenti, et acceptatio huius Sacrificii, et fructus ipsius procedit ex virtute Crucis Christi; et ideo ubicumque fit mentio de aliquo horum, Sacerdos crucesignatione utitur.* と書いている[56]。

　ミサの司式で、司祭は自身に大きいか小さいかどちらかの十字の印をし、人（例、会衆、助祭）の上に十字の印をし、物（水、香、いけにえ）の上に十字の印をする。全ての場合で、描かれる十字の印は「ギリシャ十字」、すなわち等しい長さの4本の腕木がある十字である（✠）。

大きな十字の印

　自身に十字の印をする時、司祭はまっすぐに立ち、常に[57]左手を、伸ばして親指と他の指を一緒につけて、乳房のすぐ下で胸に置く。完全に伸ばして一緒につけた長い3本の指（人差し指、中指、薬指）の先で、額、次いで胸、次いで左肩、そして最後に――やや手を曲げながら――右肩に物理的に触れる。額に触れる時、頭をかがめるべきではない。左手が置かれている場所のすぐ*上方*で胸に触れる。右肩に触れた後で、続くことが異なる手の位置を必要とする（例、*Gloria* あるいはクレドの終わりで）のでなければ、司祭は両手を胸の前で合わ

---

[56] *Summa* III, Q. 83, art. 5, ad 3.
[57] 祭壇で立っている時であっても自身に十字の印をするためにはこれを行うが（例、生者のミサの入祭文で、パテナで自身に十字の印をする *Libera* の間）、祭壇で立っている時に誰かあるいは何かの方を向きながら祝福することになっている場合には、左手を祭壇上に置くであろう（13 ページ参照）。

せる[58]。聖変化の後からすすぎまで、それぞれの手の親指と人差し指を合わせている時には、司祭は中指と薬指のみの指先で額等に触れる。

ミサで大きな十字の印をする際、様々な言葉が用いられ、このように分けられる。

額に触れる	胸	左肩	右肩
In nomine Patris	et Filii	et Spiritus	Sancti[59]
Adiutorium	nostrum	in nomine	Domini[60]
Indulgentiam	absolutionem	et remissionem	peccatorum
Cum Sancto	Spiritu	in gloria	Dei Patris
Et	vitam	venturi	saeculi
Benedictus	qui venit	in nomine	Domini
Omni benedictione	caelesti	et gratia	repleamur

（祈祷文 Supplices で）

Da propitius	pacem	in diebus	nostris

（Embolism Libera nos で）

小さな十字の印

司式者は各聖福音の始まりでミサ典書（または祭壇）及び額、口、胸に十字の印をするよう、ルブリカ[61]により指示されている。

本に十字の印をする時、左手を平らにし、掌を下にして、親指と他の指を一緒につけてミサ典書の開いたページの上に置き[62]、右手の親指の前方（柔らかい部分）で——指を完全に伸ばして一緒につけて——読もうとしている聖福音の文章の始まりの箇所に小さな「ギリシャ十字」[63]を描く。

---

58 Cf. S.R.C. 2682[29].
59 Amen は両手を合わせる間、あるいは両手を次の動作により必要とされる他の位置に置く間に唱えられる。
60 C.E. 1, xxv, 5.
61 R. VI, 2; XII, 1.
62 S.R.C. 2572[11].
63 21 ページ参照。

聖福音 *In principio* の前に祭壇に十字の印をする時、左手を掌を下にして祭壇のテーブルの上に置き、この上に右手の親指で小さな十字の印をする。本（または祭壇）に印をした後で、左手を平らにし、親指と他の指を伸ばして一緒につけて胸の下に置き、右手の親指の前方部分で——指を伸ばし、一緒につけ、左側に向けて——額（頭をかがめずに）、閉じた唇、胸に物理的に触れながら小さな[64]「ギリシャ十字」を描く。毎回、最初に十字の縦の線を描く。3つの小さな十字は額から胸まで連続した波線を描くことによってではなく、六つの別個の動きにより行われることになっている。親指は各十字の2本の線の間、及び3つの十字の間に持ち上げられることになっている。

会衆の上への十字の印

ミサで会衆を祝福する時、司式者は左手を掌を内側にして胸の下に起き、右手で——親指と他の指を伸ばして一緒につけて——まっすぐにして上げ、小指が会衆の方を向くように指を上方に向けて、会衆の上に十字の印をする。そうする際に、司式者は自身に十字の印をする場合に遵守するであろう範囲を遵守する。すなわち、十字の縦線を額の高さから胸の前まで描き（*Pater et Filius* を唱える間に）、横線を（縦線を途中まで、すなわち最下点から肩か少し高い高さ付近まで戻ったところで描くのを始めて）左肩から右肩まで描く（*Spiritus Sanctus* を唱える間に）。

いけにえの上への十字の印

いけにえ（パンとワイン、あるいは聖変化後には御聖体とカリス内の御血）に十字の印をする際、奉献での水の祝別あるいはそれぞれの聖変化前のホスチアとカリスの祝別の時のように左手がふさがっているのでなければ、最初に両手を合わせる[65]。次いで、左手を掌を下にして親指と残りの指を伸ばして（聖変化とすすぎの間を除き）一緒に合わせて祭壇のテーブル上に置き[66]、伸ばし

---

[64] 小さいが、全く明確な十字でない程には小さくない。

[65] R. VII, 5 参照。

[66] R. III, 5; C.E. I, xix, 3.

て[67]親指と他の指を合わせてまっすぐ外方に（そして下方ではなく）向けた右手でホスチアあるいはカリス、あるいは両方の上に「ギリシァ十字」を描く[68]。十字のそれぞれの線は同じ平面上で描かれることになっている。従って、カリスとホスチアの両方に印をする際に、十字がカリスの上方で始められる時、カリスとホスチアの間で横の線を描く時に手を低くしてはならない。十字の範囲は小指（十字の印をする物の方に向けられることになっていて、それに最も近い[69]）で描かれることになっており、当然、物の寸法により異なるであろう。十字はほとんど気付かれない程は小さくなく、通常は、十字が描かれる物の寸法をはるかに超えるほど大きくないことになっている。従って、カリスのみに十字の印をする時、十字の範囲（小指により描かれる）はカリスの杯[70]、あるいはカリスが覆われている場合にはパラの範囲を超えないであろう。カリスとホスチアに一緒に十字の印をする際、十字のまっすぐな線がパラの中央付近からホスチアの中心あるいは近い側の縁まで描かれる（手を下げずに）。横の線－同じ長さの、そして同じ平面上の－はパラの前側の縁の近くを通りながら、カリスとホスチアの間で描かれる。それぞれの十字を描く際、（ａ）円や曲線でなく直線が、互いに対して直角で描かれるように、手と腕 全体を——そして十字が単に、手首から操作される指により描かれないように——動かすべきである。（ｂ）完全な十字が作られるために、より良い方法は横線を描くために手を左から右に動かす前に十字のまっすぐな線を中央まで戻すことである。

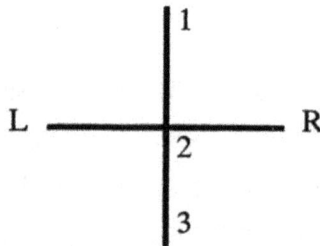

```
        1
        |
L ——————+—————— R
        2
        |
        3
```

---

[67] 聖変化とすすぎの間を除く。
[68] S.R.C. 1275⁴, 1711⁶ 参照。
[69] R. III, 5.
[70] R. IX, 3 参照。

十字は1から3まで描かれ、次いで3から2まで、次いで2からLまで、そして最後にLからRまで描かれて終わる。十字は横線の終わりの右側で終わり、手は中央まで戻さない。それぞれの十字はうるさく、ぎくしゃくした、乱暴な、急いだやり方ではなく、ゆっくりと、慎重に、恭しく描かれるべきである。

ミサ典書の文章中で ✠ の直前の言葉は十字の縦の線を描く間に唱えられる。✠ の直後の言葉は横線を描く間に唱えられる。

V. 胸を叩く

心の悔恨と謙遜を表現するために、司式者はミサ中に10回胸を叩く。

1 *Confiteor* 中にそれぞれの *mea culpa* で1回づつ

2 *Nobis quoque peccatoribus* の言葉で

3 生者のミサ中のそれぞれの *Agnus Dei* での *Miserere nobis* と *Dona nobis pacem* の言葉で

4 それぞれの *Domine, non sum dignus* で[71]

胸は右手で、軽くそして音を立てずに、威厳があり優しい動きで叩く。聖変化前には完全に開いた手で叩くが、親指と他の指は完全に伸ばして一緒につけている。聖変化後には、胸の方に曲げた中指と薬指、小指の指先で叩くが、人差し指と親指はつけたままにしてカズラに触れないようにする。胸を叩く際、単に手ではなく、右前腕全体を動かすことになっているが、肘は脇の近くで保つべきである。

右手で胸を叩く間、左手は (a) *Confiteor* では乳房のすぐ下で胸に置く。(b) *Nobis quoque* と *Agnus Dei* では掌を下にしてコルポラーレ上（左端の近く[72]）に置く。(c) *Domine, non sum dignus* ではパテナの上方で御聖体を保持する。*Agnus Dei* と *Domine* では胸を叩くそれぞれの間に、右手は、掌を下にして一瞬コルポラーレ上に置くか、次に胸を叩くのに備えてゆっくりと戻すか、一瞬

---

[71] (1) R. III, 7; (2) R. IX, 3; (3) R. X, 2; (4) R. X, 4.
[72] コルポラーレの中央にあるかもしれない御聖体のどのような小さなかけらをも拾い上げる危険を避けるため。

胸に置くかのいずれでも良い。ルブリカはこの問題を決定しておらず、ルブリカの専門家は様々な見方をしている。

VI. ミサの司式中の目

1　一般に、ミサの司式中、ミサ典書あるいは祭壇カードから読んでいない時には、自身の回想と会衆の教化両方のために、司式者は目を下げたままでいることになっている。ルブリカは、司祭が祭壇に向かっている時[73]、及び *Dominus vobiscum*[74]と *Orate, fratres* で[75]、そして会衆の祝福のために[76]会衆の方に回って呼びかける時に、特に目の管理に注意をしている。

2　通常、司式者は動作が行われない祈祷文を唱える間、祈祷文を暗記していたとしても、目はミサ典書あるいは祭壇カードに保つであろう。

3　ミサの一定の部分では、ルブリカは司祭に目を *ad Deum* あるいは *ad caelum* に上げるよう指示している。すなわち、(a) *Munda cor meum* を唱えるためにお辞儀をする前、(b) パンの奉献での *Suscipe, sancte Pater* の前、(c) ワインの奉献での祈祷文 *Offerimus* 全体の間、(d) *Veni, sanctificator* で、(e) *Suscipe, sancta Trinitas* の前、(f) 序唱前の *Gratias agamus の Deo nostro* で、(g) カノンの始まりで、*Te igitur* の前、(h) 聖変化のすぐ前の *elevatis oculis in caelum* で、(i) 祝福の直前である[77]。

4　目を上げることにより、我々の神なる主の例にならい、司式者は奉献、感謝あるいは祈願の祈りをより明確に神に向ける。そのため、御聖体が祭壇上に顕示されている時にはこの御聖体へ[78]、そうでなければ十字架の像に目を上げることになっている[79]。この像は、祭壇十字架がルブリカに従っている場合には、通常、6本の大きな燭台よりも高く、司祭は像を見る際に天の方を見る

---

[73] R. II, 1.
[74] R. V, 1.
[75] R. VII, 7.
[76] R. XII, 1.
[77] (a) R. VI, 2; (b) R. VII, 2; (c) R. VII, 5; (d) R. VII, 5; (e) R. VII, 7; (f) R. VII, 8; (g) R. VIII, 1; (h) R. VIII, 4; (i) R. XII, 1.
[78] *Commentaria ad Instructionem Clementis XI*, xxx, 27.
[79] S.R.C. 2960³.

であろう（*Ritus* VIII, 4 及び XII, 1 が明確に命じているように）。しかしながら、十字架がルブリカの規定に反して、極めて小さなものであったり、低く置かれている場合には、司式者は目を十字架よりも上方に上げて、より明白に目を *ad Deum, ad caelum* に向けるようにするべきである。他方で、十字架が極めて高い場合には、十字架の方を見るだけで十分である。司式者は十字架の像を見るために頭をのけぞらせるべきではない。

　ルブリカにより規定された部分を見上げた後で、祈祷文全体のために目を像に固定させている奉献の祈祷文 *Offerimus* の間を除き、司式者はすぐに目を下げる。

　5　司式者は当然、御聖体に触れようとしている時にはいつも御聖体を見るであろう。また、ルブリカが *intentis in eam oculis* と、司祭に目を固定させて御聖体を見るよう指示している時もある。すなわち、

　1　御聖体の奉挙で
　2　死者の memento を行う間
　3　*Pater noster* 全体の間
　4　聖体拝領のための準備の 3 つの祈祷文（*Domine, Iesu Christe* 等）の間[80]

　明確には規定されていないが、司式者は当然、コルポラーレ上に置かれた[81]御聖体の上方でお辞儀をする祈祷文 *Supplices te rogamus* 及びそれぞれの *Agnus Dei* でも、そして左手に保持した御聖体の上方でお辞儀をするそれぞれの *Domine, non sum dignus* でも御聖体を見るであろう[82]。

VII. ミサでの表敬

　一般に聖なる典礼での表敬は敬意と従順、慈しみを表に出すかあるいは示すために行われる。行われることになっている表敬の種類は通常、（a）行われる

---

[80] (1) R. VIII, 5; (2) R. IX, 2; (3) R. X, 1.　この祈祷文が歌われる時、司式者は必要であれば楽譜を見ても良い。(4) R. X, 3.
[81] R. IX, 1; X, 2.
[82] R. X, 4.

人あるいは物の卓越性（例、御聖体に対して片膝をつき、像に対してお辞儀をする）、（ｂ）行う者の位階（例、司式者は儀式中に祭壇十字架にお辞儀で表敬を行うが、これより低い位階の者は片膝をつく）によるであろう。

ミサ典書のルブリカは以下に言及している。

表敬

　A　膝をつく　　　　　（ⅰ）片膝　　（ⅱ）両膝
　B　お辞儀をする　　　（ⅰ）体の　　（ⅱ）頭の

A　膝をつく

　膝をつくことは、これに伴う極めて謙遜な姿勢のため、最も高度な表敬の形式を表現している。この卑下の態度は跪くか両膝をつくことでいくらかの時間に、あるいは片膝をつくことで一瞬のみ行われ、そうして様々な程度の表敬を表現する。

（ⅰ）片膝をつく[83]
　1　片膝をつく際、右膝は*左足の踵の近くで*[84]、一瞬のみ床に触れるべきである（階段で行うのでなければ）。体は安定させて、*完全にまっすぐに*保たなければならない。表敬の行為は、追加された頭や体のお辞儀によってではなく、膝を曲げることにより完全に表現されるため、頭は全くまっすぐに保たれることになっている。通常、両手は胸の前で合わせ、片膝をつく間に下げたり何かの上に置いてはならない。しかし、司式者が祭壇で片膝をつく時には、祭壇のテーブルの上に掌を下にして両手を置いて自身を支えることになっている[85]

---

[83]ルブリカでは*genuflectere*の言葉は、時に膝をつくことを、時に跪くことを意味する。
[84] 膝を容易にそして優美にこの位置に置くために、左脚の踵を少し上げて、つま先だけにもたれかかることが必要であることがわかるであろう。正しく片膝をつくことが行われる時には、2本の脚は極めて小さい場所の範囲内に保たれ（前後を計測して）、かなりの場所には広げられない。
[85] R. V, 4.

（両手に御聖体を保持している、御聖体の奉挙の直前を除く）。このように祭壇で片膝をつく時、司式者は、（a）左膝の前方への動きのために十分な余地を自身に与えるために、最初にテーブルから少し下がり、そして（b）体と頭を完全にまっすぐに保ち[86]、右膝を十分に前方に引いて保ち右膝が左足の後方のはなれた位置ではなく、左足の中央のそばで床に触れるように特別な注意を払うべきである。

　2　通常、片膝は床で（*in plano*）つくことになっている。祭服を着た司式者（及び荘厳ミサでの助祭と副助祭）のみは段上で片膝をついて良いが、司式者でさえも、最初に祭壇に近づく時すぐ（聖櫃内に御聖体がある場合）及びミサの終わりに祭壇から出発しようとしている時には、床で片膝をつかなければならない。

　3　片膝をつくのは、向けられる物にまっすぐに向かって行われるべきである。従って司式者は、祭壇の下で片膝をつく時（特に、段で片膝をつく時）横を向かずに、まっすぐ聖櫃の方を向かなければならない。片膝をつく動作は静かに厳粛に、威厳のある恭しい方法で行われるべきであり、急いだり不必要な遅れを伴って行われるべきではない。

（ii）両膝をつく

　両膝をつくことは、右膝を最初にして両膝で跪き、中位のお辞儀をし[87]、次いで左足から始めて立ち上がることで行われる。お辞儀の前後及び立ち上がる前に、*極めてわずかな間*をあけることは良いことである。

　それぞれの表敬、膝をつくことあるいはお辞儀をすることは、帽子をぬいで行われることになっている。従って、ビレッタ、ズケット[88]、あるいは両方は

---

[86] 上で述べられているように、聖なる御名が出てくる時であっても（例、*ut in nomine Iesu omne genuflectatur* の言葉で）、ルブリカが聖変化後に、例えば *genuflexus adorat, genuflexus reverenter adorat* のように、他の言葉を追加している時であっても（R. VIII, 5, 7）、頭を下げることは片膝をつくことの一部ではない。これらの言葉は頭を下げることが追加されることも、ある者が考えるように、膝が床に触れる間の少しの間も意味しておらず、一定の場合に、祭壇上に御聖体があるために、追加の敬意とともに片膝をつく（例、少しゆっくりと）ことになっていることを示している。

[87] すなわち、頭と肩をやや下げながら（S.R.C. 4179[1] 参照）。

脱がなければならない。この規則には例外が1つある。祭服を着て*カリスを運んでいる司式者*がお辞儀をするか片膝をつく時には、帽子をかぶったままでいる。しかしながら、両膝をつく時には、跪いた時に帽子を脱ぐ[89]。

膝をつくことの意味

ミサ中の膝をつくことは、崇敬、あるいは極めて特別な敬意または祈願を示す。従って、これは (a) 御聖体（例、御聖体に触れる前後）の、あるいは主に寄せられたか寄せられている崇敬行為に関連して（例、御公現のミサ中の東方の三博士の崇敬）我々の主の崇敬を表現するため、(b) 受肉の神秘のため（例、クレドあるいは聖ヨハネ福音書の序での膝をつくこと）、あるいは聖霊のための（例、聖霊降臨での *Veni, Sancte Spiritus* の言葉で膝をつくこと）特別な敬意を表現するため、(c) 謙遜と悔恨（例、悔悛のミサの *Flectamus genua* で[90]）あるいは特別な熱烈な祈願（例、いくつかの四旬節の平日のミサの詠唱中の *Adiuva nos* で）を表現するために用いられる。

読唱ミサでの片膝をつくこと

司式者は以下で片膝をつく（カリスを運んでいる場合には帽子をかぶり、そうでなければ帽子を脱いで）。

1　祭壇へのあるいは祭壇からの途中で、聖櫃内に納められている御聖体、あるいは祭壇上の主たる場所に崇拝のために顕示された聖なる受難の聖遺物の前を通る場合[91]、あるいは（時々[92]）ミサ——聖変化後から聖体拝領前まで——が行われている祭壇を通る場合[93]。

---

[88] 教皇の許可は別として、枢機卿あるいは司教、祝福された大修院長のみがミサの司式の間にズケットを身につけて良い（C.J.C. 811, §2）。

[89] 56ページ参照。

[90] R. V, 4 (1962) に司式者がこれらの言葉で *utrumque genu flectit* を行うと書かれている（R.M. n. 440 参照）。

[91] S.R.C., 2324³, 2390⁷, 2722², 3201⁷.

[92] 57ページ参照。

[93] S.R.C., 20021⁴, 4135².

2　（床で）[94]御聖体が聖櫃内に納められているか[95]、あるいは聖なる受難の聖遺物が祭壇上の主たる場所に崇拝のために顕示されている祭壇に到着した直後及びこの祭壇から出発する前。

3　（階段で）御聖体が納められている祭壇でミサを始める前。

4　（常にミサ典書に向かって[96]）一定の悔悛のミサ中にある *Flectamus genua* で。

5　（御聖体が顕示されていない場合にはミサ典書に向かって。御聖体が顕示されている場合には御聖体に向かって[97]）。特別なルブリカにより書簡、詠唱、聖福音中で膝をつくことが指示されている毎に（例、御受難の第二主日の書簡、御公現の聖福音）。

6　クレドで（*Et incarnatus est* 等で）。

7　御聖体と御血の奉挙の前後。

8　聖変化と聖体拝領の間に、御聖体に触れる前後、あるいはカリスからパラを外した後とカリスをパラで覆った後[98]。

9　（聖体拝領が与えられる場合）聖櫃あるいはチボリウムを開けた後と閉じる前[99]。

読唱ミサでの両膝をつくこと

司式者は以下で両膝をつく。

1　以下の場合に、祭壇へのあるいは祭壇からの途中で[100]。

a）顕示された御聖体の前あるいは近くを通るか、御聖体を運ぶ司祭に出会う場合[101]。

---

[94] S.R.C., 2682[47].
[95] 顕示された御聖体の前でのミサに関しては、204 ページ参照。
[96] S.R.C., 2859.　現在では司式者は *Flectamus* のために跪く（n. 90）。
[97] S.R.C., 3875[4].
[98] C.E. I. ix, 5 参照。
[99] 必ずしも直前あるいは直後ではない（178 ページ参照）。
[100] カリスを運んでいる場合には、跪き、ビレッタを脱ぎ、お辞儀をして、ビレッタをかぶり、立ち上がる。カリスを運んでいない場合、御聖体から見える範囲内に来た時にビレッタを脱ぎ、御聖体から見えなくなるまで脱いだままでいる。
[101] *Commentaria in Instructuinem Clem. XI,* 13, 14.

　b）ミサの奉挙あるいは御聖体での聖体降福式が行われている場合[102]（そしてカリスあるいはオステンソリウムが祭壇上に戻して置かれるまで跪いたままでいる）。

　c）聖体拝領が分配されている場合（崇拝した後で、司式者は進む）[103]。

　2　（床で）崇拝のために御聖体が顕示されている祭壇に到着した直後、そしてこの祭壇から出発する前。

　3　（ミサ典書に向かって）*Flectamus genua* 及び聖週間の受難の朗読中の *exspiravit* あるいは *emisit spiritum* の言葉で。

B　お辞儀

　1　ミサの司式中に、様々な種類のお辞儀が、神及び聖母、聖人、教皇の名が言及される時にこれらのために、敬意を表現するために行われる。お辞儀はまた、一定の形式の祈祷文（例、*Oremus*）で外的な態度によっても祈りを向けるため、そして、特別な卑下と謙遜と結びついた祈願において特別な熱心さを表現するため（例、*Munda cor meum* あるいは *Supplices te rogamus* での低いお辞儀）にも使用される。時には、お辞儀に伴われる言葉は、*Gloria* の *Gratias agimus tibi* あるいは序唱前の *Gratias agamus* のように、お辞儀に追加の意義を与える。

　2　ミサ典書と司教儀式書のルブリカはこれらのお辞儀を説明するために多くの異なる言葉と句を使用しているが、時には *reverentia* という単純な言葉を用いている（例、R. II, 1, 4）。従って、体の深いお辞儀のためにミサ典書は *se profunde inclinare*（例、R. III, 7）、*profunda reverentia*（R. III, 1）を使用し、司教儀式書は同じ句に別の句を加えて *caput et humeros profunde inclinare*（例、C.E. I, xviii, 3; II, iii, 3）を使用している。ルブリカの専門家は体の深いお辞儀を、体と頭、肩を指先で膝に触れることができるよう低くかがめることと説明している（ある者は腕を交差させて指先でと述べているが、これはさら

---

[102] R. II, 1.
[103] R. II, 1; S.R.C., 2002[14].

に深いお辞儀を必要とする）。このお辞儀が祭壇で立っている間に行われる時、額はほとんどテーブルに触れるであろう。この深いお辞儀はしばしば司式者により行われ（下記、§9）、そして跪いている者にとって頭と肩の中位のお辞儀が体の深いお辞儀に相当するため、これらの者によって行われることはない[104]。祭壇にいる時に体のお辞儀を行う際には、最初に祭壇から少し下がるべきである。

3　別のお辞儀（通常、体の中位のお辞儀と呼ばれる）がルブリカで *inclinatus*（例、R. III, 10; IV, 1）、あるいは *aliquantulum inclinatus*（R. VII, 5, 7）、*parum inclinatus*（R. X, 4）として説明されている。これは肩のわずかなお辞儀と組み合わされた頭の深いお辞儀である[105]。

4　ルブリカで言及される三番目のお辞儀は頭のお辞儀 *caput inclinat* である（例、R. IV, 2）[106]。

以前は、司教儀式書のルブリカのために（II, viii, 46）、イエズスの名のための深いお辞儀とマリアあるいは聖人の名のためのそれより深くないお辞儀の、二種類の頭のお辞儀が区別されていた。しかし、この細かな区別は新しいルブリカ（R. V, 2）では言及されておらず、現在ではすたれていると思われる[107]。

5　ミサでの司式者は―例えば、祈祷文 *Suscipe, Sancta Trinitas* の間のように、既にお辞儀をしているのでなければ――*Oremus* で、イエズスあるいはマリアの名で、聖人あるいは福者の祝日（あるいはこれが移動された先の日）、

---

[104] S.R.C., 4179[1].

[105] 各奉挙で（R. VIII, 5, 7）特別なお辞儀が司式者の両手の姿勢 *cubitis super altare positis* に伴い（古いルブリカでこれに続いていた *stans capite inclinato* の言葉は、この両手の姿勢が必ずお辞儀を伴うために脱落している）、司式者のホスチアの聖体拝領では *se inclinans cubitis super altare positis* である（R. X, 4）。

[106] *Ritus* は2回修飾された言葉を用いている。生者の memento での *demiso aliquantulum capite*（R. VIII, 3）及びホスチアの聖変化前の *tibi gratias agens* での *caput aliquantulum inclinans*（R. VIII, 4）である。

[107] しかしながら、R.M., n. 518, b にはクレドの *Et incarnatus* で座っている司式者について "*caput tantum profunde inclinat*"、そしてミサの祝福での（n. 520）高位聖職者と参事会会員について "*caput profunde inclinat*" と書いてある。

単に記念されている場合であっても[108]、あるいは前日に[109]、聖変化後であっても名が出てくるミサのどの部でもこれらの名で、頭のお辞儀をする。

6　このお辞儀は：

a）名が適応させられた意味で用いられる場合でなく、本来の意味で用いられる時のみ行われる。従って、旧約聖書の族長へ言及されることになっている聖ヨゼフの随意ミサの書簡では、ヨゼフの箇所でお辞儀はない[110]。

b）聖人が教会により崇拝されている名でのみ行われ、そのため聖ペテロのためにシモンが、あるいは聖パウロのためにサウロが用いられる時にお辞儀はない。

c）例えば、2月22日の書簡の表題中のペテロの名、10月18日の聖福音の表題中の、ルカの名のように、表題中に出てくる聖人の名では行われない[111]。

7　その名に言及する時のこの頭のお辞儀は、年毎の祝日の機会に聖人に特別な名誉を与えることを意図しているため、以下ではお辞儀は行われない。

a）随意ミサあるいは死者ミサで。

b）聖人の名が祝日に当たっているためではなく、この聖人に献堂された教会で四旬節の *Statio* が行われるために言及される時（例、六旬節の主日のミサ中に出てくる聖パウロの名でお辞儀はない）。

c）*A cunctis* の祈祷文あるいは *ad libitum* の祈祷文中で名が言及される時。

頭のお辞儀のための規則の良い例が聖パウロの祝日（6月30日）にある。司式者は書簡、アレルヤ唱、密唱、聖体拝領後の祈祷文、カノン中でパウロの名でわずかに頭のお辞儀をするが、書簡の表題、七旬節後の随意ミサ中の詠唱ではそうではない。

8　普遍教会の長として教皇に特別な表敬を行うために、カノンあるいは教皇のための *oratio imperata* 中で教皇の名に言及する時、司式者はミサ典書に向かってわずかに頭のお辞儀をする[112]。

---

[108] R. V, 2 に一般的な規則がある。

[109] S.R.C., 4281[2].

[110] S.R.C., 2872[6].

[111] S.R.C., 3767[25].

[112] R. V, 2; S.R.C., 2915[5], 3767[25].

ミサ中のお辞儀

9　*Ritus Servandus*、及び *Ordo Missae* とカノンのルブリカの研究から、ミサの司式中に様々な種類のお辞儀がいつ行われることになっているかを知ることができる。たいていの場合ではルブリカは明確である。いくつかの場合にはルブリカはあいまいであり（例えば、*reverentia* の言葉が使用されている）、その時には中位のお辞儀が適切であろう。

(i) 体の深いお辞儀（*profunde inclinatus*）
このお辞儀は以下で司式者により行われる。

a）御聖体が納められていない祭壇に到着したらすぐに、祭壇あるいは十字架に向かって（R. II, 2）；

b）そのような祭壇でミサを始める前（R. III, 1）；

c）*Confiteor* で、*Misereatur tui* の応答の結びまで（R. III, 7）；

d）御聖体のない祭壇の各献香で十字架に向かって（R. IV, 4; VII, 10）；

e）*Munda cor meum, Jube* 全体及び *Dominus sit in corde meo* のために（R. VI, 2）；

f）カノンの始まりで（*Te igitur* から *petimus* まで）（R. VIII, 1）；

g）*Supplices te rogamus* で（*quot quot* まで）（*Ordo, in loco*）；

h）ミサの終わりで出発する前に祭壇（御聖体が納められていない）に向かって（R. XII, 6）；

(ii) 体の中位のお辞儀（*inclinatus*）
このお辞儀は以下で司式者により行われる。

a）*Deus, tu conversus* 等（R. III, 10）；

b）*Oramus te, Domine*（R. IV, 1）；

c）*In spititu humilitatis*（R. VII, 5）；

d）*Suscipe, sancta Trinitas*（R. VII, 7）；

e）*Sanctus*（*Benedictus* の前まで）（R. VII, 8）；

f）*Agnus Dei*（R. X, 2）；

g）聖体拝領前の3つの祈祷文（R. X, 3）；

h）*Domine, non sum dignus*（R. X, 4）；

i）*Placeat*（R. XII, 1）。

（iii）頭のお辞儀（*reverentia, caput inclinat*）：

このお辞儀は司式者により行われる。

a）香部屋の十字架あるいは像に向かって（R. II, 1）；

b）司式者がミサを司式するための途中に主祭壇（御聖体がそこに納められていない場合）を通る場合、主祭壇の十字架に向かって（R. II, 1）；

c）ミサを始めるために下りる前に祭壇の十字架に向かって（R. II, 4）；

（中位のお辞儀もまた、a）、b）、c）での *reverentia* の意味であるかもしれない）

d）*Gloria Patri* で（R. III, 6; IV, 2）；

e）*Gloria in excelsis* とクレドの *Deo（Deum）*及び一定の言葉で（R. IV, 3; VI, 3）；

f）*Oremus* 及びイエズス、マリア等の言葉で（R. V, 2）；

g）司式者自身が聖福音のために本を移動させる場合に、祭壇十字架を通る時に祭壇十字架に向かって（R. VI, 1）；

h）序唱前の *Gratias agamus* で（R. VII, 8）；

i）生者の *Memento* で（R. VIII, 3）；

j）死者の記念の結びで（R. IX, 2）；

k）*Humiliate capita vestra* で（四旬節）（R. XI, 2）；

l）祝福の始まりで（R. XII, 1）。

10　祭壇の書簡側の隅にいる時に、司式者に十字架あるいは聖母マリアかその祝日の聖人の像に向かってお辞儀を行うように求めるルブリカは、削除されている。現在では全ての（頭の）お辞儀は本に向かって行われる。

祭壇十字架へのお辞儀

11　答えることが難しい問題、そしてルブリカの専門家の間で考え方に大きな違いのある問題は、御聖体がない時に祭壇十字架へ行うべきお辞儀の問題である。

ルブリカで祭壇への表敬が規定されている時、第一に祭壇自体（ルブリカにより聖別された祭壇であると想定されている）へ、そして第二に祭壇中央の十字架へのものを意味しており、そのため、ルブリカには、例えば *altari, seu imagini Crucifixi desuper positae*,[113] *Cruci vel altari*,[114] *ad illud (altare) se profunde inclinat*[115]と書かれており、司教儀式書のルブリカは、時に十字架に表敬を行う司式者に言及し[116]、またある時には司式者の祭壇への表敬に言及している[117]。

ルブリカは儀式の間、一方で司教（司式してもしなくても）、司式者（*paratus*）、（司教座聖堂）参事会会員、他方でこれらの者よりも低い位階の他の全ての者を、明白に区別している。前者が十字架にお辞儀で表敬を行う一方で、後者は片膝をつくことにより表敬を行う。従って、司教は、祭服を着ているかどうかに関わらず、深いお辞儀（すなわち、体の）で祭壇十字架に表敬を行い[118]、参事会会員は祭壇に到着したらすぐ、あるいは祭壇から出発する前、儀式中に十字架の前を通り過ぎる時、朝課で朗読を読むような[119]ある特別な務めを行うために聖歌隊席の中央に来る時に、祭壇十字架に深いお辞儀により表敬を行う。ミサ典書のルブリカによれば、ミサの司式者は祭壇に到着したらすぐ[120]、及びミサを始める前に祭壇の下で[121]、十字架と祭壇の献香の際[122]、ミサの終わりで出発前に[123]、深いお辞儀（体の）で十字架に表敬を行うことになっている。

113　R. II, 2.
114　R. III, 1.
115　R. XII, 6.
116　例、I, ii, 5; xii, 9; xv, 5.
117　例、I, xviii, 2.
118　C.E. I, xv, 5; xxiii, 4; II, i, 18; viii, 30, 59.　C.E. I, ii, 5; xii, 9; xviii, 2 and II, v, 9 が矛盾する指示（頭のお辞儀に言及している）を与えているように思われるのは本当であるが、*Caeremoniale* のルブリカの一流の注釈者（例、Catalani、De Herdt、Martinucci、Favrin、Vavasseur-Stercky）は（体の）深いお辞儀を規定している文章に従っている。
119　例、C.E. I, xviii, 3, 4; II, iii, 3, 10; V, 5, 6.
120　R. II, 1.
121　R. III, 1.

他方で、助祭と副助祭は（参事会会員でない時）、十字架を通り過ぎる時にはいつも、片膝をつくことにより十字架に表敬を行うことになっている[124]。死者の赦免での助祭は祭壇十字架及び副助祭により保持される十字架に片膝をついて表敬を行うことになっているが、一方で司式者は両方に深いお辞儀で表敬を行い[125]、聖職録受領者と他の聖職者は祭壇十字架を通る時に片膝をついて表敬を行うことになっている[126]。

ルブリカのこれらの指示は、礼部聖省の教令3792[11]により承認され、解釈されている。この教令は、十字架へ片膝をつくことが参事会会員（及び司式者）を除く全ての者により行われると規定し、司教座聖堂ばかりでなく、全ての教会あるいは公的な礼拝堂にまで適応されるが、しかしながら、単に *in actu functionis* である[127]。

12　しかしながら、ルブリカは聖なる儀式を行うために出発する前に香部屋の十字架に対して行うべき表敬に関して明白ではない[128]。以下の場合に祭壇十字架に対して行うべき表敬に関しても明白ではない。（1）司式者と他の者が別の祭壇で儀式を行うための途中で主祭壇を通る場合[129]；（2）ミサを始めるために footpace から下りて来る前[130]；荘厳ミサ中に司式者及び助祭、副助祭が sedilia に行く時[131]、祭壇の中央を離れる前（footpace から）あるいは祭壇の中央に戻った時（床で）。司教儀式書、II, i, 14 は、司教が晩課で献香のために祭

---

[122] R. IV, 4; cf. C.E. I, xxiii, 4.　数人のルブリカの専門家はこのお辞儀を頭の深いお辞儀と説明している。そのような見方には確実な根拠はない。ルブリカは *profunda reverentia* の言葉を使用している。ルブリカは同じ言葉を司式者の到着時の祭壇への表敬を述べる際に使用し、ルブリカ（R. XII, 6）は司式者の出発の際に *se profunde inclinat* を繰り返している。

[123] *Se profunde inclinat*, R. XII, 6.

[124] R. IV, 7.

[125] R.R. VI, iii, 10.

[126] C.E. I, xviii, 3.

[127] S.R.C., 2515[7]. も参照。

[128] R. II, 1 では、ミサを行うために香部屋を出発する司祭について *Facta reverentia Cruci, vel imagini illi, quae in sacristia erit* と書かれている。

[129] R. II, 1 では、ミサを行うために向かいカリスを運ぶ司祭について "*Si vero contigerit eum transire ante altare maius, capite cooperto faciat ad illud reverentiam*"」と書かれている。

[130] R. II, 4. では、*Facta primum Cruci reverentia* と書かれている。

[131] この場合はミサ典書では扱われていない。

壇に近づく時、そして高座に戻るために祭壇を離れる前に司教により行われる
べきお辞儀の言及において、単に *reverentia* の言葉を使用している。

同様の状況での参事会会員である司式者と補佐者のお辞儀については、*et faciunt Altari profundam reverentiam*（献香の前）と *facta altari reverentia*（献香の後）と書かれている[132]。司教ミサで祭壇の献香後、及び高座に戻るために footpace を離れる前、司教のお辞儀について、ルブリカ[133]には *facta Cruci reverentia* と書かれている[134]。

　13　そのため、問題は、上記の場合に一般的な用語 *reverentia* の意味を決定することである。ルブリカ及び教令 3792[11]、そして祭壇十字架が儀式中に司式者（高位聖職者と参事会会員）により深いお辞儀で、他の全ての者により片膝をつくことで表敬を行うことになっていることから推論される原則に頼り、我々はこの問題に対する答えは以下であると考える。

　香部屋の像、別の祭壇への途中で通り過ぎる場合の主祭壇の十字架、ミサを始めるために下りる前の十字架に対して、頭のお辞儀か中位のお辞儀のどちらかの好きな方が行われる。どちらの場合でもルブリカは単に *reverentia* としている。司式者と助祭・副助祭が sedilia に行くために祭壇の中央を離れる時、そして長い方の経路で戻る時、助祭と副助祭は片膝をつくべきであり、この片膝をつくことに対応するのが司式者の深いお辞儀である（御聖体がない場合）。彼らは祭壇十字架に *in actu functionis* で表敬を行っている。

---

[132] II, iii, 10.
[133] II, viii, 35.
[134] これらの全ての場合に、祭壇十字架が献香の前後に深いお辞儀で表敬されることになっているため（C.E. I, xxiii, 4; cf. R. IV, 4）、*reverentia* を深いお辞儀として説明することも不合理ではない。

付録

記憶すべき祈祷文[135]

ミサの司式のためには、以下の祈祷文を記憶することが必要か、少なくとも極めて望ましいであろう[136]。

1 * 両手を洗うための祈祷文と祭服を着るための祈祷文[137]（M）

2 * 祭壇の下で唱えられる、準備の祈祷文（M）

3 * *Aufer a nobis* と *Oramus te, Domine*

4 香の祝別のための式文

5 *Kyrie* と *Gloria in excelsis*（M）

6 * *Munda cor meum*（D）と *Dominus sit*[138]

7 * *Per evangelica dicta*（聖福音の終わりで）

8 クレド（M）

9 * *Suscipe, sancte pater; Deus, qui humanae substantiae; Offerimus*（D）*; In spiritu; Veni, sanctificator*

10 * いけにえと十字架、祭壇の献香のための祈祷文とともに香の祝別の式文

11 * *Lavabo*（少なくとも最初の節）

12 *Suscipe, sancta Trinitas*

---

[135] ローマ・ミサ典書の *Ordo Missae* と *Canon Missae* に（大部分は）見出される。

[136] 星印をつけた祈祷文は、大きな困難なしでは読むことができないか、読まれることを妨げる動作と合わさっているためのどちらかの理由により、これらを覚えることは必須である。（M）をつけた祈祷文は荘厳ミサのために助祭と副助祭によっても覚えられるべきである。さらに（D）をつけた祈祷文は助祭により覚えられるべきである。

[137] これらはミサ典書の始めのあたり、ミサのための準備とミサ後の感謝の祈祷文の間で見出されるであろう。これらの祈祷文が着衣の時に助祭と副助祭により唱えられることを規定するルブリカがないとはいえ、彼らがこれらを唱えることは明らかにふさわしいであろう。トゥニチェラとダルマチカの着衣のための祈祷文は、司教が司教儀式を行う時の司教の着衣のための祈祷文（司祭である司式者の着衣のための祈祷文の後）の中で見出される。

[138] 荘厳ミサでの司式者は、助祭が聖福音を歌う前に、助祭を祝福するためのこの祈祷文の少し異なる式文を覚えなければならない。

13＊　*Orate, fratres*（及びMのための応答）

14＊　*Sanctus*（M）

15＊　カノンの始まり（*Te igitur . . . haec sancta sacrificia illibata*）

16＊　*Quam oblationem* から *Haec quotiescumque* まで

17＊　*Unde et memores*（少なくとも *hostiam puram* から）

18＊　*Supplices*

19＊　*Per quem haec omnia* 等

20＊　*Pater noster*

21＊　*Libera*（少なくとも *da propitius pacem* から）

22＊　*Pax Domini* と *Haec commixio*

23＊　*Agnus Dei*（M）、死者ミサのための特別な形式を含めて

24＊　*Agnus Dei* に続く３つの祈祷文

25＊　*Panem caelestem* から *Sanguis Domini* まで

26＊　*Quod ore sumpsimus* と *Corpus tuum*

27＊　*Ite, missa est* あるいは *Benedicamus Domino*、*Requiescant in pace*

28　　*Placeat*

29＊　祝福

第2部　　読唱ミサの司式の典礼

第3章 ミサのための準備

I.　祭壇の準備[1]

Altare, in quo sacrosanctum Missae Sacrificium celebrandum est, debet esse totum lapideum, rite eonsecratum; vel saltem habere debet tabulam lapideam, seu petram sacram, item rite consecratam, quae tam ampla sit ut hostiam et maiorem partem calicis capiat; aut etiam, ex Indulto Apostolico, *antimensium*, rite benedictum.

Altare cooperiatur tribus tobaleis, rite benedictis, quarum una ita oblonga sit ut, ad latera, usque ad terram pertingat.

Super altare adsit in medio Crux satis magna cum Crucifixo, et candelabra quae iuxta qualitatem Missae requiruntur, cum candelis accensis, hinc et inde in utroque jus latere. Ponantur insuper sic dictae "tabellae secretarum," sed pro tempore Missae tantum; et, ad latus epistolae, cussinus, seu legile, Missali supponendum.

Ad latus epistole, super mensa ad hoc praeparata, parentur ampullae vini et aquae cum pelvicula et manutergio, necnon parva campanula, et patina pro fidelium Communione.

Super altare nihil omnino ponatur, quod ad Missae sacrificium vel ipsius altaris ornatum non pertineat.[2]

　ミサに備えて、塵よけの布が祭壇のテーブルから取り除かれる。読唱ミサのためには、ミサの祭服が異なっている場合であっても（例えば、随意ミサのため）、frontal と聖櫃ベール（御聖体がある場合）はその日の典礼色のものである[3]。祭壇カードが所定の場所に置かれ[4]、ミサ典書台が書簡側の隅で祭壇の端

---

[1] 祭壇の直接的な準備がここで扱われる。間接的な準備（これは上記のルブリカも扱っている）については、O'Connell, *Church Building and Furnishing* を参照。

[2] R.M., nn. 525-529.

[3] 聖櫃ベールは黒であってはならない。御聖体がある場合には、frontal も黒であるべきではない。

近くで端に水平にして置かれる。ミサ典書がミサのために出てくる時に侍者により祭壇に運ばれない場合[5]、適切に印がつけられて、あらかじめ台の上に置かれる。ミサ典書は所見台の左側の側面か縁の近くで、小口が祭壇の中央を向くように置かれるべきである。聖櫃の鍵が近くに置かれる[6]が、必要となる他の物（例、告知の本）は祭器卓に置かれるべきである。通常、２本のろうそくが司教でない司式者の読唱ミサのために点火される。奉挙のための３本目のろうそく[7]（使用される場合）は聖変化の少し前まで点火されない。

犠牲のために必要となる物、あるいは祭壇の正しい装飾に属するものを除き、何もミサ中に祭壇上に置いてはならない[8]。

祭器卓の上に、瓶及び指洗い鉢とタオル[9]、鈴、聖体拝領の皿[10]、祈祷文のカード、必要になる他の物（例えば、聖福音の本）が準備される。

II.　祭服の準備

Paramenia altaris, celebrantis, et ministrorum debent esse colons convenientis Officio et Missae diei aut alteri Missae celebrandae secundum usum Romanae Ecclesiae, quae quinque coloribus uti consuevit: albo, rubro, viridi, violaceo et nigro.[11]

---

[4] ルブリカは以前は中央の１つのみを規定していたが、現代の習慣では３つがあり、そのため新しいルブリカは *tabellae* としている。

[5] 祭壇に運ばれる方が正しい。R. II, 1.

[6] 1938年5月26日の秘跡聖省の訓令は、ミサと聖体拝領の分配が行われる朝であっても－特に御聖体が納められている祭壇が見えないところである場合に－鍵が祭壇上あるいは聖櫃の扉に残されることを堅く禁じている。鍵はミサの直前にのみ祭壇に残されるべきであり、あるいは、さらに良くは、ミサに向かう際に侍者により（あるいは司式者によってでも）祭壇に運ばれるべきである。

[7] R.M., n. 530 参照。

[8] R.M., n. 529.

[9] 瓶に栓がある場合、ミサ前に栓を取り除く方が都合が良いが、その時にはほこりと虫を中に入れないために、手拭きタオルで瓶を覆うことが賢明である。水のためのスプーンの使用は禁止されていない（S.R.C., 3064[4]）。また規定されてもいない。

[10] 聖体拝領の皿は使用されていない時には、祭壇上（ほんのしばらく）か祭器卓上でうつむけにして置くと良く、そのため表面にほこりが集まることはないであろう。当然、これは皿が使用されている時とその清めの間には行われない。

[11] R.M., n. 117.

　祭服は通常、祭服の戸棚の上面を成すテーブルの上に準備される。香部屋がない場合、あるいは香部屋が非常に遠い場合には、祭服は祭壇近くのテーブルの上に広げて置かれる。緊急の場合のみ、司教でない司祭のミサのために祭壇自体のテーブルの上に準備されて良い。そしてその時、祭服はテーブルの中央ではなく、隅に置かれる（通常は福音書側の隅）。祭服の準備の際、聖具保管係はテーブルの上にカズラとストラ、マニプルを置き、これらの上にチングルムとアルバを置く。司式者がカリスの準備をしに来る時に備えて、アルバの上にブルサ（コルポラーレが入っている）とカリスベールが置かれても良い。祭服の通常、右近くにミサ典書があり、聖具保管係により正しく印をされている。祭壇ホスチアの箱もまた手元にあるべきである。ミサの時間の少し前に、カリスとパテナが、パラに覆われて[12]、金庫から取り出され、通常祭服の左側に置かれる[13]。

III. 司式者の準備

　Sacerdos Missam celebraturus orationi aliquantulum vacet, precibus inferius positis, ad libitum adhibitis. Deinde accedit ad locum in sacristia vel alibi praeparatum, ubi paramenta, aliaque ad celebrationem necessaria habentur, accipit missale, perquirit Missam, perlegit, et signacula ordinat ad ea quae dicturus est. Postea lavat manus, dicens orationem inferius positam.[14]

　ミサのための司式者の準備は間接的と直接的の２つの部分から成る。*間接的な準備*は以下から成る。

1　秘跡の告解（必要な場合）
2　規定された断食の遵守
3　身体の準備

---

[12] 使用していない時にパラを保管するための最も都合の良い場所はパテナ（カリスの上に置かれた）の上であり、パラはパテナをほこりから守る。
[13] 司式者はミサのためにカソックとビレッタ（使用される場合）を身につけて到着するよう想定されている。訪問中の司祭のために、香部屋でカソックとビレッタが利用できるようにされているべきである。
[14] R. I, 1.

*直接的な*準備は以下から成る。

1　祈り
2　意向の形成
3　ミサ典書の準備
4　両手の洗浄
5　カリスの準備
6　着衣

間接的な準備

1　*告解*。「いかに悔いているとしても、大罪に気づいている司祭に、あらかじめ秘跡の告解を行うことなしにミサの司式をさせることがないように。しかし、必要な聴罪司祭（*copia confessarii*）を欠き、司式することを余儀なくされるか、あるいは完全な悔い改めの行為を行った後であっても司式した場合には、できる限り早く告解をしに行かなければならない。」[15]　必要な場合には、司式者は祭服を着る前に告解をしに行くべきである。祭服を着ている時、司式者はキリストを象徴しており、罪人として現れるべきではない。

2　*断食*。断食（水の使用を除く）の遵守は通常、ミサの司式前の義務である[16]。1957年3月16日の自発教令 *Sacram Communionem* により、固形食あるいはアルコール飲料はいかなる時間であっても（真夜中であっても）ミサの開始の3時間以内に摂取してはならない。あるいはアルコールを含まない飲料（水を除く）は1時間以内に摂取してはならない。

3　*身体の準備*。ミサを司式しようとしている司祭は、おそらく言う必要もないであろうが、身体と衣服（はきものを含めて）の清潔さに気を使うべきである。毎日の義務と特権がキリストの体を扱うことである司祭は、手の管理に特別な注意を払い、手を申し分のない状態に保つよう務めるべきである。

直接的な準備

1　*祈り*。ルブリカ[17]と教会法典[18]の両方が、ミサの司式前にいくらかの時間を祈りに使うように司式者に指示している。ミサ典書にある準備の祈祷文は義務ではない——*pro temporis opportunitate* とルブリカには書かれている——

---

[15] C.J.C. 807.
[16] C.J.C. 808.
[17] R. I, 1.
[18] Canon 810.

しかし、これらは教会の公式な祈祷文であり贖宥があるため[19]、明らかに他の祈祷文よりも望ましい。交唱 *Ne reminiscaris* は詩篇の前に略さずに唱えられる。復活節には、死者ミサの前であっても *Alleluia* が交唱に加えられる。そして、ミサが死者のためであることになっている場合、詩篇の終わりで *Gloria Patri* は省略されず、*Requiem aeternam* に変えられもしない（これらの祈祷文が私的な準備の祈りであるため）。可能な時には、ミサのための準備の時間を教会内で過ごすことは、素晴らしいことであり、そうして、御聖体を崇敬し、信徒を教化することになる。

2　*意向の形成*。あらかじめ司式者はミサの適用に関する意向を形成するべきである。時に、これが祭服の選択と祭壇の準備に影響を及ぼすことがあるため、ミサのための直接の準備の時間の前に適用を決定することが必要であるかもしれない[20]。

司式者はまた、あらかじめ生者と死者の memento の時に*祈る*ことを望む人々を（ミサの執行上の成果の適用とは別に）——特にこれらの数が多い場合——心の中で決めておくべきである。その後、カノン中でそれぞれの memento に達した時、一瞬のうちに、意向を更新し、不適当な遅れによりミサにいる者をうんざりさせないことができるであろう[21]。

3　*ミサ典書の印*。誤りと祭壇でのうんざりさせる遅れを避けるために、ミサが行われることになっている教会のカレンダーに従って——ミサ自体あるいは固有文、通常文、序唱、記念、どの *oratio imperata* にも——ミサ典書はあらかじめ注意深く印をしておくべきである。このあらかじめ印をすることは、事前にミサ典書が聖具保管係あるいはその日に既にミサを行った司祭により準備されていない場合、あるいはそのミサの式文が固有文の部分で見出されずミサ典書の後ろのどこかに挿入された新しいものである場合に、特に必要である。

---

[19] 贖宥は 1936 年にピオ 11 世によりずっと増加された（*Enchiridion Indulgentiarum*, 1952, n. 747）。

[20] 例えば、司式者はルブリカが許す時には、その日のミサの代わりに、随意ミサあるいは死者ミサを行うことを選んでも良い。ミサの特質が何であってもミサの適用の正当性の義務が果たされる一方で、司式者は典礼の適合性に注意を払う義務がある。（a）死者なしで死者ミサを行うことは適合しない。生者のミサも通常、ルブリカが死者ミサを許している時に死者のために行われるべきではない。というのは、教会により指定された死者ミサの祈祷文には死者のための特別な効能があるためである。（b）謝礼の提供者の正当な望みには、これらが表明され、例えばルブリカが許すふさわしい随意ミサや死者ミサの司式により満たされ得る時には、応じられなければならない（S.R.C. 4031⁴ 及び道徳神学者の教えを参照）。

[21] R. VIII, 3.中の訓戒を参照。

しかし、ミサ典書が既に印をされている場合であっても、司式者は印を確かめて、少なくとも朗唱するであろう様々な部分の場所（例、記念）を一目見ておくべきである。これは後で不適切な遅れを避けることを可能にする。そして、ミサが適切な時間内で、しかし当然の敬意とともに行われることなっている時には、様々な祈祷文を探しまわるために失われる秒単位の時間であっても貴重である。実際、ルブリカ[22]は司祭にあらかじめミサの式文を*通読*し、ミサの実際の司式の際に容易に読み内容が理解できるようにするように指示している。

　司式者が訪問中の司祭である場合、カノン中で言及しなければならないその司教区の司教の（洗礼）名をあらかじめ確かめ、その司教区に *oratio imperata* があるかどうか尋ねるべきである[23]。

　4　*手の洗浄*。ミサ典書に印をした後で、司祭はルブリカにより、Lavaboの時のように人差し指と親指の単に指先だけではなく、祈祷文 *Da Domine* を唱える間に、「両手を」洗うように指示されている[24]。この洗浄は儀式上のものであり、通常、司式者の両手は既にきれいであると想定されているため、指の上に少量の水を流すことで成っている。しかしながら、両手がきれいでない場合―例えば、司祭が遠くから、あるいは車を運転して来た場合―完全な清潔さを確保するために、両手は通常の方法で、石けんでしっかりと洗われるべきである。

　5　*カリスの準備*

　Deinde praeparat calicem (qui debet esse vel aureus vel argenteus, aut saltem habere cuppam argenteam intus inauratam, et simul cum patena itidem inaurata, ab Episcopo consecratus) , super eius os ponit purificatorium mundum, et super illud patenam cum hostia integra, quam leviter extergit, si opus est, a fragmentis, et eam tegit parva palla linea, turn velo serico; super velo ponit bursam coloris paramentorum intus habentem corporale plicatum, quod ex lino tantum esse debet, nec serico, vel auro in medio intextum, sed totum album, et ab Episcopo, vel alio habente facultatem, simul cum palla benedictum.[25]

---

[22] R. I, 1.
[23] 正式に指定された香部屋に、これらの項目の情報は印刷されて人目につく場所に掛けられるであろう。
[24] R. VII, 6.
[25] R. I, 1.

　ミサを行うために香部屋に到着したらすぐに、司祭は割り当てられた引き出しから肩衣とプリフィカトリウムを取り出して[26]、カリスの近くに残す。両手を洗った後で、プリフィカトリウムをカリスの口に渡すように置き（カリスを、通常脚部にある十字の印が自身の方を向くように整えて）、両端が両側で等しく垂れ下がるようにする。次いで、祭壇ホスチアの箱から大きなホスチアを取り、これが完全である（integra）ことを確かめ、必要であれば、遊離しているかけらを取り除くために、親指と人差し指の間で軽く保持して回転させる。「裂くこと」がどこで行われるかを示すため、ホスチアの上にパテナで2本の線を軽く引いても良く（ホスチアを作る際にこれが行われていなかった場合）、1本はホスチアの中央を上下に、他方は左半分の下方で後で御血の中に入れられるための部分（particula、ホスチア半分の約1／6弱）の印をする[27]。パテナの上にホスチアを置き、パテナをカリス上のプリフィカトリウムの上に置き、パラで覆う。この上方にカリスベールを置き、少なくともカリスの前部全てが覆われ、祭壇に運ぶ時に人目にさらされないようにする[28]。上面にリネンのコルポラーレが入ったブルサを置き[29]、開口部が自身から遠くになるように整える（後に──カリスベールがカリスの後方と前方を覆うほど大きくない場合──カリスを運ぶ時に、覆われた部分が会衆の方を向くようにカリスの向きを変える時に、ブルサの開口部が自身の方を向くようになるように）。コルポラーレはそれぞれのミサのためにブルサ内で[30]祭壇に運ばれることになっており、いくつかのミ

---

[26] 訪問中の司祭のために、清潔な肩衣とプリフィカトリウムが用意され、祭服の近くに置かれるべきである。

[27] R. X, 2.

[28] S.R.C. 1379 参照。

[29] コルポラーレが念入りに清潔であり（De Defectibus, X, 1）、そのために頻繁に交換されることが最も重要である。コルポラーレはミサ後にブルサの中に残されるべきではないがこれは、他の祭服のセットとともに保管されて、めったに交換されず、かびがはえる危険があるためである。良い案は、その日のミサが終わった時にコルポラーレを取り出して、カリスが金庫内に入れられる時に、カリスの上のパテナの上部にパラとともに置くことである。

[30] S.R.C., 1866².

サのために祭壇上に広げたまま残してはならない[31]。カリスベールがカリスの前部はもちろん後部も覆うことができるほど大きい場合、司式者は——カリスを運ぶ際に、より都合が良いとわかれば——祭壇上にカリスを置くまで、カリスベールの一部を畳み上げても良いが、カリスの会衆の方を向いた部分は完全に覆われ、見えないようにしなければならない。祭壇に向かう時と祭壇から戻る時にカリスの上面で *manutergium*（タオル？　ハンカチ？）を運ぶことが合法かどうかについての照会の答えとして、礼部聖省は「合法ではない」[32]と回答した。多くのルブリカの専門家は、この回答に頼りながら、カリスの上面で何かを運ぶことは許されていないと教えている。この結論はほとんど是認されていない。ハンカチを運ぶことが不適切で不必要である一方で、聖櫃の鍵を運ぶことは司祭その人というよりも儀式に属することであるために確かに許されており[33]、そして数人の権威は司式者が眼鏡を運ぶことを許すであろう。しかしながら、このような物はあらかじめ祭壇に送っておくか侍者に運ばせる方が良い。

　ルブリカはカリスが司式者自身により準備されることを想定している。しかしながら、あらかじめカリスを準備させることは許される[34]——しかしながら、法的[35]あるいは祭器と清めていない聖なるリネン類に触れるための使徒座の特権により資格がある者のみによる——が、ルブリカが指示するように司式者がこれを自身で行うことが勧められる[36]。

IV. 司式者の着衣

Quibus ita dispositis, accedit ad paramenta, quae non debent esse lacera, aut scissa, sed integra, et decenter munda, ac pulchra, et ab Episcopo itidem, vel alio facultatem habente, benedicta; ubi calceatus pedibus, et indutus

---

[31] S.R.C., 2146.
[32] S.R.C., 2118.
[33] 43 ページの注 6 を参照。
[34] S.R.C., 4194[1], 4198[15]; 1929 年 3 月 26 日の秘跡聖省の訓令。
[35] すなわち、聖職者（少なくとも剃髪を受けた者）、あるいはこれらの聖なる物を受け持つ者（C.J.C. 1306, §1）すなわち聖具保管係、修道士、平信徒のどちらか。
[36] S.R.C. 4198[15].

vestibus sibi convenientibus, quarum exterior saltem talum pedis attingat, induit se, dicens ad singula singulas orationes inferius positas.[37]

1 やむを得ない場合は別として、この章で先に書かれているように（27ページ）、司教のみが常に、下級の高位聖職者は司教の形式で司式しようとする場合に、祭壇の中央から着衣して良い[38]。

2 ルブリカは、ミサを行うために到着する時に、司式者がカソック——踵まで届くカソック[39]——を着ていて、*calceatus pedibus* すなわち、通常、司教区の聖職者により公式に身につけられるはきものを使用していることを想定している[40]。カソックなしで外出着の上に祭服を着ること（当然、カソック自体が司祭の通常の外出着である時を除く）、あるいは有色の靴を履くことは乱用である。

3 ルブリカが各祭服を着る間に規定している祈祷文の朗唱[41]は *sub levi* の義務的なものである。このため、そして一般的な回想の義務のため、司式者はやむを得ない場合を別として、着衣している間にまわりの者と話をするべきではない。

4 着衣前に司式者はズケットをかぶっている場合にはズケットを脱ぐ。枢機卿及び司教、祝福された大修道院長、教皇の許可のある者のみがミサの司式のためにズケット（*zucchetto*）をかぶって良い[42]が、その時にはズケットは序唱から聖体拝領まで脱がなければならない。

5 司式者は各祭服を自身でテーブルから取っても良いし、あるいは各祭服は左側に立つ侍者により手渡されても良い。しかしながら、カズラは通常、司式者自身により身につけられる[43]。

---

[37] R. I, 2.

[38] S.R.C. 1131[11], 1333[10], 1480, 2781, and cf. 3110[4].

[39] R. I, 2; C.J.C. 811.

[40] S.R.C. 3268[3].

[41] 各祈祷文には 100 日間の贖宥がある（*Enchiridion*, n. 748）。最後の祈祷文（カズラのための祈祷文）にのみ終わりに *Amen* がある。

[42] C.J.C. 811 §2.

[43] R. I, 3 参照。

肩衣

Ac primum accipiens amictum circa extremitates et chordulas, osculatur illud in medio, ubi est crux, et ponit super caput, et mox declinat ad collum, et eo vestium collaria circumtegens, ducit chordulas sub brachiis, et circumducens per dorsum, ante pectus reducit, et ligat.[44]

6　司式者は紐がつけてある上部の2つの隅で肩衣を持ち、肩衣の中央[45]あるいは上部の端（こちらの方が都合が良い）に刺繍された十字にキスをして、頭の上方に放り投げずに右腕を頭の上方で回しながら、肩衣を背中の周りに持ってくる。瞬間的に肩衣の上方の端で頭に触れ、これを肩まで下げ、首の周りで2つの隅が前方でほとんど接するまで襟の中にはさみ込む。次いで、右側の紐を左側の紐の上で交差させながら、紐を両腕の下で体の周りに持ってきて、再び前方に戻して、そこで紐を結ぶ[46]。肩衣の着衣の間、司式者は祈祷文 *Impone* を朗唱する。

　肩衣を手に取る前に十字の印をすることは指示されていないが、称賛にするに足る慣習である。

アルバとチングルム

Tum alba induitur, caput submittens, deinde manicam dexteram bracchio dextero, et sinistram sinistro imponens. Albam ipsam corpori adaptat, elevat ante, et a lateribus hinc inde, et cingulo, per ministrum a tergo sibi porrecto, se cingit. Minister elevat albam super cingulum circumcirca, ut honeste dependeat, et tegat vestes; ac eius fimbrias diligenter aptat, ut ad latitudinem digiti, vel circiter, super terram aequaliter fluat.[47]

---

[44] R. I, 3.
[45] 十字がこの位置にある時には、司式者は都合よく十字にキスができるまで肩衣全体を持ち上げるべきであり、十字のある部分を右手で口まで押し上げるべきではない。偶然に、肩衣に十字の印がない場合には、司式者は親指で肩衣の上に十字を描いた上でこの仮想の十字にキスをするべきではない（R. IV, 1 参照）。
[46] ビレッタの代わりにフードをかぶる一定の修道会の司祭は、着衣の間、肩衣の上部を頭の上に保ち（あるいは特別に作られた肩衣を身につける）、後にフードがカズラの上方になる時に肩衣を下げる（S.R.C. 4056[1], 4169 参照）。
[47] R. I, 3.

7　司式者は両手でアルバを持ち、キスをせずに最初に頭を通し[48]、アルバを肩の上に置きながら、次いで右腕、その後左腕を入れる。司式者はアルバを上部で結び、必要であれば紐の端を見えないところに隠す[49]。次いで、チングルムを持ち——侍者が[50]二重になった端が左手に、房のある端が右手になるように、背部で保持された司式者の両手に手渡す——腰の周りに持ってきて正面で結ぶ。司式者は左手に結び目を結ぶために十分な短い部分のみを持ち、右手に端に房のあるチングルムの残りの全てを持つようにして整える。慣習により、チングルムは二重にして身につけ、そしてチングルムを結ぶ際に特別な種類の結び目は規定されていない。結んだ後で房が正面で床にちょうど届くが、床にのってよごれることのない時が理想的な長さである。これはストラの端を調節するための十分な長さを与える。

8　ルブリカはアルバの準備に関して詳細な指示を与え、これに重要性を明確に加えている。ルブリカはアルバが長いこと——*albam . . . elevat ante, et a lateribus hinc inde* 及び *minister* が *albam* を持ち上げると書かれているため、実際に長すぎること——を想定している。従って、司祭は、アルバがころぶか後方で床を引きずる程は長くないことを確かめるべきであり、しかしとりわけ、ルブリカが命じているように[51]アルバは衣服を覆い、床から 1　finger 位の範囲で（すなわち約 1 インチ）[52]等しく垂れ下がることになっているため、司祭はアルバが*短すぎないように*注意しなげればならない。アルバは全周にわたり等しく垂れ下がるように整えられるべきであり、腰で背部に不格好なひだが集められないようにするべきである。ルブリカがアルバの注意深い準備を強調していることは、ひどく準備されたアルバがいかに見苦しく見えるかを思い出す時

---

[48] あるいは十分に背が高い場合には、侍者がアルバを頭の上から肩の上へ置いても良い。
[49] 頭を容易に入れるために十分に大きな円形か正方形の開口部があり、中央の下方に*開口部がない*形式のアルバが一般的に使用されることが強く望まれる。この形式は、正面の開口部の見苦しい外観と、交差させたストラの上方に突き出すかなり思慮のない様子のお辞儀を避けることになる。
[50] R. I, 3.
[51] R. I, 3. So also C.E. (II, viii, 13) *ita ut [alba] aequaliter defluat et vestes contegat.*
[52] 古い度量法では "finger" は 1 インチか 3 ／ 4 インチを意味している。現代的な度量法では 4．5 インチと見なされる。

に容易に理解できる。着る者にとって短すぎたり、カソックやさらに悪いことにはズボンやストッキングをはいた足がかなり見えるようにつり上げられたアルバは、ふさわしくない。

アルバの着衣の間、司式者は祈祷文 *Dealba me* を、チングルムを結ぶ間に祈祷文 *Praecinge me* を朗唱する。

マニプルとストラ

Sacerdos accipit manipulum, osculatur crucem in medio, et imponit bracchio sinistro. Deinde ambabus manibus accipiens stolam, simili modo deosculatur, et imponit medium eius collo, ac transversando eam ante pectus in modum crucis, ducit partem a sinistro humero pendentem, ad dexteram, et partem a dextero humero pendentem, ad sinistra. Sicque utramque partem stolae extremitatibus cinguli hinc inde ipsi cingulo coniungit.[53]

9 次いで、司式者は右手にマニプルを取り、中央の十字にキスをして、祭壇での動きを妨げたりコルポラーレの上を引きずることを防ぐために手首と肘の間で、やや肘の近くで、左腕に留める。リボンで留める場合には、侍者がリボンを結ぶであろう。マニプルをつける間、司式者は祈祷文 *Merear* を朗唱する。

10 次に、司式者は両手でストラを中央の十字の近くで持つ。この十字にキスをして、後方部分が両肩の間の首の根本で平らになるようにストラを置く[54]。ストラは頭の上に放り投げられるのではなく、*置かれ*、そして首の上の方ではなく、下方の背部の中央でもなく、首の*根本*に位置することに留意すること－*Ritus* では[55] *medium eius collo*、そして司教儀式書では[56] 司教ミサのための司教の着衣を説明する際に *super eius humeros applicat ita ut nec eius collum*

---

[53] R. I, 3.
[54] 侍者は司式者がカズラの着衣を終えるまでストラをこの位置に保つために手をストラの上に置くべきである。一般的に、侍者は司式者の着衣を手伝うように教育されるべきである。チングルムを保持したり、アルバを整えたり、ストラの位置合わせのように、侍者の手助けが有益であるばかりか必要であることがある。
[55] I, 3.
[56] II, viii, 14.

tegat と書かれている。次いで、司式者は右端が左端の上になるように、胸の前でストラを交差させ[57]、チングルムの垂れ下がっている端で脇に結びつけるが、チングルムの垂れ下がっている端をストラの上に通し、次いでチングルムの腰の周りに結んである部分に通して引き上げ、房のある端を脇にだらりと垂らしておく。ストラは極めて長いものであるべきであり、何世紀も前に身につけられているストラの挿絵から判断できる場合、装飾のある端はカズラの下に垂れ下がり、床のかなり近くにまで達しても良いし、実際にそうであるべきである。ストラを調節する間、司式者は祈祷文 *Redde mihi* を朗唱する。

カズラ

Postremo sacerdos accipit planetam et, convenienter, caput tegit.[58]

11　最後に、司式者は両手でカズラを持ち、キスをせずに頭の上から両肩の上に置き、その間祈祷文 *Domine, qui dixisti* を朗唱する。カズラが適切に掛かるように準備された時、紐でカズラを結びつけるが、紐を体の周りに引き、再び正面に戻し、そこで紐を結ぶ。カズラが後方でストラを覆う方が良く[59]、ストラが両肩の間の適切な位置にある場合には困難なくそうなるであろう。カズラがより広い形式のものである場合——側方で手首かそれよりも下方に達する——司式者はカリスを持つ前に腕のまわりで折り畳んで縮めるであろう。

12　ハンカチを容易に届く場所に持っていることは適切であり、そのため、司式者は袖にしまうか、チングルムに掛けるがカズラで覆われるようにして良い。

13　いったんミサのための着衣をしたら、司式者はキリスト自身を象徴する。不必要な会話に加わらず、祭壇に向かう時が来るまで回想と祈りで時を過ごすべきである。

---

[57] 司式者が司教あるいは枢機卿、あるいは司教の印の使用権を持つ（*pontificalia*）大修道院長である場合には、ストラを交差させない（R. I, 4）。

[58] R. I, 3.

[59] Cf. C.E. II, viii, 14.

第4章　　司式者は祭壇へ向かう

I.　司式者は香部屋を出発する

Sacerdos, omnibus paramentis indutus, accipit manu sinistra calicem, ut supra praeparatum, quem portat elevatum ante pectus, bursam manu dextera super calicem tenens, et facta reverentia Cruci, vel imagini illi, quae in sacristia erit, accedit ad altare, ministro cum Missali et aliis ad celebrandum necessariis (nisi ante fuerint praeparata) praecedente, superpelliceum induto. Procedit autem oculis demissis, incessu gravi, erecto corpore.[1]

　1　ミサの司式のために祭壇に向かう時に司式者にビレッタをかぶるよう求めるルブリカは、もはや義務のものではない。新しいルブリカには、そうすることがふさわしいと書かれている（*convenienter caput tegit*）。[2]

　2　次いで、司式者は左手にカリスを持ち、カリスを節で保持して肘を脇に保ち、右手を――掌を下にして親指と残りの指を一緒につけて――ブルサの上方に置くが、ブルサの開口部は自身に向けておくべきである。カリスベールがカリスの正面はもちろん後方も覆うほどは長くない場合、あるいは正面に十字か他の装飾がある場合には、祭壇に向かう際にカリスが見えないように覆われなければならないために、カリスを持ち上げる前にカリスの向きを変えなければならない[3]。カリスは *elevatum ante pectus*、カズラの近くで、しかしカズラにはもたれかけずに運ばれることになっている。

　3　次に、司式者は香部屋の十字架あるいは主たる像に向かって頭のお辞儀をする[4]。これらがない場合には、お辞儀は省かれる。カソックとスルプリを着

---

[1] R. II, 1.
[2] R. I, 3.
[3] S.R.C. 4181[5] 参照。
[4] 38 ページ参照。この本の中では以下の表現が使用される。
低く（深く）お辞儀をすること＝体の深いお辞儀（32 ページ参照）
お辞儀をすること＝体の*中位*のお辞儀（33 ページ）
頭を下げること＝*頭のみ*のお辞儀（33 ページ）

て、ミサ典書「及びあらかじめ準備されている（明らかにその方が良い）のでなければ、ミサのために必要な他の物」を運ぶ侍者に先導されて、司式者は祭壇に向かって出発する。

4　司式者は「目を下げて、中位の速さで、まっすぐに姿勢を保ちながら」進むことになっている[5]。都合よく行うことができる場合には、至聖所への入口で聖水盤から直接か侍者からのどちらかで聖水を取り[6]、ビレッタをかぶったままで、十字の印をしても良い。

5　香部屋のドアが祭壇の後方にあり、どちら側からでも近づくことができる場合、司式者は*福音書側*から出てきて、祭壇の下に到着した時に侍者が司式者の右側にいて、司式者を通すために後退することを余儀なくされないようになるであろう。ミサの終わりには書簡側から戻るであろう[7]。

祭壇への途中での表敬

Si vero contigerit eum transire ante altare maius, capite cooperto faciat ad illud reverentiam. Si ante locum Sacramenti, genuflectat. Si ante altare ubi celebretur Missa, in qua elevatur, vel tunc ministratur Sacramentum, similiter genuflectat, et detecto capite illud adoret, nec ante surgat quam celebrans deposuerit calicem super corporale.[8]

6　司式者が祭壇への途中で聖なる人と物に当然の表敬を行わなければならない多くの場面がある。

一般的な規則は、司式者が*カリスを運んでいる*時にはビレッタをかぶっている場合、両膝をつく際を除いて、ビレッタをかぶったままでいるが、カリスを運んでいない場合には何かの表敬を行う前にビレッタを*脱ぐ*というものである。両膝をつかなければならない時、手順は以下である。

ａ）司式者がカリスを運んでいる場合、膝をつくことになっている場所に到着するまでビレッタを脱がず、次いで、両膝で跪き、ビレッタを脱いでビレッ

---

[5] R. II, 1.
[6] S.R.C. 2514[4].
[7] S.R.C. 3029[12].
[8] R. II, 1.

タを侍者に手渡すか、あるいは開口部を自身に向けて、手（ビレッタでなく）をブルサの上に置きながらビレッタを持つかのいずれかである。お辞儀をして、ビレッタをかぶり、立ち上がり、進む[9]。

b）しかし、司式者がカリスを運んでいない場合には、御聖体が見える範囲内に来た時にビレッタを脱ぎ、開口部を胸にもたれかけさせ、親指をビレッタ内に他の指をビレッタ外にしてビレッタを下部で保持しながら、ビレッタを持つ。適切な場所で両膝をつき、進むが、御聖体が見える範囲外に行くまでビレッタを脱いだままでいる。

7　祭壇へ向かう間、司式者が以下を通る場合には

a）*主祭壇*（御聖体が納められていない）。離れている場合であっても、お辞儀をする[10]。他の祭壇を通る時にはお辞儀をしない。

b）*顕示されていない御聖体*——聖櫃の中に納められているか、あるいはミサが聖変化と聖体拝領の間で進行中の祭壇のテーブル上（しかし見えない）のどちらか——。司式者は片膝をつく。しかしながら、二番目の場合には、偶然に[11]（例、鈴のあるいは *Pater noster* の朗唱を聞くことにより）行われているミサの部分に注意を向ける場合のみ、司式者は片膝をつくべきである。

c）*顕示された御聖体*。

(i) オステンソリウム、あるいはチボリウム内であっても。[12]

(ii) 聖体拝領が分配されている。

(iii) ミサの奉挙、あるいは御聖体による実際の聖体降福式が行われている。

(iv) 御聖体を運んでいる司祭（祭服を着た）が通る。

これら全ての場合に、司式者は止まり、両膝をつく（27ページで説明されているように）。(i) と (ii) の場合には、その後すぐに進む[13]。しかし (iii) と (iv) の場合にはカリスあるいはオステンソリウム（チボリウム）が祭壇のテーブル

---

[9] 31ページ参照。

[10] 36ページ参照。

[11] S.R.C. 4135[2]. ルブリカは司式者が目を下げて進むことを想定しているため、原則として、他の祭壇で起こっていることに注意を払わないことになっている。

[12] S.R.C. 2390[4].

[13] S.R.C. 2002[14].

の上に戻して置かれるか、司祭が見えない所に去るまで（ivの場合）、跪いたままでいる[14]。

d）聖遺物

（i）真の十字架の聖遺物、あるいは他の聖なる受難[15]の器具の聖遺物が崇敬のために祭壇上の主たる位置に顕示されている場合には、司式者は通る時に片膝をつく[16]。

（ii）顕示されていない受難の聖遺物、あるいは崇敬のために顕示された聖人の重要な（*insignis*[17]）聖遺物の前を通る場合、司式者は頭のお辞儀をする[18]。司式者は聖人の重要でない聖遺物の前では、崇敬のために顕示されているとしても、お辞儀をしない。

ルブリカもルブリカの専門家も、ある祝日で特別な名誉の対象である像（例えば、周りにろうそくや花がある）の前を通る場合に、司式者が何らかの表敬を行うとは述べていない。

8 *人に対する挨拶*。一般に、祭服を着てミサを行うための途中である司式者は誰にも目を止めないであろう。しかしながら、司式者は以下の者に出会った場合にお辞儀をする。（a）その司教区の司教（あるいはこれよりも上級の高位聖職者、例、枢機卿、裁治権の地域内での教皇大使、自身の管区内での大司教）、（b）ミサの司式に向かうかミサの司式から戻ってきている祭服を着た司祭、（c）聖歌隊席に向かうか聖歌隊席から戻ってきている祭服を着た聖なる奉仕者、あるいは行列中の聖職者。司式者は聖歌隊席を通り過ぎなければならない場合、聖歌隊席の聖職者にもお辞儀をする[19]。

---

[14] 御聖体への異なる敬意は司式者が御聖体のまっすぐ正面を通る時のみではなく、御聖体の脇であっても正当な距離の範囲内を通る場合にも行われるべきである。

[15] S.R.C. 3966 参照。

[16] S.R.C. 2722[1,2]、2390[7]、3201[7]。

[17] 聖人の「重要な」聖遺物は体、頭、上腕、前腕、心臓、舌、手、足、あるいは－聖人が殉教者である場合には－全体であって小さくないという条件で、苦しみを受けた体の一部である（C.J.C. 1281、§2）。

[18] S.R.C. 2390[7].

[19] 司祭がミサの司式へ向かうか戻る際に、クレドの *Et incarnatus est* が壮厳ミサで歌われ、聖歌隊席の聖職者が（慣習により）跪いている間に通る場合には、司祭には立ち止まって跪く義務はない（S.R.C. 1421[3]）。

9　祭服を着た別の司祭に出会った場合、司式者は右側でその者とすれ違う。狭い場所で出会った場合、ミサの司式から戻っている者に優先権があり、先に通るべきである。

10　例外的に、祭壇に向かう時に司式者がカリスを運んでいない場合（例、別の適切な場所を欠くために、カリスが主日に2回目のミサの司式のために祭壇上に残された場合、あるいは病弱な司祭のためにカリスがあらかじめ祭壇上に置かれている場合）、ビレッタをかぶっている場合には当然、お辞儀をするか膝をつく前にビレッタを脱ぐであろう（§6で説明されているように）。

11　ミサの司式への途中かミサの司式から戻っている祭服を着た司祭が、御聖体が納められた別の祭壇で聖体拝領を与えるために止まることは、緊急の場合には許される[20]。

II.　司式者の祭壇への到着

Cum pervenerit ad altare, stans ante illius infimum gradum, caput detegit, biretum ministro porrigit, et altari, seu imagini Crucifixi desuper positae, profunde se inclinat. Si autem in eo sit tabernaculum sanctissimi Sacramenti, genuflectens debitam facit reverentiam. Tunc ascendit ad medium altaris, ubi ad latus Evangelii sistit calicem, extrahit corporate de bursa, quod extendit in medio altaris, et super illud calicem velo coopertum collocat, bursam autem ad latus Evangelii.[21]

1　祭壇の下に到着したらすぐに、司式者はビレッタを脱ぎ[22]、ビレッタを侍者に手渡す。カリスとパテナを安定させて保つために右手をブルサの上に戻して置きながら、司式者は「祭壇あるいは、十字架の像」に向かって低くお辞儀をする[23]。聖櫃の中に御聖体があるか、受難の聖遺物が崇敬のために顕示さ

---

[20] S.R.C. 2740[11].

[21] R. II, 2.

[22] フードをかぶっている場合には、フードを下げる。後で、祭壇にカリスを置いた時に、フードを肩の上に正しく整える。現在では、新しいルブリカはビレッタを身につけない司祭を許容している。

[23] 32ページ参照。

れている場合[24]、司式者は床で（*in plano*）片膝をつく[25]。次いで祭壇に上り[26]、そこに到着した時にお辞儀をしない。少し福音書側でカリスベールの正面部分を外側に向けて、祭壇のテーブルの上にカリスを置き、後部を下げ（折り返されていた場合）、右手か両手でブルサを持ち、開口部を書簡側に向けて祭壇上に置き、ブルサを決められた位置に保つために左手をブルサの上面に置き（あるいは、まちがいない場合には、押して開き）、まわしたり振ったりせずに右手でコルポラーレを取り出して、コルポラーレをしばらく祭壇上に置いておく。

コルポラーレとカリスの整理

2　左手を掌を下にして祭壇のテーブル上に置きながら、司式者は右手でブルサを福音書側に置き[27]、テーブル上で平らにするかあるいは壇か燭台にたてかけ、開口部を祭壇の中央に向ける[28]（ブルサ上の意匠が異なる位置を求めるのでなければ）。次いで、祭壇が可動のものである場合にはコルポラーレが祭壇石の上にあるように注意しながら、両手でコルポラーレを*完全に*[29]広げる。コルポラーレが正しく折り畳まれている場合には、次のように開かれるべきである。最初に左側に、次いで右側に、次いで祭壇カード側に開く後方の折り目、そして最後に司式者側に開く前方の折り目である。

3　コルポラーレは場所がゆるせば、祭壇のテーブルの前方の端から約1インチ離して置かれて、司式者がミサ中に回る際にカズラやマニプルでコルポラーレの隅をひっかけて、その場所から引っ張ることがないようにするべきであり、また、合わせた両手を祭壇の*上に*置く時に指をコルポラーレの上に置くこ

---

[24] S.R.C. 2722[1].

[25] この床で片膝をつくことは、最初に到着したらすぐ、そしてミサの終わりで出発する前に行われる。他の時には、階段の上で行われる（S.R.C. 2682[47]）。

[26] 著者達は一般的に右足で上り始めることを勧めている。しかしながら、これは任意である。

[27] C.E. I, ix, 3 参照。

[28] ルブリカは、コルポラーレが広げられた後で、ブルサがこのように置かれることを示唆しているように思われるが、ほとんど全てのルブリカの専門家はルブリカが動作の*順序*を扱っていないと説明し、最初にブルサを邪魔にならないところに置いて、次いでコルポラーレを広げる、より自然で都合の良い順序に従っている。

[29] S.R.C. 3448[12].

と、これは禁止されている[30]、がないようにもするべきである。しかし、ホスチアの聖変化と清めの間に片膝をつく時、司式者が両手をコルポラーレの上に置くことになっているため、コルポラーレはこれよりも後方に置かれるべきではない。

4　次に、司式者はカリスを節で左手に持ち、右手を上部、パラの上に置きながら、コルポラーレの中央で祭壇カードに向かって十分後方に置き、祭壇にキスをする時に頭でカリスベール、あるいはすすぎの後ではブルサに触れることがないようにする。次いで、カリスが正面で完全に覆われることを確かめながら、両手でカリスベールを整える[31]。

聖体拝領のためのホスチア

Si est consecraturus plures hostias pro Communione facienda, quae ob quantitatem super patenam manere non possint, locat eas super corporale ante calicem, aut in aliquo calice consecrato, vel vase mundo benedicto, ponit eas retro post calicem, et alia patena seu palla cooperit.[32]

5　聖体拝領のために聖変化されるホスチアがある場合、ルブリカはこれらがどこに置かれることになっているかを*詳細には*決定していない。

a）少数のみ——せいぜい5、6枚——がある場合、大きいホスチアとともにパテナの上に置かれて良い。聖具保管係がカリスを準備する場合、奉献でカリスのベールをはずす時に司式者がすぐにこれらを見るようにするため、そしてまた、パンの奉献の後に大きいホスチアを移動させる前にこれらをパテナからコルポラーレ上に滑らせることがより容易であるために、これらを大きいホスチアの*上に*置く方が良い。

---

30 S.R.C. 2572[21].
31 S.R.C. 1379.　緊急の場合に司祭が祭壇で着衣する場合、司祭はミサを始めるために下りてくる前に、コルポラーレを広げる等を行うことになっている（R. II, 2）。
32 R. II, 3.

b）数枚のホスチアがあるがチボリウムの中ではない場合[33]、これらは *ante calicem* でコルポラーレ上に置かれる。これは必ずしも奉献で都合が悪いカリスのまっすぐ前でなく、少し側方、なるべくなら福音書側で、なおも「カリスの前方（すなわち、司式者に近い側）」である場所を意味している。

c）チボリウム──あらかじめ祭壇上に置いておかれて、白い絹のベールで覆われるべきである[34]──の中にある場合、これはコルポラーレ上で「カリスの後方に」置かれることになっている。再び、これは必ずしもカリスのまっすぐ後ろを意味しない。なぜなら、一般にチボリウムのために十分な場所はないし、いずれにせよ、奉献で都合が悪いからである。これは側方でやや後方（そして、祭壇が可動のものである場合には、可能であれば、祭壇石の範囲内）、奉献と聖変化で司祭がチボリウムの蓋の開閉を行わなければならないために、なるべくなら書簡側を意味している。奉献までチボリウムに覆いをしておく方が良い。また、ミサ前にチボリウムを祭壇上に置き、コルポラーレを広げた時に司式者がチボリウムを適切な位置に置くことができるようにした方が良い。しかしながら、チボリウムは侍者によりミサ典書とともに祭壇に運ばれても良いが（清められた時には、チボリウムは誰によって扱われても良い）、これはあまり都合が良くない。司式者はカリスとともに自身でチボリウムを運んではならない。

6　*聖体降福式のための大きなホスチアが聖変化されることになっている場合*

---

[33] これは普通でない場合であり、ミサ中に後でホスチアのためにチボリウムが運ばれて来る時のみに起こる。

[34] R.R. IV, i, 5; C.E. II, xxix, 2 参照。チボリウムがホスチアの聖変化の*前*にベールで覆われるべきかどうかに関しては、議論の余地がある。ルブリカは何も触れていない。ある権威は、より良い見方と思われるが、聖器（あるいは準聖器）が視線にさらされ使用されていない時には、公衆の注視から隠されるべきであると考えている（ルブリカがカリス及びコルポラーレの下に置かれるパテナについて求め、礼部聖省の教令 42687 がオステンソリウムについて求めているように）。従って、チボリウムは祭壇上でホスチアの聖変化を待つ時あるいは清めの後には、覆われるべきである。しかしながら、あるルブリカの専門家は、チボリウムが御聖体を納めている時のみ、*絹*のベールで覆われるべきであると考えている。少なくとも1人は、チボリウムが御聖体を納めていない時にはリネンか木綿のベールで、納めている時には絹のベール（R.R.が規定しているように）で覆われるべきであると考えている。

a）既にルヌラに固定されている——これは可能な時には、より良い方法である——場合、これはあらかじめ祭壇上に置かれ、そしてコルポラーレを広げた時に、司式者はルヌラをカリスの近くに配置するであろう。ルヌラが箱のカバーの中にある場合、右側に置く方が都合が良い。そうでなければ、コルポラーレ上の左側に置いても良い。

b）聖体降福式のためのホスチアがルヌラの中にない場合、ミサのホスチアとともにパテナの上に置かれる。そして、奉献でミサのホスチアとともに奉献された後で、コルポラーレ上でカリスの近くのいずれかの側（書簡側の方が都合が良い）に置かれる。

ミサ典書を開く

Collocato calice in altari, accedit ad latus Epistolae et missale super cussino aperit. Deinde rediens ad medium altaris, facta primum Cruci reverentia, vertens se ad latus Epistolae, descendit post infimum gradum altaris, ut ibi faciat confessionem.[35]

7　司式者はコルポラーレの上でカリス（及びチボリウムあるいはルヌラ）を整えた後、十字架にお辞儀をせずに[36]、祭壇の書簡側の隅に向かう。いずれかの隅から中央に向かう時にはいつも、（a）胸の前で両手を合わせ[37]、（b）まっすぐ側方を向き（南か北[38]）（やや祭壇の方を向くのではなく、自身の脇をまっすぐ祭壇に向けて）、（c）中位の速さで、恭しく歩きながら行う。書簡側の隅で読むことになっているミサの入祭文の箇所でミサ典書を開き－読唱ミサでは、侍者でなく司式者がこれを行うことになっている[39]－そして、あらかじめ行っ

---

[35] R. II, 4.
[36] S.R.C. 2682[27] 参照。
[37] 14 ページ参照。
[38] 聖なる典礼は、古くからの慣習に従い、教会が東向きであり、従って通常司祭が東を向いて祭壇に立つことを想定している。福音書側は北側、書簡側は南側、主たる入口は西側の端である。
[39] S.R.C. 2572[5].

ていない場合には印を配置させる。次いで、中央に戻り、十字架に[40]お辞儀をして[41]、すぐに右側から回り[42]、両手を合わせ目を下げながら、告白を始めるために[43]階段を斜めに下る[44]（御聖体あるいは十字架に完全に背を向けないように）。

　多くの段がある場合、一番下まで下りる必要はなく、footpace（*predella*）より下に下りるだけで十分であろう。あるいは、異なる高さの、1つを超える階段がある場合、一番上の階段の最下部に行くだけで十分であろう[45]。predellaでさえも、段がない場合、司式者は告白のために祭壇から何歩か下がる。

　8　祭壇に到着してからミサを始めるために自身に十字の印をする[46]までの間——あるいはミサ後、最後の聖福音の終わりからレオ13世の祈祷文の開始までの間、あるいはこれらの後、出発の前——極めて近くで行われているミサの奉挙あるいは御聖体での聖体降福式の行為に注意を向けた場合には、その時にどこにいても（footpaceあるいは祭壇の下）司式者はすぐに両膝で跪き、お辞儀をして、カリスあるいはオステンソリウムが祭壇上に戻して置かれるまでそうしているべきである[47]。

　9　御聖体が納められている祭壇で行われているミサ中に、真に緊急の場合に、別の司祭が御聖体を取り出す（例、聖体拝領を与えるため）か御聖体を戻して置く（例、病人訪問から戻った時）ために来た場合、司式者はカノンを始めていた場合にはカノンを中断せず、始めていたいかなる祈祷文も朗読（例、書簡あるいは聖福音）も中断せず、これを終えた後に跪く。しかし、カノンを始めておらず、祈祷文あるいは朗読中でもなければ、休止して聖櫃の扉が再び

---

[40] 単に中央に到着したばかりでなく、中央を越え、中央から離れようとしているためである。

[41] 38ページ参照。

[42] R. II, 4.

[43] ろうそくが点火されていることを確かめるために、最初にろうそくを一目見ることが適切である。

[44] 最初に福音書側に少し下がりながら。

[45] S.R.C. 1265⁴.

[46] 一旦 *In nomine Patris* を唱えた後は、近くで起こっていることに何も注意を払わない（R. III, 4）。

[47] R. II, 1 参照。

閉じられるまで跪いている方が良い。当然、カノン中であっても聖櫃への自由な接近を許すために、司式者は祭壇の中央から少し移動するであろう。

付録

御聖体の更新

　ミサでの無効な聖変化(不適切な事のために)の危険を避けるばかりでなく、御聖体に対して負っている至高な敬意のために、教会法典[48]及びローマ儀式書[49]、礼部聖省の訓令[50]の全ては、信徒の聖体拝領のために聖変化されることになっているホスチアと聖体顕示のために聖変化されることになっている大きいホスチアが「新鮮（*recentes*）」で「頻繁に更新される」よう指示している。これは二重の法規であり、非常に拘束力がある。

　一般法規はホスチアが聖変化の時点でどの程度新鮮であるかを決定していないが、せいぜい 20 日か 21 日を超えてはならないことを、神学者とルブリカの専門家は述べ、ある地方の教会会議の法規は規定している。一般法規は御聖体がどの程度の頻度で更新されるべきかも決定していないが、礼部聖省 3621[51]により承認された[52]司教儀式書の規則[53]は「少なくとも週に 1 回」更新されるというものである。この規則はある地域（例、米国[54]、アイルランド）では教会会議の法規により採用されてきており──そして、当然、そのような地域では拘

[48] Canon 1272.
[49] V, i, 7.
[50] 1929 年 3 月 26 日。
[51] そのため、教会法典（1265, §1）は御聖体が納められている所はどこでも、御聖体の更新のためにミサが少なくとも週一回司式されるよう規定している。この法には重大な拘束力があるが（秘跡聖省の訓令、1938 年の御昇天の祝日、§3）、時に、司祭の不足のために、聖座は隔週のミサを許しているが、御聖体の腐敗の危険がないことが条件となる（2650[1] 参照）。
[52] 2650[1] 参照。
[53] I, vi, 2.
[54] Second Council of Baltimore, II, v, cap. iv, n. 268.

束力がある——神学者とルブリカの専門家により標準的な規則として採用されている。

しかしながら、十分な理由と腐敗が始まる危険がないという条件で[55]、これに反する地方法規がない場合には、より長い期間——2週間まで——ホスチアを交換しないでおくことが許される。全ての権威はパンの製造と拝領の間に、一月を超える期間が経過するべきでないことに一致している。従って、安全な実用的な規則は、*3週間毎に新たに作られたパンで備えを更新し、少なくとも週に1回、*チボリウムとルヌラの内容を交換することである。

パンを準備する際、遊離したかけらがないように重大な注意を払うべきであり、必要であれば、ふるいで良く振るべきである。加えて、チボリウムを満たす時、聖具保管係はホスチアに小さなかけらがないよう確かめるべきであり、1つづつ入れながら、単にホスチアを全て一緒にチボリウムの中に入れて回転させるべきではない（1929年3月26日の秘跡聖省の訓令も同様である）。

小さなホスチアは遊離したかけらがなく、チボリウムの中に単独で置かれるべきではあるが、これらが等しい層で並べられるべきかどうかは疑わしい。というのは、対称的に配置された時に、聖体拝領を与えるために御聖体を取り出す時に一方の側を少し押した場合、全て一緒にチボリウムの反対側に飛び出しがちで、チボリウムが満たされている場合には、極めて危険だからである。チボリウムの中で*不規則に*置かれた時、御聖体をつかむことはまたより容易になる。

ホスチアの更新のための時が来た時、古いホスチアは拝領されなければならない[56]。新鮮なホスチアは、例え古いホスチアの下に置かれるとしても、古いホスチアとともに同じチボリウムの中に決して入れるべきではない。可能であれば、ホスチアは聖体拝領で与えられることになるミサで新たに聖変化されることが望ましい（*Mediator Dei,* §§118 [126], 121 [128]を参照）。

---

[55] これは多くの因子、気候－湿気があり温暖な気候は腐敗を早める－、パン中で使用されている小麦粉の質、聖櫃の材質等次第であろう。
[56] C.J.C. 1272; R.R. V, i, 7.

第5章　ミサの始まり

Sacerdos cum primum descenderit sub infimum gradum altaris, convertit se ad ipsum altare, ubi stans in medio, iunctis manibus ante pectus, extensis et iunctis pariter digitis, et pollice dextero super sinistrum posito in modum crucis (quod semper servatur quando iunguntur manus, praeterquam post consecrationem), detecto capite, facta prius Cruci vel altari profunda reverentia, vel si in eo sit tabernaculum sanctissimi Sacramenti, facta genuflexione, erectus incipit Missam.

Stans igitur celebrans ante infimum gradum altaris, ut supra, producens manu dextera a fronte ad pectus signum crucis, dicit intellegibili voce: *In nomine Patris, et Filii, et Spiritus Sancti. Amen.* Et postquam id dixerit, non debet advertere quemcumque in alio altari celebrantem, etiamsi Sacramentum elevet, sed continuate prosequi Missam suam usque ad finem. Quod item observatur in Missa solemni, et simul etiam a ministris.

Postquam dixerit: *In nomine Patris, etc.* ut supra, iungens iterum manus ante pectus, pronuntiat clara voce antiphonam: *Introibo ad altare Dei.* Minister retro post eum ad sinistram genuflexus, et in Missa solemni ministri hinc inde stantes prosequuntur: *Ad Deum, qui laetificat iuventutem meam.* Deinde sacerdos eodem modo stans incipit, et prosequitur cum ministro, vel ministris alternatim psalmum: *Iudica me, Deus*, usque ad finem, cum *Gloria Patri.* Quo finito, repetit antiphonam *Introibo* cum ministris, ut supra. Qui psalmus numquam praetermittitur, nisi in Missis defunctorum, et in Missis de Tempore a dominica I Passionis usque ad feriam V in Cena Domini inclusive, in quibus semel tantum dicta antiphona *Introibo* cum ministris, ut supra, sacerdos statim subiungit V. *Adiutorium nostrum, etc.* ut infra. Cum in fine psalmi dicit *Gloria Patri, etc.* caput Cruci inclinat.[1]

1　祭壇の下で、祭壇を向いて、胸の前で両手を合わせて[2]、司式者は祭壇の十字架に——あるいは崇敬のために顕示されている真の十字架の聖遺物あるいは他の受難の聖遺物に[3]——低くお辞儀をするが、御聖体が聖櫃の中にある時に

---

[1] R. III, 1, 4, 6.

[2] 14 ページ参照。司式者の両手は自身に十字の印をするか胸を叩く時を除き、祭壇の下では常に合わせて保持することになっている。

[3] S.R.C., 2722[1].

は*段*で片膝をつく[4]。次いで、まっすぐに立ち、*In nomine Patris* 等を唱えながら司式者は十字の印をし[5]、この時から最後の聖福音の終わりまで司式者は、別のミサの奉挙であったとしても、別の祭壇で行われている事に注意を向けないことになっている。両手を合わせて司式者は、侍者に正確に応答を行うための十分な時間を許すよう特に注意をしながら、交唱 *Introibo* と詩篇42（*Iudica me*）を声を出して侍者とともに唱える[6]。司式者は *Gloria Patri...Sancto* で頭を下げ、次いで再びまっすぐに立つ。死者ミサと受難節中（受難の第1主日から聖土曜日の前まで）の季節（*de tempore*）のミサでは詩篇は省かれる。しかしながら、この期間中の祝日のあるいは随意ミサ（十字架あるいは受難のものであっても）では詩篇は省かれない。詩篇が省かれる時であっても、交唱 *Introibo* は一度唱えられる。

Repetita antiphona *Introibo*, dextera manu producens signum crucis a fronte ad pectus, dicit V. *Adiutorium nostrum in nomine Domini*. R. *Qui fecit caelum et terram*. Deinde altari se profunde inclinans, iunctis manibus dicit: *Confiteor Deo*, ut in Ordine Missae: et prosequitur eodem modo stans inclinatus, donec a ministro, vel ministris dictum sit *Misereatur*. Cum incipitur a ministris *Confiteor*, se erigit. Cum dicit: *mea culpa*, ter pectus dextera manu percutit, sinistra infra pectus posita.

Cum minister, et qui intersunt (etiamsi ibi fuerit Summus Pontifex), respondent *Confiteor*, dicunt *tibi, Pater*, et *te, Pater*, aliquantulum conversi ad celebrantem.

Facta a circumstantibus Confessione, celebrans stans respondet: *Misereatur vestri, etc.* Deinde producens manu dextera a fronte ad pectus signum crucis, dicit: *Indulgentiam, etc.*; et si est Episcopus, vel Abbas, ut supra, accipit manipulum, osculando illum in medio. Et stans inclinatus iunctis manibus prosequitur: *Deus, tu conversus*, et quae sequuntur in Ordine Missae, clara voce usque ad orationem *Aufer a nobis, etc.*; et cum dicit: *Oremus*, extendit et iungit manus.[7]

---

[4] S.R.C., 2682[47].
[5] 21ページ参照。
[6] 14ページ参照。
[7] R.III, 7, 9, 10. 大修道院長への参照はR.I, 4より。

2 侍者が *Sicut erat* 等を答えた時、司式者は交唱 *Introibo* を繰り返し（詩篇が唱えられた場合）、*Adiutorium* 等を加える。これらの言葉を唱える間、司式者は言葉を次のように分けながら、十字の印をする。額に触れる時に *Adiutorium*、胸に触れる時に *nostrum*、左肩に触れる時に in nomine、そして右肩に触れる時に *Domini* である[8]。

Confiteor

3 侍者が *Qui fecit* 等を答えた時、司祭は合わせた両手を過度には下げずに低くお辞儀をして、*Confiteor* を唱える。読唱ミサでは司祭は *vobis, fratres* あるいは *vos, fratres* の言葉で侍者の方を向かない。*mea culpa* で胸を3回叩く[9]。使徒座の許可によるものを除き、*Confiteor* 中で言及される聖人の名前に何も名前を加えないことになっている[10]。修道会は通常、創始者が列聖された聖人である場合には創始者の名前を加える許可を得ている[11]。

4 *Confiteor* の終わりに、侍者が *Misereatur* 等を唱え司式者自身が *Amen* を加え終えるまで、司式者は低くお辞儀をしたままでいる。次いで司祭はまっすぐに立つ。会衆の代理である侍者により唱えられる *Confiteor* の結びで、司式者は侍者1人が列席している場合であっても、*Misereatur vestri* 等を常に複数形で唱える。これらの言葉を唱える間、侍者の方を向いてお辞儀をしない。

Indulgentiam

5 *Indulgentiam* 等で司式者は *indulgentiam* を唱える間に額に触れ、*absolutionem* で胸に、*et remissionem* で左肩に、*peccatorum nostrum* で右肩に触れながら、十字の印をし、その後、残りの言葉では両手を合わせる。

---

[8] C.E. I, xxv, 5.
[9] 25ページ参照。
[10] S.R.C., 1332[5], 2142.
[11] S.R.C. 2587[2], 2972, 3749 参照。

6 司式者は *Deus, tu conversus* から *Oremus* までの祈祷文ではお辞儀をする。司式者は両手を広げないが、*Dominus vobiscum* の時に両手を開き *Oremus* を唱える際に再び両手を合わせる[12]のを例外とする。

7 これらの短い祈祷文の朗唱の間、詩篇の朗唱の時のように、司式者は侍者に正確に答えるための十分な時間を与えるよう特に注意を払わなければならず、応答を早く始めすぎて司祭の部に入り込むことを侍者に許すべきではない。侍者が極めて不完全に答える時、しばしばこれは、侍者に十分な時間を与えない司式者の責任である。このようにして、侍者は直し難い悪い癖をつける。

8 準備の祈祷文が省かれる──*Aufer a nobis* と *Oremus* を含めて──ことになっている時[13]、司式者は祭壇の下で適切な表敬を行った後に、上り、カリスを整え、祭壇にキスをして、何も唱えずに（ミサが歌ミサである場合には祭壇の献香を行う）、書簡側の隅に行き、入祭文を始める[14]。

---

[12] 18 ページ参照。
[13] R.M., n. 424.
[14] R. III, 12.

第6章　入祭文、KYRIE ELEISON、GLORIA IN EXCELSIS

Dum dicit: *Aufer a nobis, etc.*, celebrans iunctis manibus ascendit ad medium altaris, et ibi inclinatus, manibusque item iunctis super eo positis, ita ut digiti parvi dumtaxat frontem, seu medium anterioris partis tabulae, seu mensae altaris tangant, residuo manuum inter altare et se retento, pollice dextero super sinistrum in modum crucis posito (quae omnia semper observantur, cum manus iunctae super altare ponuntur), secreto dicit: *Oramus te, Domine, etc.*, et cum dicit: *Quorum reliquiae hic sunt,* osculatur altare in medio, manibus extensis aequaliter hinc inde super eo positis: quod semper servatur, quando osculatur altare, sed post Consecrationem pollices ab indicibus non disiunguntur. In omni etiam deosculatione sive altaris, sive libri, sive alterius rei, non producitur signum crucis pollice, vel manu super id quod osculandum est.

Osculato altari, accedit ad latus eius sinistrum, id est Epistolae: ubi stans versus altare, et producens a fronte ad pectus signum crucis, incipit intellegibili voce antiphonam ad Introitum et prosequitur iunctis manibus. Cum dicit: *Gloria Patri,* tenens iunctas manus, caput inclinat. Cum repetit antiphonam ad Introitum, non signat se, ut prius, et ea repetita, iunctis manibus ante pectus accedit ad medium altaris, ubi stans versus illud similiter manibus iunctis, dicit eadem voce ter *Kyrie, eleison,* ter *Christe, eleison,* et iterum ter *Kyrie, eleison* alternatim cum ministro. Si minister, vel qui intersunt, celebranti non respondeant, ipse solus novies dicit.[1]

司式者は祭壇に上る

Oremus を唱え両手を再び合わせた後で、司式者はまっすぐに立ち、すぐに祈祷文 *Aufer a nobis* の静かな朗唱[2]を始め、これを唱える間に祭壇の段を上る。朗唱は祭壇に到着する時に終えられるべきであり、そのため司式者は距離が短い場合にはゆっくり移動するであろう。祭壇の中央に到着した後で、司式者はお辞儀をし[3]、ここでルブリカに記述されているように、合わせた両手を祭壇の

---

[1] R. IV, 1, 2.

[2] 3 ページ参照。

[3] 15 ページ参照。

テーブルの端に置き[4]、*Oramus* 等の静かな朗唱を始める。*Quorum reliquiae hic sunt* の言葉を唱える間——あるいはむしろ、これらを唱えた後すぐに——司式者は両手を掌を下にしてコルポラーレの外側で祭壇のテーブルの上に置き、祭壇にキスをする[5]。次いで、十字架にお辞儀をせずに、司式者は祭壇の書簡側の隅をまっすぐ向くように回り、祈祷文を終える間に書簡側の隅に向かう（*osculato altari, accedit...* とルブリカに書かれている[6]）。

I.　入祭文

　ミサ典書に向かい、司式者は声を出して入祭文を始める。冒頭の言葉の朗唱の間、司式者は左手を平らにして胸の下に置いて[7]、十字の印をする。イエズスの聖なる御名が出てきた場合、司式者は本に向かって頭のお辞儀をするが、足は動かさず、目も上げない。聖母マリアあるいはその日の聖人の名に言及される場合、司式者は本に向かって頭のお辞儀をする[8]。これらの名が入祭文の冒頭の言葉に出てくる場合（例、聖マリアの七つの御苦しみのミサ）、十字の印をする間、司式者はお辞儀をしない——というのは司式者は自身に十字の印をする時には常にまっすぐに立つからである。*Gloria Patri* から *Sancto* までの言葉の間、司式者は頭のお辞儀をする。受難節では *Gloria Patri* は省かれる。復活節では *Alleluia*（2回）が入祭文の最初の部に加えられ[9]、入祭文のこの部が2回目に唱えられる時に繰り返される。*Sicut erat* 等の後で入祭文の最初の部を繰り返す場合、司式者は最初の節のみを繰り返し、再び自身に十字の印はしない。

　入祭文を記憶している場合、司式者はミサ典書へ向かう途中に入祭文を始めるべきではない。また、祭壇の中央への途中で入祭文を終えたり *Kyrie, eleison* を始めるべきでもない。

---

[4] 14 ページ参照。
[5] 12 ページ参照。
[6] R. IV, 2.
[7] 21 ページ参照。
[8] R. V, 2　及び 36 ページ参照。
[9] R.M., n. 429.

II. Kyrie, Eleison

入祭文を終えた後で、司式者は祭壇の中央に行き、そこに着いたらすぐに、お辞儀をせずに、声を出して *Kyrie, eleison* を始める。司式者は *Kyrie, eleison* を2回、*Christe, eleison* を1回、次いで、*Kyrie, eleison* を2回唱える。再び、司式者はこの重要な祈祷文の侍者の部を適切に唱えるために、侍者に十分な時間を許すよう特に注意しなければならない。司祭の祈願と侍者の祈願をルブリカが規定するように交互にではなく、一緒に朗唱されるようにすることは乱用である。

III. Gloria in Excelsis

Dicto ultimo *Kyrie, eleison,* sacerdos stans in medio altaris et manus extendens, elevansque usque ad humeros (quod in omni manuum elevatione observatur), voce praedicta incipit, si dicendum sit, *Gloria in excelsis.* Cum dicit *Deo,* iungens manus, caput Cruci inclinat: quo erecto, stans iunctis manibus ante pectus, prosequitur usque ad finem. Cum dicit *Adoramus te, Gratias agimus tibi,* et *Iesu Christe, Suscipe deprecationem nostram,* et iterum *Iesu Christe,* caput Cruci inclinat. Cum dicit in fine *Cum Sancto Spiritu,* seipsum a fronte ad pectus signat, interim absolvens: *in gloria Dei Patris. Amen.*[10]

最後の *Kyrie, eleison*──これに対する応答はない──を唱えた後、*Gloria in excelsis* が朗唱されることになっている場合には、声を出して *Gloria in excelsis* の言葉を唱える間、司式者は両手を広げ、肩の高さまで上げ、目は上げずにいる。次いで、*Deo* を唱える間に[11]、両手を合わせて胸の前に下げ[12]、十字架に向かって頭のお辞儀をする。この賛歌の朗唱中に、司式者は *Adoramus te、Gratias agimus tibi*（1回）、*Iesu Christe*（2回）、*suscipe deprecationem*

---

[10] R., IV, 3.
[11] ルブリカは主として、荘厳ミサあるいは歌唱ミサでの祈祷文の冒頭の言葉の先唱を想定している。より速い、単なる朗唱では、言葉の少し前に動作を始めるか、さもなければ動作が *Deo* で終わえられるようにこれらをゆっくり唱えることが必要になるかもしれない。
[12] 18ページ参照。

nostram の言葉の間に頭のお辞儀をする。最後の言葉で、*cum Sancto Spiritu* を唱える間に額と胸に触れ、*in gloria* で左肩に、*Dei Patris* で右肩に触れながら、司祭は自身に十字の印をする。次いで、*Amen* を唱える間に、司式者は祭壇へのキスに備えて、両手を合わせずに[13]祭壇の上に置く。

---

[13] S.R.C. 2682[29].

第7章 集祷文

Dicto hymno *Gloria in excelsis*, vel, si non sit dicendus, eo omisso, celebrans osculatur altare in medio, manibus hinc inde super eo, ut supra, extensis: tum illis ante pectus iunctis, et demissis ad terrain oculis, vertit se a sinistra latere ad dexterum versus populum, hoc est, per eam partem quae respicit latus Epistolae, et extendens, ac iungens manus ante pectus, ut prius, dicit clara voce: *Dominus vobiscum*, vel si sit Episcopus: *Pax vobis* (quod dicitur tantem hoc loco, quando dictus est hymnus *Gloria in excelsis*). R. *Et cum spiritu tuo*, et iunctis, ut prius, manibus, revertitur per eandem viam ad librum, ubi eas extendens, et iungens ante pectus, caputque inclinans, dicit: *Oremus*: tum manus ante pectus extendit, digitis simul iunctis, et orationem dicit. Cum dicit *Per Dominum*, manus iungit, easque usque ad finem iunctas tenet. Si oratio concludatur *Qui tecum* vel *Qui vivis*, manus iungit cum dicit in unitate.

Cum in oratione, vel alibi in Missa, pronuntiantur nomen IESU vel MARIAE, itemque cum exprimitur nomen Sancti vel Beati de quo dicitur Missa aut fit commemoratio, vel Summi Pontificis, sacerdos caput inclinat. Si plures orationes sint dicendae, idem in eis, in voce, in extensione manuum, et capitis inclinatione, quod supra dictum est, observatur.[1]

1 *Gloria in excelsis* を終えた後、司式者は祭壇にキスをして[2]、右側から完全に会衆の方に回り、まっすぐに立ち、目は下げるが閉じず、頭のお辞儀をせずに、会衆に *Dominus vobiscum*[3]の挨拶をする。そうする間（回っている間でなく）、司式者は両手を開き[4]、再び合わせる[5]。左側から回り、まっすぐミサ典書に向かう。ミサ典書の前で立ち、司式者は両手を広げ、本に向かって頭のお

---

[1] R. V, 1, 2.

[2] 12ページ参照。

[3] 言葉は *vobiscúm* ではなく、*vobíscum* である。

[4] 18ページ参照。

[5] 司式者が会衆のほうを向くように祭壇が位置している場合、司式者は *Dominus vobiscum* のために回らずに、両手を広げる（R. V, 3）。

辞儀をして、両手を再び合わせ、同時に、声を出して *Oremus* を唱える[6]。次いで、胸の前で両手を広げて[7]、司式者は集祷文を声を出して朗唱する。

2 祈祷文の結語が *Per (eundem) Dominum nostrum* である場合、この結語を始める間、司式者は両手を合わせて、残りの結語のために合わせたまま保ち、最後の言葉 *Iesum* で本に向かって頭のお辞儀をする。しかし祈祷文が *Qui tecum* あるいは *Qui vivis* で終わる場合、お辞儀はなく、そして司式者は *in unitate* の言葉まで両手を合わせない。

3 1つを超える祈祷文がある場合、*Oremus* は2回のみ唱えられるであろう—最初の祈祷文の前と二番目の祈祷文の前であり、三番目の集祷文の前では唱えられない。この規則の例外は、二番目の祈祷文がミサの祈祷文とともに1つの結語で唱えられる（1つの祈祷文を成す）ことになっている時に起きる[8]。その時には、2回目の *Oremus* は三番目の祈祷文の前に起きるであろう[9]。しかしどんなに多くの祈祷文があっても、2つの結語のみがあるであろう——最初の祈祷文の最後に1つ（二番目の祈祷文が最初の祈祷文とともに1つの結語で唱えられるのでなければ。1つの結語で唱えられる時には結語は二番目の祈祷文のものであろう）、そして最後の祈祷文の終わりに2つ目である。どの場合でも、結語は*直接*付く祈祷文に一致し、先行する祈祷文は考慮されないであろう。従って、最初の祈祷文の結語が *Per Dominum* 等であるが1つの結語で御聖体の祈祷文が加えられた場合には（例、御聖体の大会で）、結語は直接付く祈祷文（*Deus qui nobis*）に合わせて *Qui vivis* になるであろう。

4 それぞれの *Oremus* と結語で同じ身ぶり（頭と両手の）が繰り返されるであろう。ルブリカが司祭に *Per Dominum*（あるいは *in unitate*）から祈祷文の終わりまで両手を合わせて保つように指示しているため、司祭は集祷文の結語を完全に終えるまでミサ典書のページをめくってはならない。ミサ典書中で新しい箇所を探している時、司式者は両手を用いても右手のみを用いても良

---

[6] この言葉を発音する時、語頭にある「O」は延ばしてはならない。これは *Orémus* であり、*Oooremus* ではない。

[7] 16ページ参照。

[8] R.M., nn. 444, 446.

[9] R. VII, 7.

いが、右手のみを用いる場合には、左手を掌を下にして祭壇の上かミサ典書の
上に置く。

5　祈祷文はミサ典書にあるように唱えられることになっており、ルブリカ
が許容する範囲を超えて数や内容を変更してはならない[10]。

6　祈祷文中で聖なる御名、あるいは聖母マリア、聖人の名でのお辞儀は入
祭文のために記述されている（70ページ）のと同様である。また、教皇のため
の祈祷文が唱えられる時、教皇の名でもミサ典書に向かってわずかな頭のお辞
儀が行われる[11]。聖人の祝日あるいは記念で聖人の祈祷文中に N.の字が出てく
る場合、そこに聖人の名（通常、1つの名）を挿入する。時折、2つの名が用
いられるが（例、聖アルフォンソ　マリア）、そのような場合にはミサ典書（あ
るいは聖務日課書）で挿入すべき形式が指示されるであろう。

四季の齊日等[12]

Quoties in Missa dicenda occurrunt verba *Flectamus genua, Levate*,
sacerdos, dicto in medio altaris *Kyrie, eleison*, revertitur ad latus Epistolae,
ubi stans ante librum, extensis et iunctis ante pectus manibus, caput
inclinans, dicit: *Oremus*, ac deinde; *Flectamus genua*; et illico, manibus
super altare extensis, ut se ipsum sustineat, utrumque genu flectit ac,
iunctis manibus per aliquod temporis spatium in silentio orat; deinde dicit:
Levate, surgit, et manibus extensis, dicit orationem. Lectionem sequentem
eodem modo legit, ut infra de Epistola dicetur.[13]

7　四季の齊日の水曜日と土曜日、四旬節第4週の水曜日、聖週間の水曜日
に起きる[14]、祈祷文が先行し昇階唱が続く *1つを超える* 聖書朗読がある時、い
つものように中央で *Kyrie, eleison* を唱えた後で、司式者は *Gloria in excelsis*
（これがある場合）も *Dominus vobiscum* も唱えず、両手を合わせてミサ典書
に戻る。そこで司式者はいつものように *Oremus* を（両手を広げて合わせ、頭

---

[10]　例えば、S.R.C. 1740, 2514[6] を参照。
[11]　34ページ参照。
[12]　R.M., nn. 467, 468.
[13]　R.M., nn. 467, 468.
[14]　R.M., n. 440; M[62], R. V, 4.

のお辞儀をしながら）、そして *Flectamus genua* を唱える。すぐに、自身を支えるために両手を祭壇の上に置いて、司式者は両膝をつき、両手を合わせて短い時間沈黙の内に祈る。次いで、*Levate* を唱え、立ち上がり、両手を広げて、祈祷文を唱える[15]。次いで、司式者は書簡のためのように、続く朗読と昇階唱のために両手を本か祭壇の上に置く。このようにして、司式者はそれぞれの祈祷文[16]と聖書朗読を唱える。最後の普通ではない昇階唱の後で、司式者は祭壇の中央に戻り、*Gloria* を唱え（これが朗唱されることになっている場合）、祭壇にキスをして、*Dominus vobiscum* を唱え、本に戻り、集祷文と他の祈祷文（ある場合）をいつものように朗唱する。

聖霊降臨の四季の齊日には *Flectamus genua* は唱えられない（復活節の喜びにあふれた特色のため）。

8　いくつかの朗読があるミサでは、記念と他の祈祷文は *Dominus vobiscum* に続き、最後の朗読もしくは書簡に先行する祈祷文の後で唱えられ、この祈祷文のみが唱えられる祈祷文の数の計算に含まれる[17]。

9　ミサでいくつかの朗読のある平日の記念のため、*Dominus vobiscum* に続く祈祷文ではなく最初の祈祷文——賛課の祈祷文である——が使用される[18]。

10　四季の齊日の土曜日には5つの朗読が書簡に先行する。各朗読の終わりに *Deo gratias* を答える（常に五番目の朗読である預言者ダニエルからの朗読を除く）。conventual のミサ、あるいは叙階があるミサでは、全ての朗読が祈祷文と節とともに唱えられなければならない。他の全てのミサでは、歌ミサであっても読唱ミサであっても、短い方の形式を使用しても良い。すなわち、最初の祈祷文（聖務日課の祈祷文である）のみが先行する *Flectamus genua* とともに（聖霊降臨の四季の土曜日を除く）唱えられ、次いで、最初の朗読が昇階唱（聖霊降臨の四季の土曜日には *Alleluia* 唱）とともに唱えられる。その後

---

[15] R.M., n. 440; M⁶², R. V, 4.
[16] そのような日の記念のみがある時には、唱えられるのは、これが聖務日課の祈祷文であるため（R.M., 443）、祈祷文の*最初の*ものである（そして *Dominus vobiscum* 後の祈祷文ではない）。
[17] R.M., n. 442.
[18] R.M., n. 443.

Dominus vobiscum が来て、*Oremus* が続き、*Flectamus genua* はなく、二番目の祈祷文が唱えられる。次いで、記念が来て、最後の朗読（常に聖パウロの書簡の1つからである）、詠唱へと続く[19]。その後、*Munda cor meum* と聖福音がいつものように唱えられる[20]。

---

[19] 聖霊降臨の四季の土曜日には、*Alleluia* 唱、続唱等が詠唱に代わる。
[20] R.M., n. 468. 言い換えれば、各四季の土曜日のためにミサ典書中にあるミサの式文では、短い方の形式は、祈祷文1と2、朗読1と6（書簡）を唱え、祈祷文3〜6と朗読2〜5を省略することを意味している。

第8章　書簡、昇階唱等

Dictis orationibus, celebrans positis super librum, vel super altare
manibus, ita ut palmae librum tangant, vel (ut placuerit) librum tenens,
legit Epistolam intelligibili voce, et respondetur a ministro: *Deo gratias*, et
similiter, stans eodem modo, prosequitur graduale, *Alleluia*, et tractum, ac
sequentiam, si dicenda sint.[1]

I.　書簡

　集禱文を終えた後で、司式者は両手をミサ典書の上に置き、声を出して書簡
を読む。上記のルブリカを理解するためには、書簡のような部が読まれる間、
最初は本が保持され（まだ荘厳ミサでは、通常、副助祭が本を保持する）、次い
で、本を支えるための低いクッションが用いられるようになり、その使用が今
ではほとんどすたれているにもかかわらず、まだルブリカはこれに言及してお
り[2]、最後に書見台がミサ典書を支えるための受け入れられた方法になったこと
を思い出す必要がある[3]。そのため、ルブリカは司式者がミサ典書を保持するか
（そしてこれは時々、司祭の背が高く、台が低すぎて、ミサ典書が重すぎない
場合には、極めて都合が良い）、あるいは——ミサ典書をクッションか台の上に
置くことを好む場合には——ミサ典書を保持しているかのように、両手をミサ
典書の上に置くことを想定している。*ita ut palmae librum tangant* の句は
positis ... super altare manibus の言葉を修飾しているので、ルブリカは、同
時に両手を部分的に本の上に置くことができるという条件で、司式者が両手を
祭壇の上に置いても良いことを意味している。これは極めて低いクッションが
使用されている時のみ可能である。従って、台が使用される時には *ita ut
palmae librum tangant* で両手を本の上に置くことが不可能であるため、両手

---

[1] R. VI, 1.
[2] 例、R.M., n. 527; R. II, 4.
[3] ミサ典書の台は通常よりもずっと高く（特に背の高い司祭のためには）、司式者がまっ
すぐに立ち、本の上にかがむことを強いられないようにすることが強く望まれる。1本
の柱の支えがある（丸い基部で終わる）台が最も良い形である。これには祭壇から滑り
落ち、コルポラーレの上に侵入する不都合な脚はない。

を祭壇の上に置くことは許されない。実際には、ミサ典書のページを汚すこと
を避けるため、本が保持されない場合（保持される場合には、開いたページに
触れないような方法で保持されるべきである）、最良の方法は、ミサ典書を保持
しているかのように、両手を、通常かなり幅があるミサ典書の*端*に平らに置く
ことである――すなわち、人差し指と中指（最低でも）及び掌部分をページの
端に置く一方で、親指を台の前方の端に置き、他の指はミサ典書の表紙の回り
で少し閉じる。

　書簡の終わりで司式者は声を下げるか、少し左手を上げるか、わずかに左を
一瞥することにより[4]――きわだってではなく――朗読を終えたことを示し、侍
者が *Deo gratias* を答えることができるようにする。

II. 昇階唱等

　1　司式者は両手を書簡のためと同じようにして、声を出して昇階唱、
Alleluia 唱あるいは詠唱、続唱がある場合には続唱を読む。続唱がある時、最
後の *Alleluia* が続唱の*後*に唱えられることに注意すべきである[5]。

　2　書簡等では、聖なる御名と他の名で、入祭文[6]あるいは集祷文でと同様の
頭のお辞儀が行われるが、その日の聖人の名が書簡の*題名*に出てくる時には頭
のお辞儀は行われない。

　3　書簡（例、受難の第2主日の書簡での *in nomine Iesu omne genu
flectamur* の言葉で）あるいは昇階唱、詠唱（例、一定の四旬節のミサの詠唱
での *Adiuva nos* で）の間に膝をつくことが必要である場合、司式者は両手を
掌を下にして祭壇上に置き、頭のお辞儀をせずに片膝をつく[7]。

---

[4] ある著者は司式者が見回すべきではないという理由からこれに反対している。しかし、
侍者の方を少し向いて一瞥することは実際、見回すことではなく、時には避けられない。
[5] R.M., 470.
[6] 72 ページ参照。
[7] 28 ページ参照。

III. ミサ典書の移動

Quibus dictis, sacerdos, in Missis lectis, ipsemet, seu minister portat librum missalis ad alteram partem altaris in latere Evangelii, et dum transit ante medium altaris, caput Cruci inclinat, et missale sic locat, ut posterior pars libri respiciat ipsum latus altaris, et non ad parietem, sive ad partem eius contra se directam.[8]

実際には、司式者が自身でミサ典書を移動させるべきである[9]というルブリカ の指示はすたれてきており——おそらく反対の慣習により廃棄されている—— いずれにせよ、ルブリカには代わりの方法が書かれている。現在の方法は、必 要な場合は別として（例、侍者がいない場合、あるいは侍者がミサ典書を移動 させることが身体上できない場合）侍者がミサ典書を移動させるというもので ある。司式者自身がミサ典書を移動させる場合、両手に台を持ち、中央を通る 時に頭のお辞儀をして[10]——御聖体がある場合であっても片膝をつかない[11]— —祭壇の福音書側の隅で角度をつけて台を置く。ルブリカには *in latere*

---

[8] R. VI, 1.
[9] 読唱ミサでは、ルブリカは司式者自身が聖福音のために本を移動させることを想定し ている－しかし、すすぎの後では、本を移動させて戻すことは想定していない（R. XI, 1）。 これを理解するには、私的ミサが増え助祭と副助祭、数人の侍者と歌手がいることが不 可能であった時に必要となり、徐々に用いられるようになった読唱ミサの典礼が、荘厳 ミサ－規範のミサ－の典礼の簡略化された形式であることを思い出す必要がある。読唱 ミサでは、司式者は副助祭（書簡あるいは他の朗読で）、歌手（昇階唱あるいは詠唱で）、 助祭（聖福音で）の役割を務める。荘厳ミサでは聖福音が告げられることになっている 場所まで、助祭が荘厳な儀式で本を運ぶため、読唱ミサで聖福音のためのミサ典書の移 動が後に書簡側の隅に移動して戻される時よりも儀礼的であり、荘厳ミサでは助祭によ り行われるため、司式者自身により行われることは適切である（cf. J. M. Hanssens, S.J., in *Ephemerides Liturgicae*, 1934, p. 330）。（a）本が書簡側から福音書側へ移動され、 （b）そこで角度をつけて置かれ（R. VI, 1）、聖福音を読む時に司式者が助祭が聖福音 を歌う時とできる限り同じ位置になり（会衆の方をやや向いて）、（c）司式者が助祭を 模倣して聖福音を読む前に祝福を請うことは、荘厳ミサでの聖福音を荘厳に歌う典礼を 可能な限り再現することでもある。
[10] R. VI, 1. 聖週間での読唱ミサの司式者が受難を読むために書簡側の隅から福音書側 の隅へ向かうときに、同じお辞儀が十字架を通る際に行われる（S.R.C. 3975[2] 参照）。
[11] S.R.C., 3975[2].

Evangelii とあるので、ミサ典書は祭壇の福音書側の一番端に置かれるべきである。次いで、司式者は *Munda cor meum* を唱える[12]ために中央に戻る。

IV. Munda Cor Meum

Locato missali in altari, celebrans redit ad medium altaris, ibique stans iunctis manibus ante pectus, levatisque ad Deum oculis, et statim demissis, tum profunde inclinatus, dicit secreto: *Munda cor meum, et Iube, Domine, benedicere. Dominus sit in corde meo*, ut in Ordinario.[13]

侍者がミサ典書を移動させる時、司式者は最後の *Alleluia* を唱え、あるいは詠唱を終えた後で、両手を合わせて祭壇の中央に行く。そこでしばらく十字架を見上げ[14]、次いで、両手を合わせて祭壇のテーブルの上に置かずに[15]、低くお辞儀をして[16]、同時に *Munda cor meum* 等を——お辞儀をした時にのみ始めて——密やかに唱える。まだお辞儀をしたままで、*Iube, domne benedicere*[17]ではなく *Iube, Domine benedicere* を唱えながら、司式者は神からの祝福を密やかに請い[18]、*Dominus sit in corde meo* 等の式文で自身の祝福を祈る。次いで、司式者はまっすぐに立ち、十字架に何のお辞儀もせずにミサ典書に向かう。

---

[12] これを行う間、合わせた両手を祭壇上に置かないが（R. VI, 2）、恐らくこの時、荘厳ミサでの助祭の役割を果たしているからであろう。

[13] R. VI, 2.

[14] 26 ページ参照。

[15] 16 ページ参照。

[16] 32 ページ参照。

[17] 荘厳ミサで司式者の祝福を請う時に助祭により使用される式文。

[18] 死者ミサ中を除く。

第9章　聖福音とクレド

I.　聖福音

Quibus dictis, vadit ad librum missalis, ubi stans versus ilium, iunctis manibus ante pectus, dicit intellegibili voce: *Dominus vobiscum*. R. *Et cum spiritu tuo*. Deinde pollice dexterae manus signo crucis signat primo librum super principio Evangelii, quod est lecturus, postea seipsum in fronte, ore, et pectore, dicens: *Sequentia*, vel *Initium sancti Evangelii, etc.*, R. *Gloria tibi, Domine*. Tum iunctis iterum manibus ante pectus, stans, ut supra, prosequitur Evangelium usque ad finem. Quo finito, minister stans in latere Epistolae post infimum gradum altaris, respondet: *Laus tibi, Christe*, et sacerdos, elevans parumper librum, osculatur principium Evangelii, dicens: *Per Evangelica dicta, etc.*, praeterquam in Missis defunctorum, et nisi celebret coram Summo Pontifice, Cardinali et Legato Sedis Apostolicae, vel Patriarcha, Archiepiscopo et Episcopo in eorum residentiis, quo casu defertur cuilibet praedictorum osculandus liber, et celebrans tunc non osculatur ilium, nec dicit: *Per Evangeiica dicta*. Cum autem nominatur IESUS, caput versus librum inclinat; et eodem modo versus librum genuflectit, cum in Evangelio est genuflectendum.[1]

1　両手を合わせ、まっすぐに立ち、やや祭壇の方を向き、やや会衆の方を向いて[2]、司式者は声を出して *Dominus vobiscum* を唱える。次いで、両手を離し、掌を下にして左手をミサ典書の上に置き[3]——左側のページの上に置く方が都合が良い——伸ばして一緒につけた残りの指から離してある右手の親指の前部（軟らかい部分）で、読み上げようとしている聖福音の文章の始まりの箇所に小さな十字の印を描く[4]。司式者はこの十字を、ミサ典書中で十字が印刷されている *Sequentia*（*Initium*）の前の場所ではなく[5]、実際の文章の始まりの箇

---

[1] R. VI, 2.
[2] S.R.C. 3792[5] 参照。
[3] S.R.C. 2572[11].
[4] 22 ページ参照。
[5] これの目的は、十字の印がなされることになっているのがこの言葉が唱えられる間であることを単に示すことである。

所で、*in illo tempore* がある場合にはこの言葉の後に描く[6]。文章に十字の印を
する間、司式者は声を出して *Sequentia (Initium)* を唱える。次いで、司式者
は左手を平らにして胸の下に置き、規定された言葉を唱えながら、右手の親指
で額と唇、胸の上に小さな十字の印を描く[7]。これらの最も良い分け方は、額に
十字の印をする間に *sancti Evangelii*、唇に十字の印をする間は何の言葉も唱
えず（唇は閉じているべきであるため、これの方が明らかに適切である）、胸の
上に十字の印を描く間に *secundum* と福音史家の名である。

　2　侍者が *Gloria* 等を答えた後で、司式者は両手を合わせて、声を出して聖
福音を読む。聖なる御名あるいは *Maria*（聖母）の名、前日か祝日を祝ってい
る聖人の名[8]が出てくる場合、司式者はミサ典書に向かってお辞儀をする。しか
しながら、福音史家の祝日に、聖福音の*表題*中に出てくるその福音史家の名で
はお辞儀をしない[9]。片膝をつくことが必要とされる場合（御公現の聖福音での
ように）、司式者は両手を祭壇上に置いてミサ典書に向かって片膝をつくが[10]、
御聖体が顕示されている場合には[11]御聖体に向かって片膝をつく。

　3　聖福音の終わりで[12]、司式者は両手で少し、台あるいはクッションでは
なく本を持ち上げ、その間規定された言葉を密やかに唱えながら[13]、十字の印
を描いた聖福音の*始まりの箇所*で文章にキスをする。これらは動作の前か後の
どちらで唱えても良いが、最も良い方法はミサ典書にキスをする前に *Per
Evangelica dicta* を、ミサ典書を台に戻して置く間に *deleantur nostra delicta*
を唱えることで分けることである。両手でミサ典書を、コルポラーレのできる

---

[6] *Super principio Evangelii,* とルブリカには書かれている。司教儀式書－II, viii, 46－に
は、*Diaconus signat librum ubi est textus Evangelii* と書かれている。
[7] 22 ページ参照。
[8] 1月 25 日と 2 月 22 日には、ペテロとパウロ両方の名でお辞儀が行われる。
[9] S.R.C. 3767[25].
[10] 36 ページ参照。
[11] S.R.C. 3875[4].
[12] 死者ミサあるいは上級の高位聖職者の面前でのミサを除く。214 ページ参照。
[13] R.M., n. 511.

限り近くでしかしコルポラーレ上ではないように、中央に移動させ[14]、読むため に適した角度で置く。次いで、司式者は両手を合わせて祭壇の中央に行く。

II. クレド

Dicto Evangelio, stans in medio altaris versus Crucem, elevans et extendens manus, incipit (si dicendum sit) *Credo*, cum dicit: *in unum Deum*, iungit manus, et caput Cruci inclinat; quo erecto stans ibidem iunctis ante pectus manibus, ut prius, prosequitur usque ad finem. Cum dicit: *Iesum Christum*, caput Cruci inclinat. Cum dicit *Et incarnatus est*, usque ad *et homo factus est* inclusive, genuflectit. Cum dicit: *simul adoratur*, caput Cruci inclinat. Cum dicit: *Et vitam venturi saeculi. Amen*, producit sibi manu dextera signum Crucis a fronte ad pectus. [15]

1 クレドが唱えられることになっている場合、司式者は中央でまっすぐ立ち、十字架にお辞儀をせずに、両手を広げて、上げ、次いで下げる[16]（*Gloria in excelsis*の時のように[17]）が、目は上げない。これらの動作を行っている間、司

---

[14] 両手でミサ典書の台を持ち上げる方が良く、祭壇に沿って台を押して祭壇布を乱さない方が良い。

[15] R. VI, 3.

[16] 18 ページ参照。

[17] 18 ページ参照。Gloria とクレドの始まりでの身ぶりについて、*Ritus* と *Ordo Missae* のルブリカを比較することは興味深い。

Gloria

(1) R IV, 3: Manus extendens, elevansque . . . Cum dicit *Deo*, iungens manus, caput Cruci inclinat.

(2) *Ordo*: Extendens et iungens manus, caputque aliquantulum inclinans, dicit . . .

(3) C.E. II, viii, 38: (Episcopus) cantat *Gloria* . . . disjunctis elevatisque manibus . . . et cum dicit *Deo* jungit manus.

これらの文章全てを比較した後で、著者達は、言い回しと見たところでは動作の順序が異なっているものの、これら全てが同じことを意味していると同意している。通常、ルブリカの専門家はR. IV, 3の指示に正確に従っている（特にこのルブリカが *quod in omni manuum elevatione observatur* と加えているために）。

クレド

(1) R. VI, 3: Elevans et extendens manus, incipit *Credo*, cum dicit: *in unum Deum* iungit manus, et caput Cruci inclinat.

(2) *Ordo*: Extendens, elevans, et iungens manus, dicit . . . *Credo* . . . Cum dicit *Deum*, caput Cruci inclinat.

式者は *Credo in unum Deum* を声を出して唱える。*Ritus* には[18]司式者が *in unum Deum* を唱える間に両手を合わせて頭のお辞儀をすると書かれている一方で、*Ordo Missae (in loco)* にはいつ両手を再び合わせることになっているか厳密には書かれておらず、*cum dicit Deum caput Cruci inclinat* と書かれている。どちらのルブリカに従っても良い。実際には、*Credo in unum* を唱えている間に両手を広げて上げ、*Deum* を加える間に[19]両手を合わせて下げ、頭のお辞儀をする方が良い。

2　次いで、まっすぐに立ち、両手を合わせて、司式者はクレドの朗唱を続ける。司式者は聖なる御名と *simul adoratur* で十字架に向かって頭のお辞儀をする。*Et incarnatus est* の言葉で、司式者は掌を下にして両手をコルポラーレの外側の祭壇上に置き、テーブルから少し下がり、頭を下げずに[20]片膝をつく[21]。右膝が床に触れる時に *Et homo factus est* の言葉を終えるように、極めてゆっくり片膝をつく。司式者はこの膝を床の上に保たず、すぐに立ち上がり、そしてまっすぐに立ち、クレドを続ける。*Et vitam* 等の結語で、司式者は左手を平らにして胸の下に置き[22]、同時に右手で十字の印をする。ルブリカはそうする間にどのように言葉を分けるようになっているか決定していないが、ルブリカの専門家は一般的に次のように示唆している。額と胸に触れる間に *Et vitam*、左肩に触れる間に *venturi*、そして右肩に触れる間に *saeculi* である。両手を祭壇上に置く時に *Amen* を唱える。

---

(3) C.E. II, viii, 52 はクレドでの身ぶりのための特別な指示を与えていない。しかし、C.E. I, xix, 3 にはこのように書いてある一般的な指示がある。Cum (Episcopus) surgit, dicturus *Gloria in excelsis Deo* . . . vel *Credo* . . . (palmas) sic junctas tenens, cum ea verba incipit proferre aliquantulum disjungit, et mox dum pronunciat ultima verba ex praedictis, eas iterum ante oculos elevatas jungit . . .

[18] VI, 3.

[19] *Gloria in excelsis* の冒頭の言葉についての注 17 の結論と 73 ページの指示を参照。

[20] 28 ページ参照。

[21] S.R.C. 2587[9].

[22] 21 ページ参照。

第10章　奉献からカノン

Dicto symbolo, vel, si non sit dicendum, post Evangelium vel homiliam, celebrans altare osculatur in medio, et iunctis manibus ante pectus ibidem a manu sinistra ad dexteram (ut dictum est supra), vertit se ad populum, et extendens ac iungens manus dicit: *Dóminuns vobíscum*, et iunctis manibus revertitur per eandem viam ad medium altaris, ubi extendens et iungens manus, caputque Cruci inclinans, dicit *Orémus*: tum iunctis, ut prius, manibus, dicit antiphonam ad Offertorium, et omnia quae usque ad finem Missae in medio altaris dicenda sunt, dicit ibidem stans versus ad altare, nisi ubi aliter ordinatur.

Antiphona ad Offertorium absoluta, discooperit calicem et ad latus Epistolae sistit, et manu dextera amovet parvam pallam desuper hostiam, accipit patenam cum hostia, et ambabus manibus usque ad pectus eam elevatam tenens, oculis ad Deum elevatis, et statim demissis, dicit: *Súscipe, sancte Pater, etc.*

Si fuerint aliae hostiae non super patenam, sed super corporale, vel in alio calice, seu vase pro Communione populi consecrandae, calicem illum, seu vas dextera discooperit, et intentionem suam etiam ad illas offerendas et consecrandas dirigens, dicit ut supra: *Súscipe, etc.* ut in Ordine Missae. Quo dicto, patenam utraque manu tenens, cum ea facit signum crucis super corporale, et deponit hostiam circa medium anterioris partis corporalis ante se, et patenam ad manum dexteram aliquantulum subtus corporale; quam, exterso calice, ut dicetur, cooperit purificatorio. Si autem adsit vas seu calix cum aliis hostiis, ipsum cooperit alia patena, vel palla.[1]

I.　カリスの覆いをはずす

1　クレドを終えたら、司式者は両手を再び合わせず[2]、両手を祭壇の上に置いて、祭壇にキスをする[3]。次いで、司式者は右側から会衆の方に回り、——両

---

[1] R. VII, 1, 2, 3.
[2] S.R.C. 2682[29].
[3] 11 ページ参照。

手を開いて再び合わせる間に[4]――*Dominus vobiscum* の挨拶で会衆に呼びかける。司式者は円を完成せずに[5]、左側から祭壇の方へ回って戻る。

2　再び祭壇を向きながら、司式者は *Oremus* を唱える間に、両手を開いて再び合わせ、十字架に向かって頭のお辞儀をする。次いで、直立し両手を合わせて、身体ではなく頭をミサ典書の方に向けながら、奉献の交唱を声を出して読む。復活節にはこの節に *Alleluia* が 1 つ加えられるべきであり[6]、そのためミサ典書に *Alleluia* が書かれていない場合でさえも司式者はこれを加える。

3　次いで、両手でカリスから注意深くカリスベールを持ち上げてはずし、折り畳んで、テーブルの後方で、右側、コルポラーレの上ではなくコルポラーレの近くで祭壇の上に置く[7]。ルブリカは司式者自身がカリスベールを折り畳むことを想定しているように思われ、そして実際上の理由から、すなわち、カリスベールが汚されることを防ぎ、カリスベールが適切に折り畳まれていることを確かめ、後でカリスベールの上にパラを置くことができるように、その後カリスベールが正しい位置に置かれることを確かめるために、司式者がカリスベールを折り畳む方が良い。しかしながら、慣習である場合、司式者はカリスベールを折り畳むために侍者に手渡しても良い。

ホスチアの奉献

4　左手を掌を下にしてコルポラーレの外側で祭壇上に置き、司式者は右手でカリスを節のところで持ち、カリスを右側、コルポラーレの外側で離れた場所に置く。

チボリウムの中に聖変化のための小さなホスチアがある場合、あるいは箱の中で―箱がガラス、あるいは何かの不透明な材料でできていても[8]―ルヌラの中に聖体降福式のための大きなホスチアがある場合、司式者はチボリウム（ある

---

[4] 18 ページ参照。

[5] 11 ページ参照。

[6] R.M., n. 478.

[7]一般に、カリスベールの大きさに応じて、3つか4つに折り畳むことが都合が良い。カリスベールの裏地ではなく、生地が―ミサの色を示しながら―現れるように折り畳まれる。

[8] S.R.C. 3524[6].

いは箱）を前に引き寄せて、必要であれば、覆いをはずして（コルポラーレの外側に覆いを置きながら）、必要であれば両手を使用しながら、蓋を取る。司式者は蓋をコルポラーレの上かあるいは外側で（この方が良い）、右側に置く[9]。

左手を祭壇上に保ちながら、司式者は右手でパラを持ち上げてはずし、折り畳んだカリスベールの上に置き、それによって後でパラを取るのをより容易にしておく。あるいは司式者はパラを正面の祭壇カードの隅に立て掛けて置く。次に、司式者はパテナを親指と人差し指、中指の間で持ち、コルポラーレの上方で、胸の前、しかし胸よりも高くない位置に持ってくる。司式者はパテナを自分から少し離して保持し、そこでパテナを、両手の親指と人差し指（必要であれば中指も）がパテナの縁の周りを保持し、他の指はパテナの下方で一緒に合わせるやり方で、左手でも持つ。

コルポラーレ上に聖変化させることになっているホスチアがある場合、左側で触れずに残す[10]。これらがパテナの上にある場合、ホスチアの奉献の後までそこに残す。

5　このようにパテナを胸より高くではなく、胸の前に持ち上げて保持しながら、司式者は少しの間、目を「神の方に」上げて[11]、次いで目を下げながら、静かにホスチアの奉献の祈祷文 *Suscipe, sancte Pater* を唱える。

---

[9] *聖変化のためのホスチアは遅くともミサのホスチアとともに献げられることになっている奉献までには祭壇上にあるべきである。* 正当な理由のため（既に奉献されたいけにえと結合させるためにホスチアが運ばれてくる時に、少なくとも心の中で、奉献を補充した後で）、奉献の後で祭壇に到着したホスチアを聖変化させることは合法である。しかし、序唱まで遅れて運ばれてきたものの場合には、より大きな理由が必要になる。一旦カノンが始まった後では、合法的な聖変化のためには重大な理由が必要になる（例、御聖体が病人、あるいはさもなければ聖体拝領の機会を完全に逸するか聖体拝領のために長時間待たなければならなくなる多数の者の聖体拝領のために必要になる場合）。これが道徳神学者の一般的な教えである。奉献の際にパテナ上で小さなホスチアが捧げられ、後に－聖変化前に－司式者が聖体拝領のために必要とされないことに気付いた場合には、直ちにこれをコルポラーレの外に置く（そして当然、これを聖変化させるよう意向しない）。このホスチアはミサのホスチアとともに奉献されて祝別されたため、自身の聖体拝領の後で（両形式での）、司式者はこのホスチアを拝領するべきである（*Def.* III, 5; X, 9 参照）。

[10] 62 ページ参照。

[11] 実際には、ルブリカが命じているように大きな十字架が祭壇上に置かれている場合には、祭壇十字架に向かって（26 ページ参照）。

祭壇上にホスチアを置く

6　司式者がこの祈祷文を終えた時、まだ両手で保ちながらパテナをコルポラーレの4～5インチ以内に下げ、コルポラーレの前側部分の上方にパテナで十字を描く。これは「ギリシァ」十字、すなわち同じ長さの4本の腕木がある十字であろう。司式者は始めに自身に向かう十字の線を描き－パテナの中心点でコルポラーレの中心付近から前側1／3の中央まで描きながら－次いでこの線を途中まで戻り、次いでパテナを左側へ動かして水平の一画の左半分を描き、最後にパテナの中央をコルポラーレの最初の折り目の上で、左から右まで水平な線を完成させる。

7　次に、司式者はパテナの遠い側の端を内側に傾け、コルポラーレに触れずに、ホスチアをコルポラーレの上に滑らせて置き、通常の大きさのコルポラーレであれば前方の折り目をまたぐようにし、望ましい場合にはもっと進める（祭壇が可動のものである場合、少なくとも聖変化以降にはホスチアが祭壇石かコルポラーレの範囲内にあるようにしなければならない）。

パテナの上に聖体降福式のためのホスチア、あるいは聖体拝領のための小さなホスチアがある場合、司式者はこれらをパテナからコルポラーレの上で左側、やや後方——ミサのホスチアとカリスが置かれる場所の間（可動祭壇上の祭壇石の範囲内）——に滑らせて置くであろう。しかしながら、小さなホスチアがミサのホスチアの*上に*[12]ある場合、司式者はミサのホスチアをコルポラーレの上に置く前に、これらをパテナから滑らせて置くであろう。

8　次いで、左手を掌を下にしてコルポラーレの外側で祭壇上に置きながら、司式者は右手でパテナを右側で、半ばまで（*aliquantulum*）コルポラーレの下に差し入れる。そして、司式者が後に右手を祭壇上に置かなければならない時にパテナに触れないようにするため、少し後方－大体、中央1／3の下－にする。

---

[12] 61ページ参照。

次いで、チボリウム（あるいは箱に入ったルヌラ）がある場合、司式者は蓋をするが、覆いは戻さない。

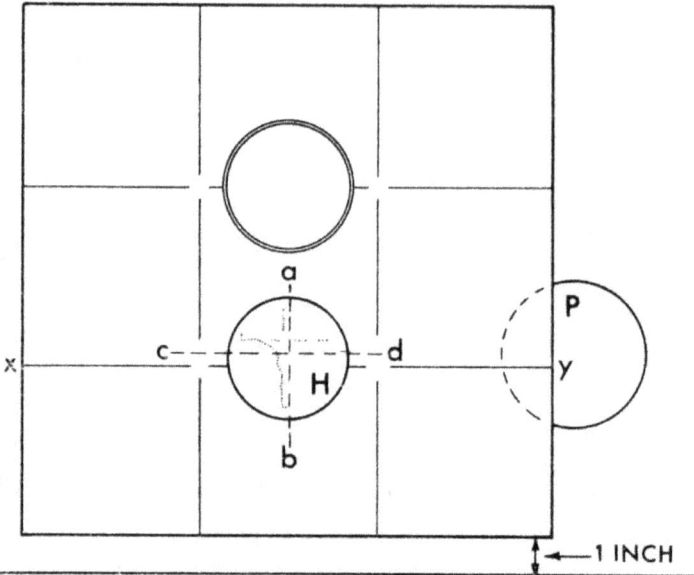

xy ＝ コルポラーレの最初の折り目[13]

H ＝ この最初の折り目の上に置かれたホスチア（§7）

P ＝ コルポラーレで約半分が覆われたパテナ（§8）

aからbはパテナとホスチアで描かれる十字の縦の線を示す（§6）。bH及び

Hc、cdは横の線がどのように描かれるかを示している（§6）。

---

[13] 正しい寸法のコルポラーレは約17 あるいは18 インチ四方であろう。97 ページ、注35 を参照。

II.　ワインを取る

Deinde in latere Epistolae accipit calicem, purificatorio extergit, et sinistra tenens illius nodum, accipit ampullam vini de manu ministri (qui osculatur ipsam ampullam, non autem manum celebrantis) et ponit vinum in calicem. Deinde eodem modo tenens calicem, producit signum crucis super ampullam aquae, et dicit: *Deus, qui humánae substántiae*, et infundens parum aquae in calicem prosequitur: *Da nobis per huius aquae et vini mystérium, etc.* Si vero celebrat pro defunctis, non facit signum crucis super aquam, sed imponit absque benedictione, dicens orationem ut supra.[14]

　　1　司式者は両手を合わせて書簡側の隅に行き、祭壇の方を向きながら、左手でカリスを節で持ち[15]、カリスを引き寄せて、プリフィカトリウムをカリスの中に押し込みながら――親指を外側に、他の指を内側にして――杯の内側の全周、及び縁の内側と外側を軽く拭く[16]。次いで、プリフィカトリウムを二つ折りで重ねて、左手の親指でカリスの節の所で持ち、折り畳んだ片方か両方が――カリスの高さとプリフィカトリウムの長さ次第で――垂れ下がり、カリスの基部と祭壇布も少し覆い[17]、偶然にこぼれたどのようなワインあるいは水のしずくも受け止めるようにする。次に、司式者は右手で侍者からワインの瓶を

---

[14] R. VII, 4.
[15] これはほとんど全てのルブリカの専門家が与えている指示であり、ルブリカの *in laterare Epistolae accipit calicem* の言葉を厳密に解釈している。彼らは、この時にカリスがコルポラーレの近くにあり、（祭壇が大きなものである場合）隅は中央からかなり遠いかもしれないことを忘れているように思われる。我々は、*in laterare Epistolae* を、続く動作が中央でなくそこで行われることになっているという一般的な指示を与えているものとして解釈することが可能であると考え、そして、全ての場合で司式者がカリスを持つ前に書簡側の隅へ向かわなければならないことを意味するものと解釈する必要はないと考えている。隅へ進む時にカリスを持ち、隅が離れている時には、途中で実際にカリスを拭き始めてはならない十分な理由はないように思われる。
[16] カリスを勢いよく拭く必要はなく、従って、より大きな安全性のために杯の周囲を（ある著者が示唆しているように）保持する必要はない。この拭くことは必要であるというよりもむしろ儀式上のものである。カリスは、あるいはいくらかの小さなほこりは別として、既に清潔であると想定されている。
[17] これはルブリカ（R. VII, 4）により明白には命じられていないが、経験に基づいた（多くのそのような指示のように）ルブリカの専門家の有用な指示である。

受け取り[18]、何も唱えずに、必要であれば、しずくが側面に飛び散らないように杯を少し傾けながら、カリスの中にいくらかのワインをやさしく注ぐ[19]。

　注がれることになっているワインの量はルブリカにより決められておらず、著者達は、適切な量が一口で容易に飲むことができる量であると示唆している。瓶が小さい場合、司式者は中身の半量よりも少し少ない量を注ぎ、残りは清めのために残しておくように注意するべきである。

水を取る

　2　左手でまだカリスとプリフィカトリウムを持ちながら[20]、司式者は右手で－親指と残りの指を完全に伸ばして一緒につけながら－侍者が保持する水の瓶の上に小さな十字の印をする。これを行う*間*、司式者は祈祷文 *Deus, qui humanae substantiae* を始め、静かに朗唱する。次いで司式者は水の瓶を持ち[21]、*da nobi, etc.*の言葉を唱える間に少量の水を注ぐ。奉献でワインに水を加える指示は、歴史的及び象徴的理由から[22]神学者により重要なものであると考えられており、ルブリカ[23]には司式者は聖変化前に水が見過ごされたことに気付いた場合、直ちに水を加えるべきであると書かれている。量は決められておらず、これに関連するルブリカでは、例えば *parum aquae*（R. VII, 4）, *paululum*（R. VII, 9; C.E. I, x, 5）, *pauculum*（C.E. II, viii, 62）のように、異なる用語が使用されている。教会法（814）では主に神学的な見地から、*modicissima aqua* と書かれている。神学者はこの水が聖変化の際に御血に変えられると教えている。そして変化は、水がワインの中に完全に吸収され、ワインの中に常にいくらかの割合で水があることにより、（おそらく）引き起こされる。従って、この完全な吸収を妨げる程多くの量の水が加えられてはならない。神学者はワイン

---

[18] 瓶が透明でないかワインが極めて淡い色である場合には、これが水の瓶ではなくワインの瓶であることを確かめなければならない。

[19] 暑い天候で、特にワインが甘い種類である場合、ワインの瓶の中に蠅や昆虫がいないことを（瓶があらかじめ開けてある場合には）確かめることは重要である。

[20] これは一般的な規則の例外である。

[21] スプーンの使用は禁止されておらず、規定されてもいない。S.R.C. 3064⁴ 参照。

[22] トリエント公会議、Sess. XXII, Cap. 7.参照。

[23] Def. IV, 8.

の量の１／３に達する水が加えらえた場合、生じた混和物は聖変化のための有効性が疑わしくなるであろうと考えているが、ワインの量の１／５までは完全に安全に加えることができると認めている。実際には、ワインに一滴の水を加えることは指示を満たす一方で、一滴の水ではカリスの側面に付着して全くワインに達しない危険性があるために、一滴よりも多い量の水が加えられるべきである。数滴、７滴か８滴もの（あるいはワインの量と度数に従って、さらに多くでも）水を加えることは全く許容され、ルブリカがこの事に関して全くこだわっていないため——極めて単純に *parum aquae* と書かれている——司式者は滴数を数えることに時間を浪費することなく、遠慮せずに「少量の水」を注ぐべきである。司式者はカリスの側面に付着しているワイン[24]あるいは水[25]の分離したしずくがないことを確かめるべきである。司式者は少しでも気がついた場合、しずくをワインの中に吸収させるためにカリスを少し回転させるか、あるいは右手の人差し指の周りに巻かれたプリフィカトリウムで拭き去るべきである[26]。これは実際には極めて単純な問題であり、プリフィカトリウムを指の周りに入念に巻き、その後入念にほどくことに時間を浪費する必要はない[27]。

3　その間、司式者は祈祷文 *Deus, qui humanae substantiae* の静かな朗唱をゆっくりと続ける。*Iesus Christus* の言葉に達した時、司式者は頭のお辞儀をする。

4　必要であれば分離したしずくを取り除き、祈祷文を終える間（まだ締めくくられていなかった場合）、——長い祭壇上で、必要な場合には——司式者はどちらかの手でカリスをコルポラーレに寄せて置き、両手でプリフィカトリウムを２つ折りにしてパテナの露出している部分を渡すようにコルポラーレの端

---

[24] 神学者はカリス内の側面に付着したワインのしずくが聖変化されるかどうかに関して論じている。これは司式者の意向次第である。不確実と疑念を全て避けるために、聖変化のために適切なカリスの杯内の全てのものを聖変化させる明確で永続的な意向（時々更新される）を持つことが良い。

[25] 分離した水滴は、聖変化されずに残り、聖変化の後でカリス内にあることはふさわしくないために、拭き取られる。

[26] S.R.C. 2572[14].

[27] カリスを拭き、ワインと水を注ぎ、付着したしずくを取り除く時、司式者は肘を過度に上げて見苦しい身ぶりをしないように注意しなければならない。

と平行になるように置き[28]、次いで両手を合わせて祭壇の中央に戻る[29]。あるいは——祭壇が長い場合には、この方が自然で、間違いなく良い順序である——司式者は中央に*向かう間に*プリフィカトリウムを折り畳み、中央に到着したらすぐにパテナを渡すようにプリフィカトリウムを置く。

III. ワインの奉献

Imposita aqua in calice et finita oratione praedicta, accipit manu dextera calicem discoopertum; et stans ante medium altaris, ipsum ambabus manibus elevatum tenens, videlicet cum sinistra pedem, cum dextera autem nodum infra cuppam, intentis ad Deum oculis offert, dicen: *Offérimus tibi, Dómine, etc.* Qua oratione dicta, facit signum crucis cum calice super corporale, et ipsum in medio post hostiam collocat, et palla cooperit. Deinde iunctis manibus super altare positis, aliquantulum inclinatus dicit secreto: *In spítitu humilitátis, etc.* Postea erectus, elevans oculos, manusque expandens easque in altum porrectas, statim iungens ante pectus (quod semper facit quando aliquid est benedicturus) dicit: *veni, sanctificátor, etc.* Cum dicit: *et bénedic,* signat manu dextera communiter super hostiam et calicem, sinistra posita super altare.[30]

1　左手を掌を下にしてコルポラーレの外側で祭壇上に置きながら、司式者は右手でカリスを節のところで持ち、自身の前に持ち上げる（基部にある[31]十字が自身のまっすぐ正面になるようにしながら）。次いで司式者はカリスを左手でも保持する。右手は節の所に置き、親指を自身に最も近い側、他の指を遠い側の周囲にする。左手の親指はカリスの脚部に置き、他の指はカリスの下方で

---

[28] 二つの自由な端が司式者の方か祭壇の後方（多くの著者が指示しているように）のどちらかであるかは、重要ではない。

[29] これはルブリカの専門家により通常与えられる R. VII, 5 の解釈である。

[30] R. VII, 5.

[31] カリスの正面を示すために、ルブリカにより規定されている訳ではないが、一般的に基部に十字がある。これは御血の拝領の際に御血が通る縁の部分を示すために有用であり、清めを同じ場所で行うことができる。

カリスを支えるようにする。顔の前でこのようにカリスを保持しながら[32]、杯の上面が目よりも高くなく[33]頬よりも低くないようにして、肘を脇の近くにして、司式者は目を *ad Deum* 神の方に[34]上げて、祈祷文全体で目を上げたままで保ちながら、司祭は *Offerimus, etc.* を静かに唱えながらワインを奉献する。

カリスを祭壇の上に置く

2　司式者は祈祷文を終えた時、目を落とし、カリスをコルポラーレから約4～5インチ以内まで下げながら、まだ両手でカリスを保持しながら、ホスチアの上を通さずに、カリスでコルポラーレの後方部分の上に「ギリシャ」十字の印をする。実際には、最も良い方法は十字の最初の線をコルポラーレの最も奥（3番目）の折り畳みの中央付近から中央（二番目）の折り畳みの中央まで描き、次いで中央と最も奥の折り畳みの間の折り目まで戻り[35]、次いでこの折り目に沿って左へ描き、そして最後に左から右まで完全な横線を描くことである。

次いで司式者は、後で御聖体が置かれていた場所の清めを容易にするためとホスチアとカリスの間で行われることになっている十字の印のためにも、ホスチアの後方で少し遠方に——実際には約3インチ（ホスチアの大体の直径）離して、中央と最も奥の折り畳みの間の折り目を横切るように——カリスをコルポラーレの上に置く。司式者は、右手や右の袖、マニプルでコルポラーレに触れないように注意しながら、カリスを安定させるために左手の人差し指と中指

---

[32] 司式者はマニプルがコルポラーレ（この上に以前のミサからの御聖体の小さなかけらあるいは聖変化されることになっている小さなホスチアがあるかもしれない）の上を掃かないよう、あるいは触れることさえもないように注意しなければならない。

[33] ホスチアのためのルブリカ（R. VII, 2）には、ホスチアののったパテナは上げることになっている（*usque ad pectus*）と書かれている。

[34] 26ページ参照。

[35] ここで、及び91ページの§6，§7での実際上の示唆では、祭壇等が通常の寸法であることが想定されている。すなわち、祭壇のテーブルの奥行きは21から24インチ、コルポラーレは約18インチ四方、（小さな）パテナの直径は4 1/2あるいは5インチ、ホスチアの直径は3 1/4あるいは3 1/2インチである。92ページ参照。可動祭壇の場合には、司式者はカリス（及びチボリウム）が少なくとも大部分が聖別された祭壇石の上に置かれていることを確かめなければならない（R.M., n. 525）。

の指先をカリスの基部に置く[36]。司式者は右手の親指と人差し指の間でパラを持ち、パラでカリスを覆う。

In Spiritu Humilitatis

3　次に、司式者は合わせた両手を祭壇上に置き[37]、お辞儀をしながら[38]、*In spiritu humalitatis* 等を静かに唱える。次いで、まっすぐ立ちながら、司式者は両手を開き、肩の高さまで上げて、同時に目を十字架まで上げ、その間 *Veni, sanctificator* を静かに唱える。すぐに司式者は両手を下げて胸の前で合わせ、また目も下げながら[39]、その間 *omnipotens aeterne Deus* を唱える[40]（*Deus* で頭のお辞儀をしない）。次いで司式者は両手を離して、掌を下にして左手をコルポラーレの外側で祭壇上に置き、右手でカリスとホスチア両方の上で十字の印をし[41]、その間、密やかに *et benedic* を唱える[42]。十字の印を終えた時、司式者は両手を合わせて祈祷文を終える。

IV. 指を洗う

Tum iunctis ante pectus manibus, accedit ad latus Epistolae, ubi stans, ministro aquam fundente, lavat manus, idest, extremitates digitorum pollicis et indicis, dicens psalmum: *Lavábo inter innocéntes, cum Glória Patri, etc.*; qui versus *Glória Patri* praetermittitur in Missis defunctorum, et in Missis de Tempore a dominica I Passionis usque ad feriam V in Cena Domini inclusive.

---

[36] ルブリカの専門家の多くは司式者がカリスをパラで覆ったりカリスからパラをはずす時にはいつも（特に聖変化の後）、カリスを安定させるために左手を基部の上に置くことを一般的な規則として定めている。これは確かな安定性を保証するための実際的な方法である。しかしながら、これはルブリカにより規定されておらず、ある著者は（Cavelieri に従って）これが高齢あるいは病弱から手が不安点な司式者のためのみに必要であると述べている。

[37] 15 ページ参照。

[38] 33 ページ参照。

[39] O.M. *in loco.*

[40] ルブリカが指示している時のみ（*Gloria* 及びクレド、祝福の冒頭の言葉でのように）、*Deus* の言葉で頭を下げる。

[41] 23 ページ参照。

[42] 言葉の分離については 25 ページ参照。

Celebrans, lotis manibus, eas tergit, et illis ante pectus iunctis, revertitur ad medium altaris, ubi stans, oculosque ad Deum elevans, et statim demittens, manibus iunctis super altare aliquantulum inclinatus, dicit secreto orationem: *Súscipe, sancta Trínitas, etc.* Qua dicta, manibus hinc inde extensis et super altare positis, osculatur illud in medio; tum, iunctis manibus ante pectus, demissisque oculis ad terram, a sinistra manu ad dexteram vertit se ad populum, et versus eum extendens et iungens manus, dicit voce aliquantulum elata[43]: *Oráte, fratres*, et secreto prosequens: *ut meum ac vestrum sacrifícium, etc.* perficit circulum, revertens, iunctis manibus ante pectus, a manu dextera ad medium altaris. Et responso a ministro, vel a circumstantibus: *Suscípiat Dominus sacrifícium de mánibus tuis, etc.* (alioquin per seipsum, dicens: *Sacrifícium de maníbus meis*), ipse celebrans submissa voce dicit[44]: *Amen.* Et manibus ante pectus extensis, ut fit ad orationem, stans in medio altaris versus librum, dicit absolute sine *Orémus* et sine alia interpositione orationem, vel orationes secretas. Cum dicit *per Dóminum*, iungit manus: cum dicit *Iesum Christum*, caput inclinat: quod facit in prima oratione, et in ultima, si plures sint dicendae.[45]

1 両手を合わせて、司式者は祭壇の書簡側の隅に行き、そこで、祭壇のテーブルの上ではなく、テーブルの外側で、両手の親指と人差し指の指先を、並べるかあるいは右手の指を左手の指の上にして、指洗い鉢の上で保持し、侍者が指の上に水を注げるようにする[46]。侍者が水を注ぎ始める時[47]、司式者はルブリカにより規定された詩篇 25 の一部（*Lavabo*）の静かな朗唱を始め、祭壇のテーブル（あるいは侍者の腕又は手）から取ったタオルで指を拭く間、これを続ける。司式者はこれを行うために祭壇の方に回っても良いし、タオルを侍者の腕あるいは指の間に戻して置くまで回るのを待っても良い。いずれにせよ、司式者は手を洗った後に詩篇を終えるために祭壇の方に回り、*Gloria Patri* 等

---

[43] 現在は *clara voce* (R.M., n. 511 g)。

[44] R.M., n. 511 g はこの *Amen* への言及を省いている。

[45] R. VI, 6, 7.

[46] 司教及び一定の高位聖職者の特権である特別な水差しではなく、通常の水の瓶が使用されることになっている（S.R.C. 4100⁴）。

[47] これがルブリカの専門家の一般的な指示であるが、詩篇の一部の朗唱が手を洗うよりも長くかかり、ラテン語訳での冒頭の言葉が未来形である（当然、これは単に引用文であるが）ため、司式者は書簡側の隅へ向かう間に朗唱を始めても良いように思われる。

を朗唱する間は頭のお辞儀をして、次いで両手を合わせて、*Sicut erat* 等を唱える間に祭壇の中央に戻る[48]。

Suscipe, sancta Trinitas

2 祭壇の中央で立ちながら、司式者は合わせた両手をテーブルの上に置き[49]、しばらく「神の方に」[50]目を上げ、再び目を下げて、お辞儀をして[51]、祈祷文 *Suscipe, sancta Trinitas* を静かに唱える。既にお辞儀をしているため、司式者は *Iesu* あるいは *Mariae* の箇所で頭のお辞儀をしない。次いで、両手をコルポラーレの外側で祭壇上に置きながら、司式者は祭壇にキスをし[52]、両手を合わせて、右側から回り[53]、次いで会衆の方を向いている時に、両手を肩幅まで広げて（上げずに）、再び合わせ[54]、その間に *Orate, fratres* の2語を声を出して[55]唱える。間をおかずに[56]、司式者は円を完成するように、ゆっくり*右側*から祭壇の方に回って戻り、その間に祈りへの招きの残りの言葉を唱える。*Suscipiat* 等の応答の最後に、司式者は静かな声で[57]*Amen* を唱える。

密唱

---

[48] *Gloria Patri* は受難の第一主日から聖木曜日まで *de tempore* のミサでは省かれる。しかし、祝日あるいは随意ミサでは、十字架あるいは受難のものであっても、省かれない。

[49] 15 ページ参照。あるいは、最初に目を上げて、次いで両手を祭壇上に置いても良い。

[50] 26 ページ参照。

[51] 33 ページ参照。

[52] 11 ページ参照。

[53] 司式者が既に会衆の方を向いている場合には、回らずに、両手を広げて再び合わせる（R. V, 3）。

[54] 18 ページ参照。

[55] R.M., n. 511 g.

[56] R. VII, 7; C.E. II, viii, 66 参照。

[57] 数人のルブリカの専門家は、新しい教会法典（1960）以前には、*Amen* が密やかに唱えられるべきであると述べており、実際、R.M., n. 511 の最後の言葉からの削除により推論され得るが、R. VIII, 7 には *submissa voce* と書かれている。*Orate, fratres* が現在では声を出して唱えられる（R.M., n. 511 g）点から見ると、*Suscipiat* への答えもまた声を出して唱えられるべきであると思われる。R.M., n. 511 g の *Orate, fratres* は多分、司式者及び会衆、司式者の祈祷文全体を意味している。

3 次いで、両手を胸の前で合わせて、司式者は密唱を静かに読む[58]。密唱の数と順序は書簡前の祈祷文のためのものと同じであり、お辞儀[59]と手を合わせること[60]、結語のため[61]の同じ規則が適用される。しかしながら、これらの祈祷文の前には *Oremus* はない。*Orate, fratres* がこれに置き代わる。密唱が1つしかないため、あるいは第二の密唱が第一の密唱とともに1つの結語の下で唱えられることになっているためのいずれかで、結語が1つしかない場合には、司式者は通常通り *Per (eundem) Dominum* あるいは *in unitate* で両手を合わせるが[62]、*Spiritus Sancti, Deus* に達した時に止まるであろう(*Deus* の後で)。しかしながら、第二の結語がある場合には、司式者は第一の結語を終え——通常の位置で両手を合わせながら——自身で静かに *Amen* を答え、次いで、再び両手を広げながら、残りの密唱を唱える。密唱の結語で *Per omnia* のために、司式者は両手を祭壇上に置く[63]。*Amen* の後で司式者は序唱のページを開くが、右手を掌を下にしてコルポラーレの外側で祭壇上に置きながら左手を用いるか、あるいはこの方が都合が良ければ両手を用いる。

V. 序唱

In conclusione autem ultimae secretae ad verba ilia: *Per ómnia saecula saeculórum* exclusive, sacerdos stans in medio altaris, dcpositis super eo manibus hinc inde extensis, dicit convenienti et intellegibili voce praefationem. Cum dicit: *Sursum corda*, manus elevat hinc inde ante pectus extensas. Cum dicit *Grátias agámus Dómino*, manus iungit: cum dicit *Deo nostro*, oculos elevat, et statim Cruci caput inclinat. Responso: *Dignum et iustum est*, elevatis et extensis ut prius manibus, prosequitur praefationem. Cum dicit *Sanctus*, iunctis ante pectus manibus, et inclinatus eadem voce prosequitur, ministro interim parvam campanulam pulsante. Cum dicit:

---

[58] まっすぐ正面に置かれていない本から読んでいる時(両手を広げて)、司式者は左腕越しに本を読まず、両足を移動させずに本の方に少し回る。

[59] 76 ページ参照。

[60] 76 ページ参照。

[61] 76 ページ参照。

[62] 76 ページ参照。

[63] 結び全体は両手を合わせて唱えられるべきであると思われる。

Benedíctus qui venit in nómine Dómini, etc. erigít se, et signum crucis sibi producit a fronte ad pectus.[64]

    1   序唱を探し出したら、司式者は両手を掌を下にしてコルポラーレの外側で祭壇の上に置き、*Dominus vobiscum* を声を出して唱える[65]。*Sursum corda* を唱える間、司式者は両手を特別な祈祷文の位置に上げる[66]。司式者は *Gratias agamus Domino* を唱える際に両手を上げずに合わせ、*Deo nostro* を唱える間に目を十字架に上げ、すぐに目を下げて、頭のお辞儀をする。*dignum et iustum est* が答えられた時、司式者は再び両手を広げ、声を出して序唱を読む[67]。聖なる御名が出てくる場合、司式者は頭のお辞儀をするが、両手は合わせない。「マリア」あるいは「ヨゼフ」の名の箇所で、司式者は一般的な規則に従い、本に向かって少し頭のお辞儀をする[68]。

Sanctus

    2   司式者は *Sanctus* を始める時、両手を合わせるが、両手は祭壇上に置かず、お辞儀をして[69]、祈祷文を声を出して唱える[70]。*Benedictus* で司式者はまっすぐに立ち、左手を胸の下に置いて、*Benedictus* で額に、*qui venit* で胸に、*in nomine Domini* で左肩に、*Hossana in excelsis* を唱える間に右肩に触れながら[71]、右手で自身に十字の印をする。司式者はミサ典書のページをめくるまで両手を合わせない。

---

[64] R. VIII, 8.

[65] 18 ページ参照。*Per omnia . . . Amen* が奉献全体の結びであり、*Dominus vobiscum* が奉献を導入したように、序唱とカノンを導入しているため、*Dominus vobiscum* を唱える前に休止することは、論理的でありふさわしい。序唱のページを開くことがこの休止を供給する。

[66] 16 ページ参照。

[67] *Domine, sancte Pater, omnipotens aeternae Deus* の言葉で―多くの序唱にある―句読点により示される正しい言い回しに注意が払われるべきである。

[68] 36 ページ参照。

[69] 33 ページ参照。

[70] R.M., n. 511 *h.*

[71] あるルブリカの専門家は *in nomine* を左肩で、*Domini* を右肩で、残りを下で指示されているように両手を置きながらと示唆している。

第11章　聖変化までのカノン

I.　Te Igitur

Finita praefatione, ut supra, sacerdos stans ante medium altaris versus ad illud, extendit et aliquantulum elevat manus, oculisque elevatis ad Deum, et sine mora devote demissis, ac manibus iunctis et super altare positis, profunde inclinatus incipit Canonem, secreto dicens: *Te igitur, etc.* ut in Ordine Missae. Cum dicit: *Uti accépta hábeas et benedícas, etc.*, prius osculatur altare in medio, deinde erigit se, et stat iunctis manibus ante pectus. Cum dicit: *Haec* ✠ *dona, haec* ✠ *múnera, haec sancta* ✠ *sacrifícia*, dextera manu signat ter communiter super hostiam et calicem. Deinde, extensis manibus ante pectus, prosequitur: *In primis quae tibi offérimus, etc.*[1]

　　1　ミサ典書でカノンの始まりを開いたら[2]、司式者は両手を合わせて[3]、両手を開き、両手を肩の高さまで上げて、同時に目を「神の方へ」（十字架へ）上げ、すぐに目を下げて両手も下げて、両手を胸の前で合わせ、次いで、両手を祭壇のテーブルの上に置きながら[4]低くお辞儀をする（16ページ）。このようにお辞儀をしながら[5]、司式者は *Te igitur* でカノンを始める。カノンは終始密やかな声で朗唱されるが[6]、*Nobis quoque peccatoribus* と結語 *Per omnia* 等が声を出して唱えられるのを除く[7]。

　　2　*petimus* の後、お辞儀をしたままで、司式者は両手を離し、両手を祭壇

---

[1] R. VIII, 1.
[2] これのために司式者は両手を用いるか、あるいは左手のみを用いて右手は掌を下にしてコルポラーレの外側で祭壇上に置く。
[3] ルブリカが現在命じているように、両手を*広げる*ことになっている場合には、両手を合わせなければならない。
[4] 18ページ参照。
[5] 昔のルブリカの専門家のある者は、この身ぶりを行う間に司式者はカノンを始めても良いと教えてたが、現代の権威は司式者は低くお辞儀をするまでカノンを始めるべきではないという考え方に賛成している（S.R.C. 2572[19] 参照）。
[6] 1ページ参照。
[7] R.M., n. 511 *i*.

上に置いて、テーブルにキスをする[8]。まっすぐ立ちながら、司式者は両手を合わせて[9]、*uti accepta* を続ける。*benedicas* の後で司式者は左手を祭壇上に置き、*haec dona* 等を唱える間に右手でいけにえの上で3回十字の印をする[10]。司式者はミサ典書中で✠の前に印刷されている言葉を唱える間に自身に向かって十字の上下の線を描く。✠の後に印刷されている言葉を朗唱する間に横の線を描く[11]。これらの十字の印をする際、司式者は特に当然の敬意に専心しなければならず、急いだり乱暴な肘の動きで行ってはならない（肘はできる限り脇の近くに保つべきである）。これらの十字の印は静かにそして重々しく、そして各十字の間にはほとんど間を置かずに行われる。再び両手を合わせずに、司式者は胸の前で両手を広げて、カノンを続ける。これがカノン全体の間での、司式者の手の通常の位置である。これは懇願の身ぶりと姿勢だと考えられている。

教皇と司教のための祈祷文

Ubi dicit: *una cum fámulo tuo Papa nostro N.*, exprimit nomen Papae: Sede autem vacante verba praedicta omittuntur. Ubi dicitur: *et Antíste nostro N.*, specificatur nomen Patriarchae, Archiepiscopi, vel Episcopi ordinarii dioecesis in qua Sacrum facit, et non alterius Superioris, etiamsi celebrans sit omnino exemptus, vel sub alterius Episcopi iurisdictionc. Si vero Episcopus ordinarius illius loci, in quo Missa celebratur, sit vita functus, pracdicta verba omittuntur, quae etiam omittuntur ab iis qui Romae celebrant. Si celebrans est Episcopus, Archiepiscopus vel Patriarcha, omissis praedictis verbis, eorum loco dicit: *et me indígno servo tuo.* Summus autem Pontifex cum celebrat, omissis verbis: *una cum fámulo tuo Papa nostro N. et Abtístite nostro N.*, dicit: *una cum me indigno fámulo tuo, quem gregi tuo praeésse voluisti.* Et continuant omnes, ut sequitur: *et ómnibus orthodóxis, etc.*[12]

---

[8] 11ページ参照。

[9] 司式者が何かを祝別する前に、両手があいている時には神の力の祈願を示すために両手を合わせることになっていることは、一般的な規則である（R. VII, 5）。

[10] 23ページ参照。

[11] R. VIII, 1 がカノン中で与えられているよりも良い最後の句の分け方を示していることに注意すること。

[12] R. VIII, 2.

3 *Papa nostro* の後の *N* に、司式者は現教皇の名前（奪格で）を数字なしで挿入し、その名前を発音する間、ミサ典書に向かってわずかに頭のお辞儀をする[13]。教皇が空位の場合、司式者は *una* 等の言葉を省く。

4 *Antistite nostro* の後に司式者は——司式者がその司教に属しているかどうかに関わらず[14]、司式者が修道司祭であるかどうかに関わらず——ミサを行っている司教区の司教の洗礼名を挿入するが、その名前の箇所でお辞儀をしない[15]。その司教区の司教の名前は、本人あるいは代理人を通してのいずれかにより[16]、教会法上その司教区を所有した日からカノン中で言及され、そのため、その時に司教聖別されているかどうかに関わらず、裁治権を当然としている。

5 宣教地域は教皇直属であるため、恒久的に指名されていない使徒座管理者、あるいは使徒座代理、使徒座知牧の名前は、司教聖別された司教であっても、使徒座の許可を除き、カノン中で言及されることにはなっていない[17]。修道司祭も彼らの上長の名前をあげてはならない。

6 その司教区の司教が空位である場合[18]、司式者は *et Antistite nostro* の言葉を省き、その者が司教であったとしても参事会の司教代理の名前も、その管区の大司教の名前も代わりに用いない。司式者は教皇が司教であるローマ司教区内で司式する場合にも、これらの言葉を省く。

7 司式者は司教の名前を知らない[19]か、あるいは忘れた場合には、*Antistite nostro* の後で何も唱えず、司教区の司教のための祈りの意向を成す。

---

[13] S.R.C. 3767[25]. 新しい教皇の名は、一旦選出が発表されたら、カノン中で言及される。

[14] S.R.C. 1827[1], 3538.

[15] 34 ページ参照。

[16] S.R.C. 3500[2].

[17] S.R.C. 2274[5], 3047[4], 4288[2], 及び 1919 年 3 月 8 日。しかし、*恒久的に*指定された使徒座管理者、あるいは別の司教区に転任させられたがしばらく、最初の司教区の管理を維持している司教の名は、カノン中で言及されることになっている（C.J.C., 315 参照）。

[18] 継承権を有する協働司教は、既に教皇の手紙を司教座聖堂の参事会に示していたという条件で、司教が死去した時に司教区の裁治権者となる（C.J.C. 355.）。従って彼の名は直ちにカノン中で言及される。

[19] 当然、ミサ前に情報を求めるべきである。47 ページ参照。

II. 生者の記念

Cum dicit: *Meménto, Dómine*, elevans et iungens manus usque ad faciem vel pectus, sic iunctis manibus stat paulisper in quiete, demisso aliquantulum capite, faciens commemorationem vivorum Christi fidelium ad suam voluntatem, quorum nomina, si vult, secreto commemorat: non tamen necesse est ea exprimere, sed mente tautum eorum memoriam habeat. Potest etiam celebrans si pro pluribus orare intendit, ne circumstantibus sit morosus, ante Missam in animo proponere sibi omnes illos, tam vivos quam defunctos, pro quibus in ipsa Missa orare intendit, et hoc loco generaliter unico contestus ipsorum vivorum commemorationem agere, pro quibus ante Missam orare proposuit in Missa.[20]

Memento ... tuarum の言葉を唱える間、司式者はゆっくり両手を上げて（しかし目は上げない）、両手を、唇や顎に触れずに顔の下側部分の前か、あるいは胸の前で保持し、わずかに頭のお辞儀をする。ルブリカは司式者に、まだ聖変化されていないホスチアを見るよう命じていないし――ルブリカは死者の記念でホスチアを見るよう命じているが、この時ホスチアは聖変化されている――司式者に目を閉じること（あるルブリカの専門家は示唆している）も命じていないが、司式者は好む場合にはそうしても良い。こうして少しお辞儀をしながら、司式者は祈りたいと望む人々の記念を行う。

この memento に関して、（ a ）ルブリカには司式者がこれを「短時間に」（*paulisper*）行うと書かれており、従って司式者は遅れすぎて、ミサに列席している者をうんざりさせるべきではない。祈りたいと望む者の数が特別に多い場合、司式者は（ルブリカが示唆しているように）あらかじめ彼らの名前の一覧を（心の中で）準備し[21]、次いでカノン中の memento の時に名前を手短に思い出すべきである。生者の記念は短すぎるべきでもない[22]。―名高いルブリカの専門家 Gavantus は *Et tu memento ne memento fiat in memento.* と書いている。

---

[20] R. VIII, 3.
[21] 46 ページ参照。
[22] これは、十字架の功徳を通じて我々自身と他の者のために（罪人、死者等の必要なものを忘れずに）求めるべきものが多くある貴重な機会である。

（b）memento は言葉で（密やかな声で）あるいは心の中でのみ行っても良い。

（c）聖変化前のこの memento は、ミサの聖職的成果の適用ではなく、生者と一定の人々のための祈りに関係している。しかし、この時、少なくともこの適用に関する司式者の第一の意向を、また（司式者が選ぶ場合）第二の意向も更新し、あるいはミサの *ex opere operantis* の成果を適用することが勧められる。

（d）ルブリカでは司式者が誰かのために祈ることを想定している一方で（そのため、生者のための祈りはカノンのこの箇所で決して完全に省かれるべきではない）、司式者が誰のために祈ることになっているかを示してはいない。これは司式者の選択に任されている。しかし、この祈祷文は*典礼上のものであり*――ルブリカにより規定され、キリスト及び教会の代理たる公人として司祭により献げられる――そのため、ルブリカは教会の実際の構成員に限定している（*vivorum Christi fidelium*）。しかしながら、私人として司式者はカノン中であっても、誰のためのためにも自由に祈ることができ、従って、異教徒や破門された者のために祈っても良い。

当然、司式者は通常、カノンの memento の祈祷文で－（i）ミサが献げられる人（生きている場合）　（ii）適用のために謝礼を払った人　（iii）司式者自身の親戚及び知人、恩人　（iv）司式者がミサでの記念を約束した人々　（v）（最後に述べるが決して軽んずべきでない）司式者自身－司式者の精神的、現世的な必要なもの、特にその時の特別の必要なものを思い起こしたいと思うであろう。

III. Communicantes

Commemoratione vivorum facta, demissis et extensis, ut prius, manibus, continuat: *Et ómnium circumstántium, etc.* Similiter stans prosequitur: *Communicántes.* Cum dicit: *Iesu Christi*, caput inclinat: in conclusione, quando dicit: *Per eúndem* iungit manus. Cum dicit: *Hanc ígitur oblatiónem*, expandit manus simul super oblata, ita ut palmae sint apertae versus ac supra calicem et hostiam, quas sic tenet usque ad illa verba: *Per Christum*

Dóminum nostrum. Tunc enim iungit manus, et sic prosequitur: *Quam oblatiónem tu, Dens, in ómnibus, quaesumus:* et cum dicit: *bene* ✠ *díctam, adscrip* ✠ *tam, ra* ✠ *tam,* communiter signat ter super hostiam et calicem simul: deinde cum dicit: *ut nobis Corpus,* separatim signat semel super hostiam tantum: et cum dicit: *et Sanguis,* semel super calicem tantum: deinde elevans et iungens manus ante pectus, prosequitur: *fiat dilectíssimi Fílii tui Dómini nostri Iesu Christi,* et inclinans caput Cruci . . .[23]

1　生者の記念を終えたら、司式者は頭を上げて、両手を肩の高さにして、両手を胸の前で広げてカノンを続ける。祈祷文 *Communicantes* で[24]聖なる御名あるいは聖母マリア、前日又は祝日を祝っている聖人の名前の箇所で、一般的な規則に従って[25]、司式者は頭のお辞儀をする。

　祈祷文 *Communicantes* の結語で、司式者は両手を合わせるが、頭のお辞儀はしない。

Hanc Igitur

2　*Hanc Igitur* を唱える時[26]、司式者は両手をいけにえの上に広げる。すなわち、親指を右側を左側の上にして、合わせたままで保ちながら、両手を開いて（小指を離すことから始めて）、伸ばした指を一緒につけて、人差し指の指先

---

[23] R. VIII, 4.

[24] 年間の6つの大祝日それぞれのための固有の *Communicantes* がある。通常、これらの日のための序唱の後に見出される。ミサ典書によっては、最初の部分（これのみが変更される）が、カノン中で共通の *Communicantes* の *Domini nostri Iesu Christi* の言葉の直前に印刷されている。

[25] そのようなお辞儀が行われるべき日には、通常、何かの印が思い出させるための注意として司教区の *Ordo* 中に記されている。使徒の一覧中の最初の聖ヤコボは大ヤコボであり（祝日は7月25日）、二番目は小ヤコボである（祝日は5月11日）。聖ヨハネは使徒である（聖変化の後で言及される洗礼者ではない）。6月29日ばかりでなく聖ペトロの使徒座の祝日（2月22日）でも聖ペトロの名でお辞儀が行われる。聖パウロの名では、6月29日と30日ばかりでなく聖パウロの回心の祝日（1月25日）でもお辞儀が行われる。10月28日に聖シモンとともに祝日がある聖ユダは *Communicantes* 中で "*Thaddaeus*" として言及されている。

[26] 聖木曜日のために固有の *Hanc igitur* があり（その日のミサ中に見出される）、御復活と聖霊降臨のためにも固有のものが1つづつある（それぞれのための序唱の後で見出され、一般的にはカノン中でも見出される）。

が互いに触れるようにして、交差させた親指を掌の下方ではなく上方で保つ[27]。司式者は両手を掌を下にして、そのように保ちながら、カリスとホスチアの上方に置き、指先がパラの中央付近に達し、パラの近くでパラには触れないようにする。これを行う際、司式者は肘を脇の近くに保つよう注意するべきである。司式者は祈祷文全体でこのように両手を*いけにえ*の上に広げたままでいる。結語——*Per Christum Dominum nostrum*——を唱える間、司式者は両手を胸の方に引き戻し、両手を合わせて（*いけにえ*を祝別しようとしている時のように）、以下を始める。

Quam Oblationem

3 *benedictam* で、左手をコルポラーレの外側で祭壇上に置いてから、右手でカリスとホスチア両方の上に十字の印をして[28]、ミサ典書の文章が✠で示すように、言葉の最初の部を唱える間に十字の上から下への線を描き、二番目の部を発音する間に横の線を描く。*adscriptam* と *ratam* の言葉でも同様に行う。司式者はゆっくりと敬意をもって、急いだり乱暴な手や肘の動きなしで（肘は脇の近くに保つべきである）、それぞれの間には極めて少しの間を取って、これらの十字の印をするべきである。

4 *ratam* で3回目の十字の印をした後で、司式者は *rationabilem, acceptabilemque facere digneris* の言葉をより急いで唱える。その間、ゆっくりと手を曲がった身ぶりで、自身の方に運び、言葉の終わりでは、*Corpus* の言葉でホスチアのみの上に十字の印をするために、手はホスチアの上方の位置にあるであろう[29]。次いで、手をやや上げながら、司式者は *et Sanguis* を唱え

---

[27] S.R.C. 1275[5].

[28] 23 ページ参照。

[29] 昔のルブリカの専門家のある者は、*ratam* と *Corpus* の間に介在する言葉のために、これらを唱える間、司式者が両手を合わせるか、右手も祭壇上に置くべきだと示唆しているが、（a）ルブリカはこれを規定していない。（b）そうすることは五つの十字の印をする動作の連続性を破ることになるであろう。数人の現代のルブリカの専門家（例、Callewaert, Augustine）は、三回目の十字の印が1つの言葉 *ratam* を唱える間ではなく、*ratam, rationabilem, + acceptabilemque* の言葉を発音する間に行われ、司式者が *facere digneris, ut nobis* を唱える間に右手を自身の方に引くべきだと考えている。しかし *ratam* の言葉を唱える間に十字の印をしないことは Ritus（VIII, 4）とカノン両方のルブ

る間、カリスのみの上に十字の印をする（大体パラの範囲内で）。次いで、左手を右手の高さに上げ、右手と向かい合うようにしながら、司式者は両手を少し上げ、次いで、*fiat dilectissimi*等を続ける間、両手を胸の前で合わせる。*Iesu*の言葉で司式者は十字架に向かって頭のお辞儀をする。

聖変化のための小さなホスチア

Si adsit vas cum aliis hostiis consecrandis, antequam accipiat hostiam, discooperit manu dextera calicem, seu vas aliarum hostiarum.[30]

. . . extergit, si opus fuerit, pollices et indices super corporale, et dicit secreto, ut prius: *Qui pridie quam pateretur:* et accipiens pollice et indice dexterae manus hostiam, et eam cum illis ac indice et pollice sinistrae manus tenens, stans erectus ante medium altaris, dicit: *accepit panem in sanctas ac venerabiles manus suas*, elevansque ad caelum oculos et statim demittens, dicit: *et elevatis oculis in caelum ad te Deum, Patrem suum omnipotentem*, caputque aliquantulum inclinans, dicit: tibi gratias agens, et tenens hostiam inter pollicem et indicem sinistrae manus, dextera producit signum crucis super earn, dicens: *bene* ✠ *dixit, fregit, deditque, discipulis suis, dicens: Accipite et manducate ex hoc omnes.*[31]

5　チボリウムの中に聖変化されることになっている小さなホスチアがある場合、必要であれば司式者はチボリウムを少し前方に引いて、チボリウムの蓋をはずす―蓋はコルポラーレの上か、あるいはこの方が良いが、コルポラーレの外側に置く。数枚の小さなホスチア、あるいはルヌラ内でない（あるいは覆われていないルヌラ内の）聖体降福式のための大きなホスチアがコルポラーレの上に置かれている場合、司式者はこれらには触れずにおく。箱に入ったルヌラ内の聖体降福式用のホスチアがある場合、司式者は箱を開くかはずす（箱がガラスでできていて、ホスチアが見えるとしても）[32]。

リカに明らかに反しており、そのため、ほとんど全てのルブリカの専門家は現在では本文に示されている方法を示唆している。
[30] R. VIII, 5. 実際に行われている順序を維持するために、R. VIII, 5 の最初の部分が R. VIII, 4 の結びの部分の前に挿入されている。
[31] R. VIII, 4.
[32] S.R.C. 3524⁶.

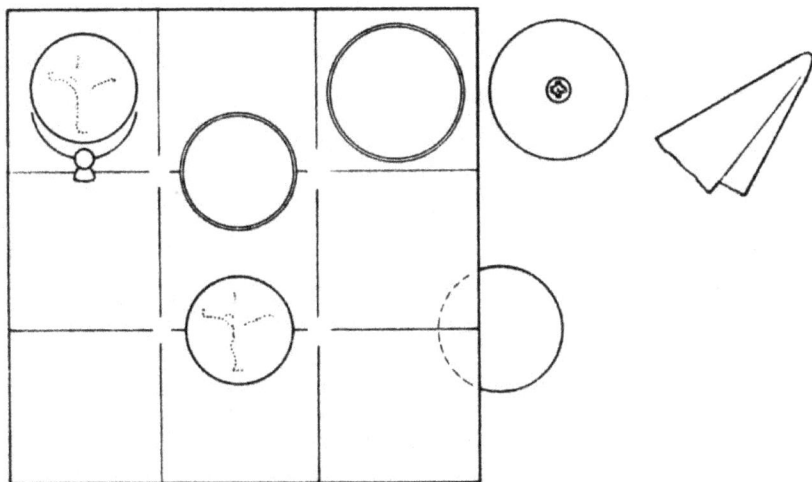

聖変化のためのホスチア

万一、司式者が不注意によりコルポラーレ上に置かれたチボリウムの蓋をはずさないか、あるいはルヌラの箱を開かない場合[33]、少なくとも司式者の前でコルポラーレ上に置かれた適切な物を聖変化させる司式者の意向のために、ホスチアは*確かに*聖変化されるであろう（下を参照）。祭壇が可動祭壇である場合、司式者は聖変化されることになっている全ての物が祭壇石の上にあるよう確かめるべきである。聖変化の時、聖変化の言葉は当然、そこにある全てのパンの上に唱えられるであろうが、聖変化の直前の十字の印はミサのホスチアのみの上でなされる。

聖変化での司式者の意向

6　有効に聖変化させるために、司式者は聖変化されることになっている物（当然、物理的になければならない）を現実の、あるいは少なくとも実質上の意向により決定しなければならない。この関係（例、聖変化の時にチボリウム

---

[33] これがコルポラーレの*外側*にある場合、聖変化されたかどうかは司式者の意向次第であろう（§6参照）。

あるいはルヌラの存在に気付かないことで）で生じ得る全ての疑念を避けるため、司式者は時々更新される、*明確で恒久的な*次のような意向を持つべきである。（ a ）司式者が聖変化の時に注意を向けたかどうかに関わらず[34]、常に*コルポラーレの上にある全ての適切な物（ワインについてはカリスの中）*を聖変化させること。あるいは、（ b ）祭壇上（コルポラーレの上にあるかどうかに関わらず）にあり、司式者が——ミサの始まりか、聖変化までのミサ中に——聖変化させる意向を持った全ての適切な物を聖変化させること[35]。最初の場合には、万一、チボリウム（あるいはルヌラ）が聖変化の時に偶然コルポラーレの*外側*にある場合、司式者はその中のホスチアが聖変化されて*いない*ことを明確に知っている。二番目の場合には、司式者はチボリウムがコルポラーレの外側にあったとしても、これらが聖変化されていることをまた明確に知っている。司式者は、聖変化の前にチボリウムの存在に注意を向けていれば、当然チボリウムをコルポラーレの外側に残しておくことはないであろう[36]。

IV. Qui Pridie

1　祈祷文 *Quam oblationem* の終わりの *Iesu Christi* で頭のお辞儀をして、チボリウムあるいはルヌラの箱がある場合にはこれらの蓋をはずしたら、司式

---

[34] *Def.* VII, 1 参照。

[35] "Quilibet sacredos talem semper intentionem habere deberet, scilicet consecrandi eas omnes (hostias) quas ante se super corporale ad consecrandum positas habet" (*De defectibus*, VII, 1). 偶然に、司式者が再度司式され得るミサより前の聖体顕示のために必要とされる大きなホスチアを聖変化させず、割く前に手落ちに気付いた場合、このミサで小さなホスチア（ 1 つあるいは複数の）を聖変化させていたならば、割くことと自身の聖体拝領のために小さなホスチアの一枚を使用し、ミサの大きなホスチアをオステンソリウムのために使用しても良い。しかしながら、司式者は犠牲を食しなければならないため、*以前に聖変化された*小さなホスチアに代えることはないであろう。従って、このミサで小さなホスチアを聖変化させていなかった場合、聖体顕示は延期させられるか、チボリウムでの私的な顕示に代えられなければならない。しかしながら、これが重大な不都合を生じる場合（例えば、40 時間の礼拝が始まることになっている場合）には、以前に聖変化された小さなホスチアをオステンソリウムのために使用するか（会衆に理由を説明して）、ミサのホスチアの一部を自身の聖体拝領に使用し残りを顕示のために使用しても良い（De Herdt, II, §175 参照）。

[36] 116 ページ、注 52 参照。

者は前側の２つの隅近くのコルポラーレの上で両手の人差し指と親指の指先を軽く拭き、その間、*Qui pridie* を唱える。次いで、ホスチアを困難なく持つことができるように、ホスチアの左端を左手の人差し指で軽く押しながら[37]、*accepit panem* 等を唱えながら、司式者は右手の親指と人差し指の間でホスチアを持ち、少し上げる。次いで、司式者は左手の親指と人差し指でもホスチアを持つ。ホスチアは下端で、並んだ親指２本がホスチアの前方で互いに触れ、並んだ人差し指２本が後方で互いに触れるようにして保持される。他の全ての指はホスチアの後方で、伸ばして、指先が互いに触れるようにする。そのように保持されて、ホスチアはコルポラーレからやや持ち上げられ、ほとんど直立して保持される。司式者は体のお辞儀も頭のお辞儀もせずに、まっすぐに立つ。

2　次いで、*elevatis oculis* 等を唱える間、目をしばらく *ad caelum* 天に上げ[38]、そしてすぐに目を再び下げる。*tibi gratias agens* の言葉で、司式者は頭のお辞儀をする。次いで、左手のみでホスチアを保持しながら、司式者は右手でホスチアの上に十字の印をするが[39]、上下の線を描く間に *bene* を唱え、横の線を描く間に *dixit* を唱える。司式者は再び右手でホスチアを持ち、その間 *fregit* 等を唱える。

Cum autem finierit supradicta verba, cubitis super altare positis, distincte et reverenter profert verba consecrationis super hostiam et simul super omnes, si plures sint consecrandae; et hostiam suam pollicibus et indicibus tantum tenens dicit: *Hoc est enim Corpus meum*. Quibus prolatis, celebrans tenens hostiam inter pollices et indices praedictos super altare, reliquis manuum digitis extensis, et simul iunctis (et hostiis, si plures sint consecratae, in loco, in quo a principio Missae positae sunt, super corporale vel in alio vase aut calice demissis) genuflexus eam adorat. Tunc se erigens, quantum commode potest, elevat in altum hostiam, et intentis in eam oculis (quod et in elevatione calicis facit) populo reverenter ostendit adorandam et mox sola manu dextera ipsam reverenter reponit super corporale in eodem loco unde eam levavit, et deinceps pollices et indices non disiungit, nisi

---

[37] 司式者は、カノン中にホスチアを持ち上げることを望む時にはいつでもこれを行うであろう。

[38] 実際には、十字架が正しい位置にある場合には十字架に向かって。26 ページ参照。

[39] いつものように、親指とそれ以外の指は完全に伸ばして一緒につける。

quando hostiam consecratam tangere vel tractare debet, usque ad ablutionem digitorum post Communionem.

Resposita hostia consecrata super corporale, genuflexus ipsam veneratur; si adsit vas aliarum hostiarum, patena vel palla cooperit, ut supra. Minister paulo ante Consecrationem campanulae signo fideles moneat. Deinde dum celebrans elevat hostiam, manu sinistra elevat fimbrias posteriores planetae, ne ipsum celebrantem impediat in elevatione bracchiorum; quod et facit in elevatione calicis; et manu dextera pulsat campanulam ter ad unamquamque elevationem, vel continuate quousque sacerdos deponat hostiam super corporale, et similiter postmodum ad elevationem calicis.[40]

3　*ex hoc omnes* まで句を*終えた*後で、司式者は祭壇のテーブルから少し下がり、両足は一緒につけたままにして、手ではなく「両肘を」[41]テーブルの上に置きながらテーブルの上にかがみ、両手（手はコルポラーレに触れてはならない）に保持したホスチアの上に[42]、そしてそこにある他の全てのパンの上に聖変化の言葉を発音する。

4　これらの言葉は単に歴史的な物語、かつて我々の主により唱えられた言葉の朗唱としてばかりでなく、特に親密な方法でキリストの代理として司式司祭によりここで今唱えられる、現在の確認としても唱えられることになっている。実際にはこれは、犠牲を聖変化させささげるための司祭の意向により確実なものとされる。

ルブリカによれば（R. VIII, 5 と 7、及びカノン）、聖変化の言葉は以下のように発音されることになっている。

a）*Distincte*――上手にはっきりと発音されるが、自然で、やじらず、過度に強調しない。

b）*Continuate*[43]――実際の言葉を始める前にも言葉の間にも間はないことになっている。通常、どの言葉も繰り返さないことになっている。

---

[40] R. VIII, 5, 6.
[41] すなわち、全てのルブリカの専門家の解釈に従って、前腕を。
[42] ルブリカは司式者にホスチアを見るように指示はしていないが、これは明らかに自然でふさわしい行為である。
[43] R. VIII, 7, and Canon.

c）*Attende*[44]——外的な注意と内的な回想とともに

d）*Reverenter*——言葉はカノンの他の部分よりもゆっくりと、最大の敬意をもって唱えるべきであるが、過度に延長してはならない。

e）*Secreto*[45]——司式者は外に言葉を発音することになっており、教会内の雑音や難聴のような無関係な原因は別として、この言葉は秘跡の形式であるため、司式者は自身で聞くことができる[46]。しかしながら、これらを発音する際、司式者は、極めて近くにいる場合を除き、他の者に聞こえるように声を上げるべきではない。

司式者は言葉を発音している間、体や頭、唇のねじれを全て避けるように注意しなければならない。司式者はホスチアあるいはカリスを口に近づけすぎて保持するべきではなく、これらに深く息を吹きかけるべきでもない。一言で言えば、司祭は言葉を自然に、可能な限りの最大の注意と敬意をもって、しかし*几帳面*さあるいは不安なしで、できる限り我々の主自身が最後の晩餐で語ったに違いないようにして、発音するべきである。

5　聖変化の言葉をふさわしい方法で発音したら、司式者は御聖体を両手の親指と人差し指の間でまっすぐに立てて保持しながら、まっすぐに立ち－両腕をやや祭壇の前方に向かって引き、少し下がり[47]、しかし両手は手首までテーブルの上に御聖体はコルポラーレの範囲内に保ちながら－全くまっすぐで、頭のお辞儀をせずに片膝をつく[48]。

V.　御聖体の奉挙

1　片膝をついてから完全に立ち上がったら、司式者はまだ同じように御聖体を保持しながら、御聖体をゆっくりと垂直な線で頭よりも高く上げ、会衆に

---

[44] R. VIII, 7, and Canon.
[45] カノンは *secreto* に唱えられることになっているため（R. VIII, 1 and rubrics *in loco*）、現在では（1962）この言葉は聖変化に関するルブリカ（R. VIII, 5, 7）中で省かれている。
[46] 3 ページ参照。
[47] 司式者は祭壇で片膝をつく時には常にこれを行うべきである。
[48] ルブリカの専門家は聖変化での片膝をつくことは他の時よりもゆっくりと行われるべきであると勧めている（29 ページ、注 86 参照）。

よりはっきりと見ることができ、崇拝することができるようにする[49]。御聖体は司式者の頭のすぐ上方でも、カリスの上方でもなく、御聖体が置かれていたコルポラーレの前方部分の上方で上げられるべきである。御聖体は一直線で上げられるべきであり、司式者は両肘をできる限り脇の近くで保ち、カズラの端でコルポラーレに触れないよう注意するべきである。司式者は御聖体の奉挙の間、御聖体を見るべきであるが、どのような*声での*祈祷文も唱えることにはなっていない[50]。司式者は御聖体をしばらく上げたままで保ち、次いで敬意を持ちながら御聖体を一直線で下げる。御聖体がコルポラーレの近くにきた時、司式者は左手を引いて、御聖体をコルポラーレの*上に*置き、人差し指と親指は一緒にしたままで、その間、右手で御聖体をコルポラーレの上で、聖変化の前に置かれていた場所に置いて戻す。次いで、人差し指と親指を一緒にしたままで、右手をコルポラーレの*範囲内*で祭壇の上に置いたら、司式者は片膝をつく。チボリウム[51]、あるいは箱に入ったルヌラがある場合、片膝をついた後でその蓋をはずす[52]。

　2　御聖体の聖変化の時から清めまで、（a）司式者は御聖体を保持した両手の人差し指と親指を、実際に御聖体を保持している時を除き、一緒に合わせて

---

[49] 教会は、奉挙の時に信徒が御聖体を見るように望んでいる。この実行を促進するために、「我が主、我が神よ」と唱える間に信・望・愛をもって御聖体を見ることで毎回七年間の贖宥がある。そして、これを一週間の間毎日行う者に対して、告解に行き聖体拝領を受け（一度）、教皇の意向のために祈るという条件で、一週間毎に完全な贖宥がある（ピオ10世、1907年; S. Paen. Ap., 1927年6月21日; 1937年1月26日）。

[50] 司式者が贖宥を得るために、低い声で「我が主、我が神よ」の叫びを唱えて良いかどうかの質問に対して、礼部聖省は「否、教会法典の第818条［ミサの典礼に私的な祈りを加えることを禁止している］とローマ・ミサ典書のルブリカに従って」と回答した（1925年11月6日ーD. 4397）。

[51] 新たに聖変化されたホスチアは、聖変化された*いけにえ*と結びついているため、これらは司式者の聖体拝領の*後*まで移動されては（例、聖体拝領を与えるために別の司祭によって）ならない（S.R.C., 3448[7]）。

[52] R. VIII, 6 参照。司式者がチボリウムの存在への注意不足から、チボリウム内のホスチアの聖変化が疑わしいと思う場合には、条件付きであったとしても、チボリウムの上で聖変化の言葉を*繰り返して*はならない。このようなホスチアが入ったチボリウムは聖櫃の中に置かれるべきであるが、後に別の司祭が聖体拝領のためにこれらを分配しないように、離してか、あるいは特別な印をしておく。その次のミサでこららのホスチアはいつものようにコルポラーレ上に置かれ、条件付きで聖変化されなければならない。それまでは、当然、このチボリウムからのホスチアで聖体拝領が与えられてはならない。

保持することになっている。従って、司式者は常に、右手の人差し指と中指の間、あるいは中指と薬指の間のどちらかでパラを持つであろう。司式者は右手の人差し指と中指の間で、カリスを節で保持するであろう。そして司式者は左手の人差し指と中指の間か、中指と薬指の間のどちらかでタブを持ちながら、ミサ典書のページをめくるであろう。（ｂ）司式者は片膝をつく時にはいつも、コルポラーレの中央に御聖体の小さなかけらがあるといけないので、両手を掌を下にしてコルポラーレの上、しかし隅の近くに置くであろう。（ｃ）司式者は御聖体を保持し、置く時にはいつも、御聖体を親指と人差し指で保持しながら、他の指は伸ばして、曲げずに保持し、これらが御聖体に触れないようにすることになっている。

VI. ワインの聖変化

Celebrans, adorato Sacramento, surgit, et discooperit calicem, in quem, si opus sit, extergit digitos, quod semper faciat si aliquod fragmentum digitis adhaereat; et stans erectus dicit: *Simili modo postquam coenatum est*, et ambabus manibus accipiens calicem iuxta nodum infra cuppam, et aliquantulum ilium elevans, ac statim deponens, dicit: *accipiens et hunc praeclarum Calicem in sanctas ac venerabiles manus suas, etc.* Cum dicit: *item tibi gratias agens, caput inclinat*; cum dicit: *benedixit*, sinistra calicem infra cuppam tenens, dextera signat super eum et prosequens: *deditque discipulis suis, etc.*, et ambabus manibus tenens calicem, videlicet sinistra pedem, dextera nodum infra cuppam, cubitis super altare positis, profert attente et continuate, ut supra, verba consecrationis Sanguinis: *Hic est enim Calix etc.* Quibus dictis, reponit calicem super corporale, dicens: *Haec quotiescumque feceritis, etc.*, genuflexus Sanguinem reverenter adorat. Tum se erigit, et accipiens calicem discoopertum cum Sanguine ambabus manibus, ut prius, elevat eum, et erectum quantum commode potest, ostendit populo adorandum: mox ipsum reverenter reponit super corporale in locum pristinum, et manu dextera palla cooperit, ac genuflexus Sacramentum veneratur.[53]

---

[53] R. VIII, 7.

1　御聖体の奉挙後に片膝をついたら、司式者はカリスからパラをはずし—その間、より大きな安全性のために常に行うように[54]、カリスの基部に左手を置きながら[55]—上で説明されている方法（V, §2）でパラを持ち、再び容易に持つことができるような方法でパラをカリスベールの上か祭壇カードの隅に立てかけて置く。両手の人差し指と親指をカリスの中央の上方で保持しながら、司式者は指についているどのような小さな御聖体のかけらも離すように、指を軽くする。これを司式者は、御聖体に触れた時にはいつでも、一般的な規則として行うであろう[56]。

2　次いで、まっすぐに立ち、司式者は *simili modo* 等を始め、*accipiens* 等を唱える際に両手でカリスを持ち—すなわち、前側の両手の合わせた親指と人差し指、及びカリスの周りを後方に回した他の指の間で—カリスを *iuxta nodum infra cuppam* で保持しながら（より良い方法は右手を節の上方に置き、左手を節の下方に置くことである）、しばらくカリスを少し持ち上げて、次いでカリスをコルポラーレの上に戻して置く。まだカリスを両手で保持しながら、*item tibi gratias agens* を唱える間に司式者は——聖変化の後ではもはや十字架ではなく、御聖体に向かって——頭のお辞儀をする。次いで、まだ節の下方に置かれた左手でカリスを保持しながら、*benedixit* を唱える間、司式者は右手でカリスの上方に十字の印をし、小指がカリスの端から端まで十字の線を描くようにする。いつものように、司式者はミサ典書中で✠が示す箇所で言葉を分ける—十字の上下の線を描く間に *bene*、横の線を描く間に *dixit*。

3　次いで、右手でカリスを節のところで保持し、左手を基部へ移しながら—合わせた親指と人差し指を底部の上方に、他の指を底部の下方にして—司式

---

[54] 98 ページ、注 36 参照。

[55] これ以後、人差し指と親指を合わせて保持する。

[56] ルブリカ（R. VIII, 7）には *Si opus sit* と書かれているが、いつ小さなかけらが人差し指あるいは親指につくか見つけるのは難しいために、ルブリカの専門家は司式者が一般的に、毎回御聖体に触れた後にカリスの上で人差し指と親指をこすり合わせて用心するべきであると述べている。

者はカリスを少し持ち上げ[57]（カノンのルブリカには *tenens illud parum elevatum* と書かれている）、前腕をコルポラーレの外側の折り畳みに置きながら、カリスの上方でかがむ[58]。司式者は聖変化の言葉を——はっきりと、連続的に、注意して、敬意をもって（IV, §4 を参照）——発音する。司式者は口をカリスに近づけすぎたり、カリスに息を吹きかけるべきではない。

カリスの奉挙

4　聖変化の式文の最後の言葉（*peccatorum*）を発音した時、すぐに、司式者はカリスをコルポラーレの上に戻して置き、まっすぐ立ち、両手をコルポラーレの上に置いて、片膝をつくが、その間 *Haec quotiescumque* 等を密やかに唱える。次いで、司式者は右手で節を左手で基部を保持しながら両手でカリスを持ち（§2 を参照）、コルポラーレの上方を直線でゆっくり持ち上げ、杯が司式者の頭の上方に現れ[59]、困難なく会衆から見ることができるようにする。カリスを奉挙している間、司式者は目をカリスに固定している[60]。

5　会衆の崇敬のためにしばらくカリスを高く保持したら、司式者は敬意をもって直線でカリスを下げ、前に置かれていた場所でコルポラーレの上に置く。次いで司式者はカリスをパラで覆い、片膝をつく——両手はコルポラーレの範囲内で祭壇上に置く。奉挙の間、司式者はマニプルあるいはカズラの端（カズラが短いものである場合）でコルポラーレ、まして御聖体に触れないように注意しなければならない。

---

[57] ルブリカの専門家の多くは司式者がカリスを傾けるべきではないと述べている。司式者が望む場合に、カリスを自身に向かって少し傾けるべきでない十分な理由はないように思われる。

[58] 117 ページ参照。

[59] 実際には、基部が少なくとも司式者の目の高さになるまでカリスを持ち上げる必要があることがわかるであろう。カリスが背の低いものである場合、さらに高く持ち上げる必要があるであろう。

[60] R. VIII, 5.

第12章　聖変化から Pater Noster までのカノン

I.　Unde et Memores

Reposito calice et adorato, sacerdos stans ante altare, extensis manibus ante pectus, dicit secreto: *Unde et memores, etc.* Cum dicit: *de tuis donis ac datis*, iungit manus ante pectus: et cum dicit: *Hostiam* ✠ *puram, Hostiam* ✠ *sanctam, Hostiam* ✠ *immaculatam*, manu sinistra posita super altare intra corporate, dextera signat ter communiter super hostiam et calicem, et semel super Hostiam tantum, et semel super Calicem tantum, dicens: *Panem* ✠ *sanctum vitae aeternae, et Calicem* ✠ *salutis perpetuae*, deinde stans ut prius extensis manibus, prosequitur: *Supra quae propitio, etc.* Cum dicit: *Supplices te rogamus, etc.* inclinat se ante medium altaris, manibus iunctis super illo positis. Cum dicit: *ex hac altaris participatione*, osculatur altare, manibus hinc inde super corporale positis. Cum dicit: *sacrosanctum Filii tui*, iungit manus et dextera signans semel super hostiam tantum, et semel super calicem, sinistra super corporale posita, dicit: *Cor* ✠ *pus, et San* ✠ *guinem supserimus*, et cum dicit: *omni benedictione* ✠ *caelesti*, seipsum signat a fronte ad pectus signo crucis, sinistra posita infra pectus, et prosequitur: *et gratia repleamur.* Cum dicit: *Per eundem, iungit manus.*[1]

　　1　カリスの奉挙の後で片膝をついたら、司式者は胸の前で両手——この時には、親指と人差し指を合わせて——を広げて、記念唱 *Unde et memores* を朗唱する。*de tuis donis* を唱える間、司式者は両手を合わせ[2]、次いで左手をコルポラーレの上に置いて、祈祷文中で指示されているように、右手でカリスと御聖体両方の上で3回十字の印をし[3]、御聖体のみの上で1回、カリスのみの上で1回十字の印をする——文章が示すように言葉を分ける。司式者は、肘を脇の近くに保ち、それぞれの十字の印の間を極めて短くしながら、これらの十字

---

[1] R. IX, 1.
[2] 祝別をしようとしているため、R. VII, 5.参照。
[3] 23 ページ参照。

の印をゆっくりと敬意をもって行うべきである。両手を再び広げて、司式者は祈祷文 *Supra quae* を読む。

Supplices

2　この祈祷文の終わりで司式者は祭壇から少し下がり、合わせた両手をテーブルの端に置き[4]——しかしながら、聖変化の後であってもコルポラーレの上ではなく[5]——そして低くお辞儀をしながら[6]祈祷文 *Supplices* を朗唱する。この祈祷文の第一部の間深くお辞儀をし、第二部の間典礼上の身ぶりを行うことになっているため、司式者はこの祈祷文を暗記して、祭壇カードから読むために目を上げる必要がないようにするべきである。*quotquot* の言葉の後、*ex hac altaris participatione* を発音する直前に（カノンのルブリカが示唆するように——というのは司式者は実際に何かにキスをしている間に言葉を発音しようと試みるべきではない）司式者は、御聖体に触れないように注意しながら、両手を離してコルポラーレの上に置き、祭壇にキスをする。*sacrosanctam Filii tui* を朗唱する間、司式者は両手を合わせ、次いで左手をコルポラーレの上に置いて、*Corpus* で御聖体のみの上に、*Sanguinem* でカリスのみの上に[7]右手で十字の印をする。次いで司式者は中指と薬指、小指のみの指先がカズラに触れるようにして、左手を胸の下に置く。自身に十字の印をする際、*omni benedictione caelesti* を唱える間に額と胸に触れ、*et gratia repleamur* を唱える間に左肩と右肩に触れる。結語を朗唱する時、司式者は両手を合わせる。

II.　死者の記念

Cum dicit: *Memento etiam, Domine, famulorum famularumque tuarum etc.*, extensis et iunctis manibus ante pectus, et usque ad faciem elevatis, et intentis oculis ad Sacramentum super altare, facit, commemorationem Fidelium defunctorum, de quibus sibi videtur, eodem modo ut dictum est de

---

[4] 15 ページ参照。
[5] S.R.C., 2572[21].
[6] カノンのルブリカ。
[7] 23 ページ参照。

commemoratione vivorum. Qua commemoratione facta, stans ut prius extensis manibus, prosequitur: *Ipsis, Domine, et omnibus in Christo, etc.*, et in fine ad: *Per eundem*, iungit manus, et caput inclinat.[8]

Memento . . . pacis の言葉を唱える間、司式者は両手を広げ、孤を描くように上げて（目は上げずに）、生者の Memento でのように（104 ページ）顔の下方部分の前で再び両手を合わせる[9]。司式者は動作と *in somno pacis* の言葉を同時に終えるべきであり（カノン中のルブリカの位置が示唆しているように）、両手をゆっくりと、開き、上げ、再び合わせることが必要になるであろう。

次いで、目は御聖体に固定させながら[10]、司式者は望んでいる死者のために短い時間祈る。司式者はこれを口頭で——密やかな声で——あるいは心の中で行って良い。司式者はとりなそうとする者をはっきりと決定するべきであり、これらが多数の場合にはミサ前にこれを行い、Memento で意向を手短に回想しても良い[11]。以前は公に祈ることになっている死者の名前は祈祷文中の *N. et N.* で示された箇所で読み上げられたが、現在ではこれらの文字は無視されており、カノン中のルブリカが明らかにしているように、司式者は *in somno pacis* の言葉の後まで死者の名前をあげるために止まらない。典礼上の祈りとしての祈祷文は「亡くなった信徒」のためのものであり、従って教会の構成員のみのためのものである[12]。司式者がここでミサがささげられている 1 人あるいは複数の者の名前をあげること（ミサが死者のために向けられている場合）、及びミサのための申し出をした者、また司式者自身の亡くなった親戚・知人・恩人を思い出すことは、義務ではないが適切である。

死者の記念を行ったら、司式者は頭をまっすぐに上げ、両手を胸の前で再び

---

[8] R. IX, 2.

[9] 18 ページ参照。あるルブリカの専門家はこのルブリカを別に解釈し、司式者に両手を開いて、再び合わせ、その時にのみ両手を顔の前に上げるように指示している。しかし大多数はルブリカを、生者の Memento のためのルブリカと同じ、すなわち両手を弧を描くように持ち上げる（*Gloria in excelsis* とクレドのためのように、しかし Memento のためにはより高く）方法で解釈している。

[10] これは、生者の Memento のために明白に規定されているように、司式者がやや頭のお辞儀をしなければならないことを意味している（R. VIII, 3）。

[11] 107 ページ、生者の Memento を参照。

[12] 107 ページ、生者の Memento を参照。

合わせ、祈祷文 *Ipsis, Domine* を続ける。結語を唱える間、司式者は両手を合わせて、聖なる御名は出てこないが、御聖体に頭のお辞儀をする[13]。

III. Nobis Quoque Peccatoribus

Cum dicit: *Nobis quoque peccatoribus*, vocem aliquantulum elevat et dextera manu pectus sibi percutit, sinistra posita super corporate, et prosequitur secreto: *famulis tuis, etc.* stans manibus extensis, ut prius. Cum dicit: *Per Christum Dominum nostrum. Per quem haec omnia, Domine, semper bona creas*, iungit manus ante pectus: deinde manu dextera ter signans communiter super hostiam et calicem, dicit: *sancti* ✠ *ficas, vivi* ✠ *ficas, bene* ✠ *dicis et praestas nobis.* Postea discooperit manu dextera calicem, et genuflexus Sacramentum adorat: tum se erigit, et reverenter accipit hostiam inter pollicem et indicem dexterae manus, et cum ea super calicem, quem manu sinistra tenet circa nodum infra cuppam, signat ter a labio ad labium, dicens: *Per* ✠ *ipsum, et cum* ✠ *ipso, et in* ✠ *ipso.* Et similiter cum hostia signat bis inter calicem et pectus, incipiens a labio calicis, et dicit: *est tibi Deo Pa* ✠ *tri omnipotenti, in unitate Spiritus* ✠ *Sancti.* Deinde tenens manu dextera hostiam super calicem, sinistra calicem, elevat eum aliquantulum simul cum Hostia, dicens: *omnis honor et gloria*, et statim utrumque deponens, Hostiam collocat super corporale, et si opus sit, digitos extergit, ut supra; ac pollices et indices ut prius iungens, calicem palla cooperit, et genuflexus Sacramentum adorat.[14]

1　現在では声を出して唱えられる[15]*Nobis quoque peccatoribus* の3つの言葉で、司式者はまっすぐ立ちながら、左手をコルポラーレの範囲内で祭壇上

---

[13] これはルブリカが *Per (eundem) Christum, Dominum nostrum* の結びでお辞儀を規定している唯一の例である。これは John Burckard（インノケンティウス7世とアレクサンデル6世の式典係であり、アレクサンデル6世からの命令で 1502 年に *Ordo Missae* を作成して出版した。ミサのルブリカは大部分がこれからとられている。）の *Ritus Servandus*（1502）中には見出されない。これは 1570 年に現れたピオ5世のミサ典書の前身であった。このミサ典書（1571 年版）ではお辞儀を規定しているルブリカは *Ritus* 中で見出されるが、カノン中にはない。ウルバノ8世のローマ・ミサ典書（1634 年）では現在と同様に、カノン中でも現れる。ルブリカは、以前のカノンの他の祈祷文の結びに共通であった *Christum* でのお辞儀の唯一残っている例に関係しているのかもしれない（Dom L. Brou, in *Miscellanea Mohiberg*, 1948, I, 1 sqq 参照）。

[14] R. IX, 3.

[15] R.M., n. 511 *i*, しかし R. IX, 3 ではまだ *vocem aliquantulum elevat* と書かれている。

に置き、その間右手で[16]胸を叩く。次いで、前のように両手を広げて、司式者は静かに祈祷文を続ける。

　２　その祝日の聖人の名前等に言及する時の頭のお辞儀をすることに関する一般的な規則が[17]、この祈祷文に適用される[18]。

　結語で司式者は両手を合わせるが、続く祈祷文が *Nobis quoque peccatoribus* の続きであるため、司式者は頭のお辞儀をせず、*Amen* はない（*Ritus* のルブリカが示すように）。

小奉挙

　３　*Sanctificas* 等の言葉で、左手をコルポラーレの上に置いたら、文章が示すように言葉を分けながら、司式者は右手でカリスと御聖体両方の上で３回十字の印をする[19]。次いで、より大きな安全性のために左手の中指と薬指をカリスの基部に置いて[20]、司式者はカリスからパラをはずし[21]、片膝をつく（規則に従い、両手をコルポラーレの範囲内に置いて）。左手の人差し指で御聖体の端を少し押しながら、司式者は右手の親指と人差し指の間で御聖体を持ち、右側半分の中央下方で保持しながら、他の指は伸ばして一緒にしておく。次いで、親指と人差し指を再び合わせて、司式者は左手をカリスの節に移し[22]、カリスを祭壇のテーブル上で傾けずに平らに保持する。司式者は御聖体を持ち上げ、直立させた御聖体で、杯の上部に近づけるがしかし杯の上部の内部ではなく、カリスの上で３回十字の印をする。司式者は御聖体を杯の唇から唇まで、しかしカリスには触れないように動かし、その間、*per ipsum* 等の言葉をミサ典書が

---

[16] すなわち、中指と薬指、小指の指先で。

[17] 34 ページ参照。

[18] これのための注意は、通常、司教区の *Ordo* 中の正しい日に示されている。「ヨハネ」は洗礼者ヨハネであり、祝日は２日ある（６月24日と８月29日）。聖アグネスの祝日は１月21日であり、１月28日に記念される。

[19] 23 ページ参照。

[20] 98 ページ参照。

[21] 117 ページ参照。

[22] 118 ページ、§２で説明されているように保持しながら。

示すように分けながら、静かに唱える。これらの十字の印をする時、司式者は単に手を手首からではなく、手と前腕を動かすべきである。

4 まだカリスを左手で保持しながら、司式者は御聖体でカリスの外側（カリスに触れずに）と自身の間で2回、ゆっくりと十字の印をするが、御聖体はカリスの上部の高さに保ち——*inter calicem et pectus*——コルポラーレの外側には持ってこない。これを行う間、司式者は *est tibi Deo* 等の言葉を、ミサ典書で十字で示されているように分けながら[23]、静かに唱える。司式者は御聖体をカリスの口の中央の上方で保持し——中指をカリスの縁に置いて、残りの薬指と小指を杯の外側に触れるようにしても良い——次いで、カリス及びカリストともにある御聖体を祭壇から大体3インチか4インチ持ち上げて[24]、その間、*omnis honor et gloria* を静かに唱える。次に、間をおかずに、司式者はカリスをコルポラーレの上に戻して置き、御聖体を通常の位置（最初の折り目を渡して）でコルポラーレの上に置き、その間、左手はカリスの節に保っている。次いで司式者は右手の親指と人差し指をカリスの上方で軽くこすり、親指と人差し指を合わせ、カリスをパラで覆い、両手をコルポラーレの範囲内で祭壇上に置いて、片膝をつく。[25]

---

[23] カノンでの分け方はR. IX, 3 のものよりも良い。
[24] これを超えない。ルブリカには *elevat eum aliquantulum*（すなわち、少し）と書かれている。
[25] ルブリカの改正の際には、この片膝をつく動作の箇所が変えられることが期待される。

第13章　Pater Noster から聖体拝領まで

I.　Pater Noster

Celebrans, cooperto calice adoratoque Sacramento, erigit se, et manibus extensis hinc inde super altare intra corporale positis, dicit intelligibili voce: *Per omnia saecula saeculorum*, et cum dicit: *Oremus*, iungit manus, caput Sacramento inclinans. Cum incipit: *Pater noster*, extendit manus, et stans oculis ad Sacramentum intentis, prosequitur usque ad finem. Responso a ministro: *Sed libera nos a malo*, et a celebrante, submissa voce: *Amen*, manu dextera, pollice et indice non disiunctis, patenam aliquantulum purificatorio extergens, eam accipit inter indicem et medium digitos; quam tenens super altare erectam, sinistra super corporale posita, dicit secreto: *Libera nos, quaesumus, etc.*[1]

1　片膝をついた後で、司式者は両手をコルポラーレの上で祭壇上に置きながら、カノンの結びを知らせるために *Per omnia saecula saeculorum* を声を出して唱える。侍者が *Amen* を答えた時、短い間の後、司式者は *Oremus* を唱え、同時に、胸の前で両手を合わせて御聖体に頭のお辞儀をする。次いで、まっすぐに直り、司式者は *Praeceptis* 等を唱える。*Pater noster* を始める時、司式者は胸の前で両手を広げ、目を御聖体に固定し、祈祷文全体のためにこうしている（歌ミサで司式者が楽譜を読む必要があるのでなければ）。

Embolism[2]

2　侍者が *Sed libera nos a malo* を唱えた時、司式者は声を出して[3]*Amen* を追加する。次いで、親指と人差し指をまだ合わせたまま右手で、司式者はプ

---

[1] R. X, 1.
[2] 典礼用語小辞典、267 ページを参照。
[3] R.M., n. 511 *i* は *Amen* のための音調に言及していない。これは手落ちのように思われる。侍者の節を伴う先行する祈祷文が声を出して唱えられ、対話ミサでは *Amen* が全員により声を出して唱えられる（Instr. n. 32）ため、読唱ミサでは *Amen* が声を出して答えられるべきであると思われる。しかし R. X, 1 にはいまだに *submissa voce* と書かれている。

リフィカトリウムとコルポラーレの下からパテナを取り、コルポラーレの外側で祭壇上に平らにして置く。左手の中指と薬指をパテナの上に置いてパテナを安置させ、マニプルあるいは左の袖で御聖体に触れないように注意しながら、司式者はプリフィカトリウムでパテナの凹面を軽く[4]拭く。これを行う際、司式者は右手の中指と薬指を使用する。次いで、左手をコルポラーレの範囲内で祭壇上に置いたら、右手でプリフィカトリウムを、書簡側の隅の方へ少し離して祭壇のテーブル上に置く（後に2回目のすすぎの後で、容易に届く範囲内にあるようにする）。次に、パテナを右手の合わせた親指と人差し指、及び中指の間で持ちながら、司式者はパテナをまっすぐに保持し、パテナの下端がコルポラーレの上ではなくコルポラーレの近くで祭壇上に置かれ、凹面が祭壇の中央を向くようにする。

　3　このように右手でパテナを保持し、左手をコルポラーレの上に置きながら、司式者は Embolism（*Libera nos*）の静かな朗唱を始める。この祈祷文中で聖母マリア及び聖人の名前の箇所で頭のお辞儀をすることについて、司式者は一般的な規則に従う[5]。

II.　分割と Agnus Dei

Antequam celebrans dicat: *Da propitius pacem*, elevat manu dextera patenam de altari, et seipsum cum ea signat signo crucis, dicens: *Da propitius pacem in diebus nostris*. Cum signat se, manum sinistram ponit infra pectus; deinde patenam ipsam osculatur, et prosequens: *ut ope misericordiae tuae, etc.*, submittit patenam hostiae, quam indice sinistro accommodat super patenam, discooperit calicem, et genuflexus Sacramentum adorat; tum se erigens, accipit hostiam inter pollicem et indicem dexterae manus, et cum illis ac pollice et indice sinistrae manus eam super calicem tenens, reverenter frangit per medium, dicens: *Per eundem Dominum nostrum Iesum Christum Filium tuum*, et mediam partem, quam inter pollicem et indicem dexterae manus tenet, ponit super patenam de alia media, quam sinistra manu tenet, frangit cum pollice et indice dexterae manus particulam, prosequens: *Qui tecum vivit et regnat,*

---

[4] ルブリカには *Aliquantulum* と書かれている。
[5] 34ページ参照。

et eam inter ipsos dexterae manus pollicem et indicem retinens, partem maiorem, quam sinistra tenet, adiungit mediae super patenam positae, interim dicens: *in unitate Spiritus Sancti Deus*: et particulam Hostiae, quam in dextera manu retinuit, tenens super calicem, quem sinistra per nodum infra cuppam retinet, intellegibili voce dicit: *Per omnia saecula saeculorum.* R. *Amen*, et cum ipsa particula signans ter a labio ad labium calicis, dicit: *Pax ✠ Domini sit ✠ semper vobis ✠ cum.* Responso per ministrum: Et cum spiritu tuo, particulam quam dextera manu tenet, immitti in calicem dicens secreto: *Haec commixtio, et consecratio Corporis, etc.* Deinde pollices et indices super calicem aliquantulum tergit et iungit, calicem palla cooperit, et genuflexus Sacramentum adorat, surgit, et stans iunctis manibus ante pectus, inclinatus versus Sacramentum, dicit intellegibili voce: *Agnus Dei, qui tollis peccata mundi*: et dextera percutiens sibi pectus, sinistra super corporate posita, dicit: *miserere nobis*, et deinde non iungit manus, sed iterum percutit sibi pectus, cum dicit secundo: *miserere nobis*, quod et tertio facit, cum dicit: *dona nobis pacem.*[6]

パテナで自身に十字の印をする

1 Embolism の *et omnibus sanctis* を唱えてから、司式者は左手を胸の下に置き（合わせた親指と人差し指がカズラに触れないように）、右手で実際にパテナの上端で額と胸、両肩に触れながら、自身に十字の印をする。司式者は額に触れる間に *da propitius* を、胸に触れる間に *pacem* を、左肩に触れる間に *in diebus* を、右肩に触れる間に *nostris* を唱え、次いでパテナにキスをする。後に御聖体が置かれることになる部分を避けるために、中央よりも[7]人差し指の上方の上端でパテナにキスをする方が適切である。

2 司式者は祈祷文 *ut ope misericordiae tuae* 等の静かな朗唱を続け、御聖体を少し持ち上げるために左手の人差し指で御聖体の左側を軽く押しながら、右手でパテナを御聖体の下に滑らせて置く[8]。御聖体を左手の人差し指で整えながらパテナの中央に置いた時、司式者は右手あるいは両手でパテナをカリスの

---

6 R. X, 2.
7 S.R.C. 1711[5].
8 当然、パテナを書簡側から福音書側に動かしながら。

脚部の上に載せて置く[9]。次いで司式者は左手をカリスの基部の上に置きながら右手でパラをはずし、その後両手をコルポラーレの上に置いて、片膝をつく。

分割

3　次いで、司式者は左手か右手どちらかの人差し指で御聖体をパテナの右下端の方に押し、御聖体を右手の親指と人差し指の間で――右側の中央付近で――持ちながら、御聖体をカリスの上方で保持する。そこで司式者は、左側の中央付近で、左手の親指と人差し指でも御聖体を持ち、謹んで静かに（かけらをまき散らさないように）御聖体を2つの等しい部分へと真ん中で裂く[10]。これを行う際、司式者は御聖体をカリスの中に少し下げて保つ。司式者は両手を半分の線の近くにして御聖体を保持する。そして、裂くための線があらかじめ準備されていなかった場合には、司式者は御聖体を裂くために御聖体をわずかに前後に曲げる必要があるかもしれない。

混合

4　御聖体を裂いている間、司式者は Per eundem . . . tuum を密やかにゆっくりと唱え、聖なる御名の箇所で御聖体に頭のお辞儀をする。まだ御聖体の左半分をカリスの上方で保持しながら、司式者は右半分をパテナの上に戻して置き、次いで、そこにあるかもしれないどのような小さなかけらもカリスの中に離して入れるために、親指と人差し指を左半分の裂いた線に沿って走らせても良い。次いで司式者は親指と人差し指をカリスの上方でこすり合わせる。次に、司式者は右手の親指と人差し指で御聖体の左半分の下方の隅から断片－

---

[9] ルブリカは御聖体をのせたパテナがどこに置かれることになっているかを決定していない。御聖体が置かれていた場所に触れるのを避けるため－どんな離れたかけらもパテナの底に付着しないように－ルブリカの専門家はパテナが、カリスの脚部の近くで少し書簡側寄りか、あるいは（より一般的で、より良い慣習）カリスの脚部の上でパテナが少し傾くように、のいずれかで置かれるべきであると勧めている。

[10] この分割を容易にするために、祭壇ホスチアを作る際に線が描かれていない場合には、これを行うためのより適切な時間であるミサ前のカリスの準備をする時（48ページ参照）か奉献の際のどちらかに、司式者はパテナでホスチアの中央に沿って線を描き、そしてまた、分割のための小さな断片の印をしても良い。

particula－を折る[11]。この断片は大体半分の1／6かそれ以下であるが、司式者が望む場合にはこれよりも大きくても良い。この断片を右手で[12]カリスの上方に保持しながら、司式者は左手で御聖体の左半分の残りの部分を右半分の近くでパテナの上に置き、そのため、司式者が取りはずした小さな断片を除いて、御聖体はパテナの上に元の形で置かれる。

5　断片を切り離している間、司式者は *Qui tecum vivit* を静かに続け、御聖体の左半分の大きい方の部分をパテナの上で右半分のそばに置く間、司式者は *in unitate Spiritus Sancti Deus* を唱える。

6　左手をいつもの方法でカリスの節に置き、まだ御聖体の断片を右手で杯の上方に保持しながら、司式者は声を出して *Per omnia saecula saeculorum* を唱える。侍者が *Amen* を答える。次いで、司式者は手と前腕を静かに動かしながら、御聖体の断片をカリスに触れることなく縁から縁まで動かしながら、御聖体の断片でカリスの口の上方に3回十字の印をする。司式者は声を出して *Pax Domini* を唱える間に最初の十字の印をし、*sit semper* の言葉で2回目の、*vobiscum* で3回目の十字の印をして、カノンの文章が示すようにこれらの言葉を分ける。侍者が *Et cum spiritu tuo* を答えたらすぐに、司式者は *Haec commixtio* 等を静かに唱えながら、御聖体の断片を御血の中へ落とす。聖なる御名の箇所で司式者は頭のお辞儀をする。

Agnus Dei

7　混合の式文を *Amen* の言葉で終えた時、司式者はカリスの上方で軽くこすり合わせることにより、両手の親指と人差し指を清める。これを行う間、司式者はより大きな安全性のために、他の指をつけて杯の外側の周囲を握るようにしていても良い。司式者は親指と人差し指を再び合わせ、左手をカリスの脚部に置きながら、カリスをパラで覆い、片膝をつく。

---

[11] S.R.C., 1275[6].
[12] 中指・薬指・小指は合わせて、杯の外側で保持する。

8　司式者は立ち上がり、胸の前で両手を合わせ、お辞儀をして[13]、声を出して *Agnus Dei* を唱える。*Miserere nobis* の言葉で左手をコルポラーレ内で祭壇上に置きながら、司式者は中指・薬指・小指の指先で胸に触れ（しかし合わせた親指と人差し指でカズラに触れずに）肘を脇の近くに保ちながら、右手で胸を叩く。司式者は再び両手を合わせずに、左手を祭壇上に保ちながら、右手を胸から祭壇に向かってゆっくりと動かす[14]間に2回目の *Agnus Dei* を続け、*Miserere nobis* で再び胸を叩く。最後に司式者は *dona nobis pacem* で胸を叩く。

III. 聖体拝領前の祈祷文

Tunc manibus iunctis supra altare positis, oculisque ad Sacramentum intentis, inclinatus dict secreto: *Domine Iesu Christe, etc.* Qua Oratione finita ... statim subiungit alias orationes, ut in Ordine Missae.[15]

合わせた両手を祭壇上に、しかしコルポラーレの外側に置いて[16]、お辞儀をしながら、その間ずっと目を御聖体に固定させて、司式者は祈祷文 *Domine Iesu Christe, qui dixisti; Domine iesu Christe, Fili Dei vivi* 及び *Preceptio* を密やかに唱える[17]。既にお辞儀をしているため、司式者は聖なる御名を発音する時に頭のお辞儀をしない。

IV. Domine, Non Sum Dignus

Quibus orationibus dictis, genuflectens Sacramentum adorat, et se erigens dicit secreto: *Panem caelestem accipiam, etc.*; quo dicto, dextera manu accipit de patena reverenter ambas partes Hostiae, et collocat inter

---

[13] 16 ページ参照。

[14] 胸を叩くそれぞれの間隔は短いため、右手を祭壇のテーブルの上に置く（一般的な規則に従って）必要はほとんどないが、司式者はそうしたい場合にはそうしても良いし、右手を瞬間的に胸の下に置いても良い。

[15] R. X, 3.

[16] 15 ページ、及び S.R.C. 2572[21] 参照。

[17] 従って、これらの祈祷文は暗記するべきである。

pollicem et indicem sinistrae manus, quibus patenam inter eundem indicem et medium digitos supponit, et eadem manu sinistra tenens partes huiusmodi super patenam inter pectus et calicem, parum inclinatus, dextera tribus vicibus percutit pectus suum, interim etiam tribus vicibus dicens voce aliquantulum elevata[18]: *Domine, non sum dignus*: et secreto prosequitur: *ut intres, etc.*[19]

1 3つの祈祷文を完全に終えた時、司式者はまっすぐに立つ。次いで、両手をコルポラーレの上で祭壇上に平らにして置き、司式者は片膝をつく。立ち上がったらすぐに、司式者は *Panem cealestem ... invocabo* を密やかに唱える。これを終えた時——そしてすぐに、というのはルブリカは *quo dicto* であり、*accipiam* が未来に関して唱えられたため——司式者は左手の人差し指を御聖体の左側に置き、必要であれば親指を右半分の上に置き、半分2つを右側に向かってパテナの縁を少し越えるまで優しく押し、右手の人差し指と親指の間で（御聖体を裂け目で保持しながら）容易に御聖体の上部を持てるようにする。次いで司式者は御聖体を左手に渡し、そこで、人差し指と親指の間で、御聖体をまっすぐ立て一緒にして保持し、当然御血の中に落として入れた断片は欠くが、御聖体は再び円形を成す。一方の半分が他方と極めてわずかに重なる場合、これを行うのがより容易である。次いで司式者は右手の合わせた親指と人差し指、及び中指の間でパテナを持ち、パテナを左手の同じ指に移し、そこで他の指で支えながら、パテナを御聖体の下方で保持する。どのような小さなかけらもそこにあるといけないので、できる限り司式者は御聖体が置かれていた場所でパテナを保持することを避けるべきである。

2 左手——御聖体とパテナを保持している——をコルポラーレの数インチ上方に保ち、右手をコルポラーレ内で祭壇上に置き、ややお辞儀をしながら、司式者は *Domine non sum dignus* を「心から謙遜して」（カノン）声を出して唱える[20]。これらの言葉を唱える間、司式者は中指・薬指・小指のみの指先で

---

[18] 現在は *clara voce*（R,M., n. 511 *i*）.

[19] R. X, 4.

[20] R.M., n 511 *i*; R. X, 4 はいまだに *voce aliquantulum elevata* としており、*Domine, non sum dignus* が司式者の聖体拝領前の私的な祈りであるため、これはよりふさわしいように思われる。

カズラに触れながら、右手で胸を軽く叩く[21]。司式者は祈祷文の残りを静かに終える。司式者は同じ声と同じ身ぶりで、さらに2回祈祷文を繰り返す。胸を叩くそれぞれの間には、司式者は *Agnus Dei* の時のように、右手を一瞬胸の上に休めても良いし、次に胸を叩く準備として右手を胸からゆっくり動かしても良いし、右手を一瞬祭壇上（コルポラーレの上）に置いても良い。

V. 司式者の聖体拝領

Quibus tertio dictis, ex sinistra accipit ambas partes praedictas hostiae inter pollicem et indicem dexterae manus, et cum ilia supra patenam signat seipsum signo crucis, ita tamen ut hostia non egrediatur limites patenae, dicens: *Corpus Domini nostri Iesu Christi custodiat aniniam meam in vitam aeternam. Amen*: et se inclinans, cubitis super altare positis, reverenter easdem ambas partes sumit: quibus sumptis, deponit patenam super corporale, et erigens se, iunctis indicibus et pollicibus, ambas quoque manus ante faciem iungit, et aliquantulum quiescit in meditatione sanctissimi Sacramenti.[22]

1　3回目の *Domine, non sum dugnus* を終えた時、司式者はまっすぐに立ち、右手の人差し指と親指で御聖体の右半分を左半分の上に置き（御聖体を口の中に入れやすくするため）、右手で重ねられた御聖体の下端を持ち、パテナの上方で御聖体を垂直に保持しながら、御聖体で恭しく胸の前に十字の印をする。この十字の印は（a）司式者が「自身に十字の印をする」ことになっているため、の胸の上部の前方で行われ、（b）十字の線がパテナの範囲を超えないように行われるであろう。十字の縦の線を描く時、司式者は聖なる御名で頭を下げながら[23] *Corpus Domini nostri Iesu Christi* の言葉を密やかに唱え[24]、残りの言葉（*custodiat* 等）は水平の線を描く間に発音される。

2　次いで、前腕を祭壇のテーブルにもたせかけ、お辞儀をして、その間ずっと御聖体の下方でパテナを保持しながら、司式者は直ちに御聖体の2つの部

---

[21] 25 ページ参照。

[22] R. X, 4.

[23] S.R.C. 2850[1].

[24] R.M., n. 511.

分を恭しく口の中に入れる。左手で（あるいは両手で）司式者は、少し福音書側かあるいはカリスの基部に置くようにして、パテナをコルポラーレの上に置くが、どちらの場合でもコルポラーレ上の御聖体が置かれていた場所は避ける。次いで司式者はまっすぐに立ち、右手の人差し指と親指を再び合わせて、両手を合わせて「顔の前」に上げて（しかしながら、頬や唇、鼻に触れずに）御聖体を黙想しながら短い時間休む。

3　ルブリカは司式者に、御聖体の拝領後に右手の人差し指と親指をこすり合わせることにより清めるよう指示していない。ある著者はこの清めを命じ、またある著者はルブリカに書かれていないためにこれに反対している。指を清める場合、カリスが覆われているため、司式者はパテナの上方でこれを行うであろう。ルブリカは司式者が黙想の内に御聖体を拝領する間のお辞儀も定めていないし、御聖体が実際に口の中にある時にお辞儀をすることはあまり適切であるようには思われない。黙想中、規定されてはいないが、司式者は目を閉じても良いし、その間、御聖体の部分を舌と口蓋の間で湿らせた後に[25]、秘跡がキリストの体を食することにあるために、司式者はできる限り早く御聖体を飲み込む。万一かけらが口蓋あるいは歯に付着している場合、司式者は舌で引き離す（指ではなく）。しかしながら、御聖体を飲み込んだ後でまだ小さなかけらが残っている場合、司式者が御血あるいはすすぎを飲む時に溶けて飲み込まれるであろうから、司式者はこれを心配する必要はない。

4　御聖体の拝領後の黙想の時間は短いべきである−ルブリカには*aliquantulum quiescit*と書かれている。司式者は聖餐のほんの一部を拝領したに過ぎず、御血の拝領後にはルブリカにより休止は規定されていないため、この休止は私的な祈りのためというよりむしろ、御聖体を飲み込むためのものである。

---

[25] 御聖体をかむことを避けることはより恭しいが、司式者は必要な場合にはそうしても良い。歯は、キリストの体ではなく、事故を受けることになる。

VI. コルポラーレの清め

Deinde depositis manibus dicit secreto: *Quid retribuam Domino pro omnibus quae retribuit mihi?* et interim discooperit Calicem, genuflectit, surgit, accipit patenam, inspicit corporate, colligit fragments cum patena, si qua sint in eo, patenam quoque diligenter cum pollice et indice dexterae manus super calicem extergit et ipsos digitos, ne quid fragmentorum in eis remaneat.[26]

1 御聖体を飲み込み、黙想を終えた後で、司式者は両手を下げ、左手をカリスの脚部に置き、右手でパラをはずし、次いで－いつものように、両手をコルポラーレ内で祭壇のテーブルの上に置きながら－片膝をつく。その間、司式者は *Quid retribuam . . . mihi?* のみを密やかに朗唱する。

コルポラーレを清めようとしている時、司式者はルブリカの言及はないがいくらかの著者が勧めている３つの事を行っても良い。（a）さらに場所を空けるため、左手でミサ典書の台を少し左側に移動させても良い。（b）パテナ上のかなり大きなかけらに気がついた場合、すぐにパテナをカリスの中へ清めても良い（パテナをカリスの上方で傾けるか、音をたてずにパテナの縁を軽くたたきながら）。（c）コルポラーレの清めのために場所をさらに空けるために、余地があれば、カリスをコルポラーレの後方に向かって直線で少し移動させても良い。

2 次いで司式者は、人差し指（親指と合わせてある）と中指の間で右手にパテナを持ち、御聖体のかけらを含んでいないかコルポラーレを調べる。含んでいる場合、司式者はかけらをパテナの上に集め、次いでパテナを左手でカリス（カリスを後方に移動させていた場合、あらかじめ近くに引き寄せておく）の上方に保持しながら、右手の親指と人差し指をパテナの表面で動かすことにより注意して（*diligenter*）パテナを清め、次いで指に付着したかけらを除去す

---

[26] R. X, 4.

るために、カリスの上方で（カリスの縁ではなく）親指と人差し指をこすり合わせる[27]。

3　ルブリカはコルポラーレとパテナの清めをこのように簡単に手短に述べている。コルポラーレの上にある聖体拝領のための小さな御聖体を扱っている古い *Ritus* の節（5）には、司式者はコルポラーレの上にどんな小さなかけらも残らないように注意することになっていると書かれている。従って、司式者はコルポラーレを調べた時に（ルブリカの指示のように）かけらに気がつかなかったとしても、常にパテナを御聖体が置かれていた場所で数回軽く系統的に（あちこちではなく、順序なしで）動かすことは適切であり——ルブリカの専門家が全て同意しているように——　一般的な慣習である。コルポラーレあるいはパテナの上に*明らかに*御聖体のかけらではない粒子（例、毛髪、ワックスのかけら、黒色の塵の粒子）を見つけた場合、司式者は右手の中指の指先で取り除き、これが御血に対する当然の敬意の不足を示しかねないために、カリスの中に入れないが、司式者はこれを行って良いばかりでなく、そうすべきである。

コルポラーレとパテナの清めが注意して、すなわちルブリカの指示のように整然と当然の注意を払って、行われるべきである一方、厳正な方法で行われるべきではない。ルブリカには司式者がコルポラーレを見て、*見える*かけらがある場合にはかけらを集めることになっていると書かれているため、ルブリカが司式者に顕微鏡で小さなかけらを探すよう求めていないことは明らかである。

コルポラーレ上の聖変化されたホスチア

4　コルポラーレの上に聖体拝領のために今ではなく*未来*に使用されることになっている小さなホスチアがいくらかある場合[28]、司式者はコルポラーレとパテナを清めた後に、しばらくパテナを脇に置き、片膝をつき、これらのホス

---

[27] コルポラーレ上に小さなホスチア（聖体拝領で与えられるために聖変化された）がある1つの場合（以下を参照）には、司式者は聖体拝領の分配の後まで、この清めを延期し、この時にはパテナのみを清めても良い。

[28] これはチボリウムがミサの始めに利用できず、ミサ中に祭壇に運ばれる希な機会にのみ起こるであろう。

チアをこれらのためのチボリウムの中に入れ、チボリウムに蓋をして、コルポラーレの後方に離して置く（書簡側か福音書側のどちらかで）。司式者は再びパテナを持ち、これらのホスチアが置かれていたコルポラーレ上の場所を清め、次いでカリスの上方でパテナを清める。

　パンの形式とワインの形式での司祭の聖体拝領の間の遅れを避けるため、この場合のみ[29]、この短い中断がルブリカにより指示されている。他の全ての場合では、ミサのもの以外のホスチアは大きくても小さくても、御血の拝領*後*に扱われることになっている。ルブリカでは、この特別な場合にはホスチアは「これらのために準備された祭器の中に入れられ」、コルポラーレが清められることになっている。しかし、チボリウムは御血の拝領の*後*まで、ベールで覆われて聖櫃の中に置かれないことになっている。

VII.御血の拝領

　Post extersionem patenae, iunctis pollicibus et indicibus, calicem dextera manu infra nodum cuppae accipit, sinistra patenam, dicens: *Calicem salutaris, etc.,* et signans se signo crucis cum calice, dicit: *Sanguis Domini nostri, etc.* et manu sinistra supponens patenam calici, stans reverenter, sumit totum Sanguinem cum particula in calice posita.[30]

　1　パテナの清めの後、司式者は左手を——人差し指と中指の間でパテナを保持しながら——コルポラーレの上に置き、節の位置とカリスのバランスに従って、御血を飲む際により安全な持ち方を選択しながら、*節の下方か節のど*ちらかで[31]、右手の人差し指と他の指の間でカリスを保持する。次いで、すぐに[32]、

---

[29] あるいは、ルヌラ（ミサの始めには利用できなかった）のためにホスチアが聖変化されてこの時にルヌラに入れられ、そして既にルヌラの中にある聖変化された御聖体と交換されないさらに希な場合には（この交換は後に行われるであろうから。179 ページ参照）。
[30] R. X, 5.
[31] *Ritus* の他の場所（例、VII, 5; VIII, 7）では、ルブリカには常にカリスを *nodum infra cuppam* で保持すると書かれているが、ここでは言葉は *infra nodum cuppae* であり、そのためあるルブリカの専門家は御血の拝領のためにカリスは節の*下方*で保持されるべきであると考えている。しかしながら、他のルブリカの専門家はルブリカの両方の表現は

司式者は *Calicem . . . ero* を密やかに唱える。祈祷文を終えた時、パテナを持つ左手をまだコルポラーレの上に保ちながら、司式者はカリスで十字の印をする。十字の縦の線を描く間、司式者は――聖なる御名で頭のお辞儀をしながら[33]―― *Sanguis Domini nostri Iesu Christi* を唱え、横の線を描く間に *custodiat . . . aeternam* を唱える。この十字の印は御聖体で行ったものよりも大きいであろうが、横の線（これが縦の線の長さを決めるであろう）は肩の幅を超えるべきではなく、縦の線を描く際にカリスの上部は目よりも上方に持ち上げるべきでもない。

2　カリスで自身に十字の印をした後で、司式者はカリスを唇まで上げて、同時にパテナを左手で顎の下に水平に保ちながら（御血のしずくが偶然落ちた場合にパテナで受け止めるように）、まっすぐに立ち、御血とその中にある御聖体の断片を恭しく飲む。カリスの中身がこぼれる危険を防ぐために、ルブリカの専門家は司式者がこれらを一口で飲み、最後にカリスを引き戻すのを早すぎないようにして、最後のしずくが流れ出るようにすることを勧めている。しかしながら、これが不都合であると思う場合、司式者はそうする必要はないが、飲みこむ間にカリスを唇から離す際、カリスを口の高さから下げるべきではない。司式者はできる限り、カリスの中身を全てを飲むべきであり－聖体拝領の分配のためにカリスを覆う場合には、特に縁の近くのしずくがパラと接触するままにしておくべきではない。しかしながら、カリスから飲む際には、頭をのけぞらせることやカリスの底部を高く傾けすぎること、カリスの縁をなめることはふさわしくない。まして、御血を飲む間に吸う音をたてるべきではない。注意してしかし自然にカリスから飲んだ後で残ったしずくは、最初のすすぎで

同じ事を意味しており、ここでは他の場所でのように、カリスは節で保持されることになっていると述べている。*Ritus* が基礎を置く Burchard の *Ordo Missae*（1502）中での言い回しが *nodum infra cuppam accipit* であるため（*Questions Liturgiques*, 1926, p. 121 参照）、ルブリカの言い回しの変化が故意でないことはあり得る。

[32] コルポラーレとパテナを清める間、カノン中のルブリカが *Quid retibuam* から *ero* までの全ての言葉を発音するのを司式者の自由に任せているように思われる一方で、*Ritus* は *calicem salutaris* の部分が司式者がカリスを持つ時に唱えられることになっていると明確にしている（*accipiam* の言葉が示唆するように）。

[33] S.R.C., 2850[1].

除かれるであろう。万一、カリスの中身を飲む際に、カリスの中の御聖体の断片が側面に付着して司式者の口の中に流れこまなかった場合、司式者は人差し指でカリスの縁に移動させて清めの前に飲みこむか、あるいはいくらか水を注いで断片を水とともに飲んでも良い[34]。ルブリカの専門家は、より恭しく、再び親指に触れる前に人差し指の特別な清めを必要としないために、この二番目の方法を支持している[35]。

聖櫃に御聖体を入れる

3　ミサで聖変化されたホスチアはミサのホスチアは別として、御血の拝領の後すぐに聖櫃内に置かれることになっている。司式者はカリスをコルポラーレ上の一方の側（チボリウムが書簡側にある場合には福音書側）[36]に置き、カリスをパラで覆う。司式者はチボリウムを手前に引き寄せ、ベールで覆う。次いで司式者は祭壇カードをはずして、聖櫃を開き、片膝をつき、チボリウムを聖櫃の中に置き[37]、片膝をつき、聖櫃の扉を閉じて鍵をして、祭壇カードを戻して置き、ミサを続ける[38]。御聖体が与えられることになっている場合、司祭は（必要な御聖体を聖変化したばかりでない場合）御聖体の分配に用いることになっているチボリウムを取り出して、扉を閉じる前に別のチボリウムを入れる。

ルヌラ内で聖変化された聖体降福式のホスチアについて、同じ手順が行われる。しかしながら、このホスチアがコルポラーレ上で聖変化された場合、司式者は聖櫃を開き、片膝をつき、ルヌラを取り出し、中にチボリウムがある場合には聖櫃を閉じて、ルヌラを開き、ルヌラ内にある御聖体を取り外し、パテナ

---

[34] *De Defectibus*, X, 8.

[35] 聖体拝領の分配については、177 ページ参照。御聖体を扱う際に起こるかもしれない事故（例、御聖体を落下させること）は、ミサ典書の始めの *De Defectibus* で扱われている。

[36] 62 ページ参照。

[37] 既にそこにあるかもしれないチボリウムの後方に置き、既にあったこのチボリウムの内容が聖体拝領のために使用されるようにする。

[38] 司式者がミサ後までチボリウムを祭壇上に置いておくことを余儀なくされる場合、顕示された御聖体の前でのミサのための典礼に従ってミサを終えなければならない（206 ページ及び R. X, 7 参照）。

の上方で2つの部分に割き、一方を他方の上に重ねて置き、ミサのホスチアの拝領の時のようにパテナをホスチアの下に保持しながら、かがみながら御聖体を拝領する[39]。司式者はこのルヌラからのホスチアで自身に十字の印をせず、拝領する時に何の言葉も発音しない。ホスチアを拝領した時－ミサのホスチアの拝領の時のように、両手を顔の前で合わせてまっすぐに立ちながら－司式者は人差し指でルヌラから全てのかけらをパテナへ移す。次いで司式者は片膝をつき、新たに聖変化されたホスチアをルヌラに合わせ、これを箱の中に入れ（あるいはガラスの中に入っている場合には閉めて）これを閉じ、聖櫃を開き、ルヌラを中に置き（御聖体が与えられることになっている場合には、チボリウムを持ち出し）、片膝をつき、聖櫃を閉じる。

VIII.　カリスの清め

Quibus sumptis, dicit secreto: *Quod ore sumpsimus, etc.,* et super altare porrigit calicem ministro in latere Epistolae, quo vinum fundente, se purificat: deinde vino et aqua abluit pollices et indices super calicem, quos abstergit purificatorio, interim dicens: *Corpus tuum, Domine, quod sumpsi, etc.* Ablutionem sumit, et extergit os et calicem purificatorio: quo facto purificatorium extendit super calicem et desuper patenam ac super patenam parvam pallam; et, plicato corporali, quod reponit in bursam, cooperit calicem velo, et bursam desuper ponit, et collocat in medio altaris, ut in principio Missae.[40]

1　御血を飲んだ後で、司式者は、御聖体の拝領の時のようにはここではルブリカにより規定されていない黙想で遅れず[41]、カリスの中身を飲んだ後でカリスの中に御血のしずくが残っていたとしても、すぐにすすぎへと進む[42]。司式者は左手をまだパテナを保持したままでコルポラーレの上に置き、そして祭

---

[39] 当然、ミサのホスチア（これをルヌラの中に置きながら）の代わりにルヌラからのホスチアを拝領することは完全に非合法的である。ミサのホスチアは常にそのミサで拝領されなければならない。これを食することは犠牲の不可欠な部分である。
[40] R. X, 5.
[41] S.R.C., 2850[2].
[42] 聖体拝領の分配のために間隔があった時を除き、司式者は再度カリスを飲み干さない。

壇の中央から移動せずに、祭壇のテーブルの上方で[43]カリスがテーブルに触れないようにして、ワインを受けるために、書簡側で立っている侍者にカリスを差し出す[44]。その間、司式者は静かに *Quod ore* 等を唱える。

　注がれることになっているワインの適切な量は奉献の時に注がれたのと大体同じであり、そのため御血に触れていたカリスの全表面がワインにより覆われるであろう[45]。十分なワインを受けた時、司式者は侍者への指示としてカリスを少し持ち上げる。次いで司式者は、ワインが御血に触れていた表面の上を移動するように、カリスを1回か2回慎重に回転させても良い。司式者は御血を拝領したのと同じ場所の縁でカリスの中身を飲む[46]。その間、司式者は御血を拝領する時に行ったように、左手のパテナを顎の下に保持する。次いで司式者はパテナをコルポラーレ上で左脇に置き、カリスをコルポラーレの中央に置く。

2回目のすすぎ

　2　次に司式者は両手の中指及び薬指、小指を杯の周囲に、合わせた人差し指と親指を杯の内側にしてカリスを持つ。このようにカリスを保持しながら、司式者は書簡側の隅に行き[47]、カリスを祭壇のテーブルの上に置き[48]、侍者からワインと水を受ける。これらは *Lavabo* の時のように親指と人差し指の指先の

---

[43]　侍者が小さすぎないのでなければ、Super altare である。

[44]　聖体拝領を分配した場合、カリスを差し出す前に、最初に（a）必要であれば、聖体拝領の皿をカリスの中に清め、（b）コルポラーレ上で聖変化されたホスチアから聖体拝領を与え、パテナから分配した場合には、コルポラーレとパテナを清め、（c）その間にカリスの底に集まっている御血のしずくを飲む（cf. S.R.C. 3068²）。

[45]　Cf. S.R.C. , 3068².

[46]　これはカリスの基部の十字により確立されるであろう。

[47]　ミサ典書のルブリカには司式者は2回目のすすぎのために隅に行くと書かれておらず、そのため、ある著者は司式者がこれを中央で受けることを許している（荘厳ミサで行うように）。しかしながら、たいていの著者は奉献と *Lavabo* との類似から、そして *Memoriale Riuum*（IV, ii, §1, n. 19）のルブリカのために、司式者に書簡側の隅に行くよう指示している（そしてこの意見は1947年1月29日の礼部聖省の教令により追認されている）。この後者のルブリカはまた、ミサ典書のルブリカが1回目のすすぎのために命じているように、2回目のすすぎを受ける時に、司祭がカリスを祭壇の上方で保持することを想定している。

[48]　侍者が小さい場合、司祭はカリスを祭壇の外で下げることを余儀なくされるであろう。

上ばかりでなく、御聖体に触れたかもしれない全ての部分の上に注がれる[49]。

　注がれることになっているワインと水の量（合計）は再び、御血の量と大体同じであろう。ルブリカの専門家は以下の理由で、２回目のすすぎで少量のワインと十分な量の水が注がれるよう指示している。（ａ）２回目のすすぎを飲んだ時に、適切な敬意を欠くことになるであろうプリフィカトリウムにより拭き取られることになる御聖体が全く残っていないことを確かめるため[50]。（ｂ）水はワインよりも清めの効果が高いため（特に粘性のある甘いワインよりも）。（ｃ）プリフィカトリウムにしみがつくのを避けるため。

　ワインと水が人差し指と親指の上に注がれている間、司祭はすっかり清めるために、これらをこすり合わせても良い。その間、密やかに *Corpus tuum* 等を朗唱する。ワインあるいは水を注ぐのを止める時に侍者に指示するために司式者はカリスを少し持ち上げるが、瓶は司式者の指に触れるべきではない。

　3　このように指を洗った後で、まだカリスの口の上で保持しながら、司式者はカリスをコルポラーレの近くの祭壇上に置き、分離したしずくを取り除くためにカリスの上方にある指を軽く振り、人差し指と親指をもはや合わせて保持せずに右手でプリフィカトリウムを持ち、一方でまだ左手はカリスの上に保ち、プリフィカトリウムを左手の濡れた人差し指と親指の上に置く。次いで両手をカリスから引き戻しながら、司式者は祭壇の中央に向かう間に親指と人差し指を拭く。

　4　指を拭いた後で、司式者は折り畳んだプリフィカトリウムを左手の人差し指を渡して置いて手の両側で等しく下がるようにし、次いで、左手を、瞬間的に、この時はコルポラーレの外側で祭壇上に置く。右手にカリスを持ちながら、司式者は——必要であれば——1回か2回回転させ、次いで、御血を拝領したのと同じカリスの部分から中身を飲む。その間、司式者は左手の上に折り

---

[49] *Lavabo* では—*extremitates digitorum pollicis et indicis* (R. VII, 6)；ここでは *pollices etindices.*
[50] ある神学者は聖変化されたワインのしずく（すなわち御血）は、かなり多い量のワイン—少なくとも同じ種類のワイン—と混和された場合に聖性を失わないであろうと考えている。しかし、さらに多量の異なる液体（例、水）と混和された場合には直ちに聖性を失うであろう。

畳んだプリフィカトリウムを顎の下で保持する。司式者はカリスをコルポラー
レの上に置き、プリフィカトリウムを両手で保持しながらプリフィカトリウム
で唇を軽く拭く。次いで、司式者は、カリスを拭いている時にカリスを損なう
ことを防ぐために杯の周囲で保持しながらカリスを左手に持ち、御血が通った
場所から始めながら、右手でプリフィカトリウムを用いて慎重にカリスを拭く
[51]。一度杯の全周を拭いた後で、司式者は折り畳んだプリフィカトリウムを裏
返しにして、再びカリスを拭く。カリスを勢いよく拭く必要はないし[52]、この
動作に長い時間をかける必要もない。カリスを拭くことは迅速に、しかし、極
めて静かな動きで行われるべきである。そして司式者は見苦しい動作を防ぐた
めに肘をやや脇の近くに保持するべきである。

カリスをベールで覆う

5　カリスを拭いた後に、司式者は奉献の前のように[53]、両手でプリフィカ
トリウムをカリスの口を渡して置き、その上にパテナ、次いでパラを置く。次
に、司式者はカリスをコルポラーレの外側に置き[54]―左側の方が都合が良い―
コルポラーレを両手で[55]折り畳む[56]。右手でブルサを取り、開口部が書簡側を向
くように、左手で祭壇上でまっすぐ立てて保持し、必要であればブルサを開い
ておくために少し押す。右手で司式者は、折っていない端がブルサの開口部の
最も近くになるように保ちながら、コルポラーレをブルサの中に差し入れる。
次いで司式者はブルサを祭壇上に置き、両手でカリスの上にカリスベールを掛

---

[51] 誦唱ミサでは、たとえ侍者が上級品級であったとしても、これは侍者により行われて
はならない（S.R.C. 2572[6]）。

[52] これはやがてメッキを傷めることになる。

[53] S.R.C. 3368[2].

[54] あるいは、カリスは司式者が拭いた後すぐにコルポラーレの外に置いても良い。

[55] 御聖体が置かれていた折り目が最も奥になり、続くミサで御聖体が同じ折り目に置か
れる（これは必要でないが、望ましい）ことを確保するために、コルポラーレは以下
のように折り畳まれる。最初に手前の折り目（祭壇の後方に向かって折り畳みながら）、
次いで後方の折り目（自身に向かって）、次いで右側の折り目（中央に向かって）、そし
て最後に左側の折り目（中央に向かって）である。

[56] これは、たとえ別のミサがすぐに続くことになっているとしても、行われることにな
っている。

け、少なくともカリスの前面が完全に覆われていることを確かめる[57]。その上にブルサを置き、開口部が自身から遠い側になるようにする（そのため後に、カリスを運ぶ時に開口部は司式者自身の方を向くようになるであろう）。次に、左手でカリスの節を持ち、安定させるために右手をブルサの上に置きながら、司式者はカリスを祭壇の中央に移動させ[58]、後方の方に置き（後で祭壇にキスをする時に邪魔にならないよう十分に）、両手でカリスベールを整える。次いで、両手を合わせてミサ典書の方に向かうが、ミサ典書は侍者が書簡側に移動させ祭壇の端と平行に置いてある（入祭文等のために）。[59]

付録

聖器の清め

1 御聖体と接触したカリスとパテナ以外の祭器、すなわちチボリウムとオステンソリウムのルヌラ（及びその箱）の清めは、ルブリカでは扱われていない。ルブリカの専門家はこの清めを行う様々な方法を指示している。明らかな欠点のあるいくつかの古い方法は捨て去られており、ここでは現在用いられている方法のみが扱われる。

2 パテナとコルポラーレの清めに関するルブリカの指示（例、R. X, 4, 7）は、その良識で際立っている。御聖体への当然の大きな敬意に親密に関係する事に大きな配慮と注意を教え込む一方で、これらは明らかに清めでの入念さに水を差している。ルブリカの文字も精神も御聖体の小さなかけらを顕微鏡的に探すこと——ミサに列席している者を最もうんざりさせること——を要求していないし、これは良く訓練された良心的な司祭の習慣でもない。

---

[57] S.R.C. 1379, 1991[1].
[58] あるいは、カリスベールで覆う前にこれを行っても良い。
[59] 42 ページ参照。

3　通常、聖器の清めはミサ内で行われる。緊急の場合のみ、司祭はスルプリと白のストラを身につけ、ミサ外でチボリウムを清めのボールへと清めるべきである。この内容はやがて——御聖体の小さなかけらが水中に消える時——サクラリウムに流されるか、サクラリウムがない場合には火に投じられるべきである[60]。

4　神学的に言えば、御聖体のかけらを含むチボリウムは、御聖体を含んでおり、従って（ａ）コルポラーレの上に置かれなければならない。（ｂ）一時とっておく場合、聖櫃の中に入れられる。（ｃ）扱われる場合、司祭はストラを身につけるべきである。しかし、このチボリウムは典礼的には、チボリウムが典礼的に御聖体を含んでいる時に与えられる完全な名誉とともには扱われない（御聖体のかけらが、多数であったとしても、聖体拝領で与えられるには十分に大きくない時）。従って、（ａ）司祭はかけらのみを含むチボリウムの前で片膝をつかない。（ｂ）一箇所から別の場所に運ばれる場合、ろうそくは運ばれず、フメラーレも使用されない。（ｃ）清めを待つために聖櫃の中に入れられる場合、ベールで覆われない。

乾式の清め

5　チボリウムは乾式あるいは湿式の清めを受けても良い。乾式の清めの場合には、チボリウムは左手の人差し指（親指と合わせてある——ミサ外を除き）と中指の間で節を堅く保持し、カリスの上方で傾ける[61]。右手の人差し指、及び必要な場合には親指を表面の上で軽く[62]整然と動かして、司祭はかけらをカリスの中へと集める。必要であれば、この作業は2回か3回繰り返しても良い。時々、人差し指をカリスの上方で親指とこすり合わせて小さなかけらを取り除く。乾式の清めの後で、チボリウムはプリフィカトリウムで拭いてはならない。そうしてまだチボリウム内にあるかもしれない小さなかけらをプリフィカトリウムに移すことは、後でプリフィカトリウムから祭壇あるいは床に御聖体のか

---

[60] Cf. R.R., V, ii, 8.
[61] かけらを分離させるために、あらかじめ軽くたたいても良い。
[62] かけらを押すことは、単にチボリウムの表面に付着させることになる。

けらが落ちかねないことを意味するであろう。

湿式の清め

　6　祭壇用のパンがほとんど完全にかけらがないように申し分なく作られていて、パンの聖変化の前にチボリウムが注意深く満たされた時には[63]、チボリウムが空になった時にかけらはほとんどないであろうから、乾式の清めで全く十分である[64]。これは特に、乾燥した天候で、チボリウムの表面がべとついていない時の場合である。乾式の清めのみを行うことがローマ教会の慣習である。これは特に、新たに聖変化されたホスチアがすぐにチボリウムに入れられる時に勧められる[65]。というのは、湿式の清めがほとんど常にチボリウムを少し湿ったままにするためである。

　7　しかしながら、時には、かけらが多数である、あるいはチボリウムが極めて大きい（そして容易には底に指が届かない）、あるいはチボリウムの表面が完全には乾いておらずべとついている時に、チボリウムをすっかりきれいにするために湿式の清めが必要になる[66]。通常、ルブリカの専門家はワインの使用を勧めているが、区別することが必要である。祭壇用ワインが軽く、辛口である時（例えば、一般的にフランスあるいはイタリアでのように）、ワインはチボリウムの清めに適している。しかし祭壇用ワインが重く、甘口である時には、適していない。この後者の場合、最良の方法はチボリウムに乾式の清めを十分に行い、次いでチボリウム内に２回目のすすぎ―これはほとんどすべてが水である―を受け、これを清めを完了するために用いることである。

　8　次いで御血（あるいは聖体拝領が与えられた場合には御血の残りのしずく）を拝領した後で、司式者はカリスの中にワインを―チボリウムをワインで清める予定であれば最初のすすぎの一部の少量、そうでなければ最初のすすぎ

---

[63] 66 ページ参照。
[64] これはルブリカによりパテナのために規定されている清めの唯一の種類である。
[65] そのような場合には、清めは完全には省かれるべきではない。
[66] 乾式の清めが習慣的に用いられている時、時々湿式の清めを与えることは適切である。

の全体—受け[67]、カリスを祭壇上に戻して置き、上で説明されているように、チボリウムをカリスの中へと清める[68]。次いで司式者はチボリウムに蓋をして、ベールで再び覆い[69]、コルポラーレの外側に置く。次いで、司式者は最初のすすぎを飲み、2回のすすぎへと進む。しかしながら、チボリウムの湿式の清めを用いることを望む場合、乾式の清めを行った後で（これは省かないのが適当である）、ワインをチボリウムの中に受け（最初のすすぎの残り——乾式の清めからのかけらを受け、かけらがカリスに付着することを防ぐために、既にカリスの中にあるものの一部）、チボリウムを傾けながら1回か2回注意して回転させてワインが表面をきれいにするようにし[70]、次いで、乾式の清めでかけらをカリスに移動させたチボリウムの部分を通るように、中身を注意深くカリスの中に注ぐ。次いで司式者はチボリウムを脇に置き、最初のすすぎを飲み、いつものようにミサの2回目のすすぎを続け、カリスを拭いた後でのみチボリウムを拭く。

9　しかしながら、チボリウムの清めのために2回目のすすぎも——あるいは2回目のすすぎのみを——用いることを望む場合、最初のすすぎを飲んだ後、司式者はカリスを祭壇上に置き、2回のすすぎをチボリウムの中に受け——既に十分な乾式の清めを行っている場合にはカリスで行うようにチボリウムを書簡側の隅に置きながら、そうでなければチボリウムを両手の間で保持しながら——指をチボリウムの上方に保持しながら（いつものように）、チボリウムをワインと水で洗い、中身をカリスの中に注ぎ、そしてカリスを清めた後で飲む。

---

[67] 聖櫃の中に清めを待っているチボリウムがある場合、司式者はカリスを覆って少し一方の側に置き、聖櫃を開き、片膝をつき—清められていないチボリウムは別として、聖櫃が御聖体を含んでいるには。そうでなければ片膝はつかず—チボリウムを取り出して、再び片膝をつき（御聖体が聖櫃内にある場合）、そして聖櫃を閉じて鍵をかける。

[68] チボリウム内に聖体拝領で与えられる程十分大きなかけらがある場合、司祭は片膝をつき、これらを拝領する（あるいは聖体拝領で与える）。新たに聖変化された御聖体は古いものに加えられてはならないため、チボリウムを空にする必要がある場合には、多数の御聖体を拝領しても良い。かけらがかなり大きいが、聖体拝領で与える程は大きくない場合には、片膝をつかず、すすぎの中に入れる代わりに、そのような大きなかけらを別に拝領しても良い。

[69] 62ページ参照。

[70] 必要であれば、くっつきがちなかけらをワインで洗い落とすために人差し指を用いても良く、その後、すぐにこの人差し指をプリフィカトリウムで拭く。

カリスを拭いた後でのみ、司式者はチボリウムを拭いてコルポラーレの外側に置く。

10　不注意によりチボリウムを清めずにすすぎを飲んだ場合、司式者はもう少しワインと水（あるいは水のみ）をチボリウムに入れて、次いでこれを飲んでも良い。この追加のすすぎは間違いなくミサの聖体拝領及びすすぎと一体であるため、その中にあったかけらは飲み込んで良い。

11　プリフィカトリウムは湿式の清めの後でチボリウムを拭くために使用された場合、可能であれば、洗われるまで再び使用されるべきではない。

12　チボリウムが新たに聖変化されたホスチアのためにすぐに必要とされる場合、チボリウムは乾式の清めのみをカリスの最初のすすぎの中に行う方が良い。新しいホスチアがチボリウムに入れられた後すぐに——司式者はホスチアに触れる前に片膝をついている——チボリウムは蓋をして、ベールで覆われ、聖櫃に置かれ、そして司式者は聖櫃の扉を閉じる前に片膝をつく。その後でのみ司式者は最初のすすぎを飲む。

13　聖体降福式のホスチアが更新されている時、ルヌラとその箱については、通常乾式の清めで十分である。

第14章　聖体拝領の交唱と聖体拝領後の祈祷文

Celebrante purificato, dum calicem collocat in altari, liber missalis defertur per ministrum ad latus Epistolae, et collocatur ut in Introitu. Ipse autem minister genuflectit iuxta latus Evangelii, ut in principio Missae. Deinde celebrans, stans iunctis manibus, legit antiphonam ad Communionem; qua lecta, iunctis itidem manibus ante pectus, vadit ad medium altaris, et eo osculato, vertit se ad populum a manu sinistra ad dexteram, et dicit: *Dominus vobiscum*, et per eandem viam redit ad librum, dicit orationes post Communionem, eisdem modo, numero et ordine, ut supra dictae sunt orationes initio Missae. Quibus finitis, claudit librum, et iungens manus ante pectus, revertitur ad medium altaris, ubi eo osculato, vertit se ad populum, et dicit, ut supra: *Dominus vobiscum*, quo dicto, stans iunctis manibus ante pectus versus populum, dicit, si dicendum est: Ite, missa est, et per eandem viam revertitur ad altare. Si vero non sit dicendum, dicto *Dominus vobiscum*, revertitur eodem modo per eandem viam ad medium altaris, ubi stans versus ad illud iunctis ante pectus manibus, dicit: *Benedicamus Domino . . .*

In Quadragesima autem a feria IV cinerum usque ad feriam IV Hebdomadae sanctae, in Missa feriae postquam celebrans dixit orationes post Communionem cum suis solitis conclusionibus, antequam dicat: *Dominus vobiscum*, stans in eodem loco ante librum dicit: *Oremus. Humiliate capita vestra Deo*, caput inclinans, et extensis manibus, subiungit eadem voce orationem super populum, ibidem positam, qua finita, osculatur altare, et vertens se ad populum dicit: *Dominus vobiscum*, et alia ut supra.[1]

　　1　ミサ典書の所で[2]、司式者は行っているミサの固有文のページを開き[3]、両手を合わせて、声を出して聖体拝領の交唱を読む。復活節では、文章中に書かれていない場合であっても、司式者は *Alleluia* を1回加える。交唱を終えた時、司式者は両手を合わせて中央に行き、祭壇にキスをして、右側から会衆の

---

[1] R. XI, 1, 2.
[2] 司祭がミサ典書を自身で移動させなければならない場合には、中央を通る際に十字架に頭を下げながら、両手でそれを行なうであろう。御聖体が顕示されているとしても、片膝をつかない。S.R.C. 4198[12] 参照。
[3] 誦唱ミサでは侍者はこれを行ってはならない。S.R.C. 3448[14].

方に回り、両手を広げて[4]目を下げながら、*Dominus vobiscum* を唱える。次いで、司式者はまっすぐミサ典書に向かい、入祭文の後の祈祷文の時と同じ儀式[5]、同じ数、*Oremus*[6]と結語に関する同じ規則に従いながら、聖体拝領後の祈祷文を唱える。

Oratio super populum

2　四旬節と受難節（聖なる3日間を除く）中、平日のミサでのみ *Oratio super populum* がある。これには独自の祈りへの招き *Oremus*（頭のお辞儀をして、両手を広げて再び合わせながら唱えられる）及び *Humiliate capita vestra Deo*（まだ頭を下げているが、両手を合わせて唱えられる）がある。これは聖体拝領後の祈祷文のように、胸の前で両手を広げて唱えられる。これには独自の固有の結語があり[7]、一般に集祷文の結語のための規則に従う。この祈祷文は3つの聖体拝領後の祈祷文が先行する場合であっても唱えられる。

3　最後の祈祷文の結語を完全に終えた後で、司式者は小口を祭壇の中央に向けて[8]ミサ典書を閉じる[9]（朗唱することになっている固有の最後の聖福音がある場合[10]には開けたままにしておく[11]）。司式者はいつものように両手を合わせて中央に行き、祭壇にキスをして、右側から会衆の方へ回り（既に会衆の方を向いているのでなければ。R. V, 3 を参照）、*Dominus vobiscum* を唱える。

---

[4] R.M., n. 504.

[5] 17 ページ参照。

[6] お辞儀については 33 ページ参照、手の位置については 14 ページ参照。

[7] R.M., n. 506.

[8] ルブリカは本がどの向きで閉じられることになっているかを決定していない。しかし全てのルブリカの専門家は、本が祭壇の中央に向けて閉じられるよう指示している。そしてこれは本を右手で閉じる方が都合が良いためである。象徴的な理由も示唆されており、すなわち本は、キリスト、子羊（この者のみが「本を開き、それを開封するに足る」Ap 5:2）を象徴する十字架に向けて閉じられるというものである。

[9] 別のミサが直ちに続くとしても。

[10] 現在では、これは枝の祝別と行列が先行しない枝の主日のミサでのみ起こる。

[11] 侍者がいないために、司式者が本を自身で移動させることを余儀なくされる場合には、中央を通る際に十字架に頭を下げながら（そして御聖体が顕示されている時であっても、片膝をつかずに。S.R.C. 4198[12] 参照）、この時にこれを行う方が良い。次いで、*Dominus vobiscum* の前に、祭壇にキスをするために中央に戻る。

次いで、両手を合わせて目は下げたままで、司式者は *Ite, missa est* を加える[12]。次いで、司式者は円を完成しないように、左側から祭壇の方に回って戻り、両手を祭壇の上に置き、お辞儀をしながら[13]祈祷文 *Placeat* を静かに唱える。

4 御復活の前日と御復活の８日間の間、*Alleluia* が *Ite, missa est* とその応唱 *Deo gratias* に２回加えられる。*est* 及び各 *Alleluia* の後に一瞬の間があるべきである。

5 典礼上の行列が続くことになっているミサでは、司式者は *Dominus vobiscum* の後すぐにいつものように左側から祭壇に回って戻り、そこで――祈祷文が神に向けられているため――まっすぐに立ち、両手を胸の前で合わせて *Benedicamus Domino* を唱える[14]。この後でのみ司式者は両手を祭壇上に置いて、*Placeat* を唱えるためにお辞儀をする。

---

[12] 言葉の意味が必要とするように、*Ite* の後にほんの少しの間休止しながら。

[13] 33 ページ参照。

[14] R.M., n. 507 *a.*

第15章　祝福と最後の聖福音

Dicto, *Ite, missa est*, vel *Benedicamus Domino*, vel *Requiescant in pace*, celebrans ante medium altaris stans iunctis manibus super eo, inclinatus dicit secreto: *Placeat tibi, sancta Trinitas, etc.* Quo dicto, extensis manibus hinc inde super altare positis, ipsum in medio osculatur: tum erigens se, adhuc stans versus illud, elevat ad caelum oculos et manus, quas extendit et iungit, caputque Cruci inclinans, dicit voce intellegibili: *Benedicat vos omnipotens Deus*, et iuntis manibus, ac demissis ad terram oculis, vertens se ad populum a sinistro latere ad dexterum, extensa manu dextera, iunctisque digitis, et manu sinistra infra pectus posita, semel benedicit ad latus populo dicens: *Pater, et Filius,* ✠ *et Spiritus Sanctus.* R. *Amen;* et circulum perficiens accedit ad latus Evangelii, ubi dicto *Dominus vobiscum*, et R. *Et cum spiritu tuo*, pollice dextero signans primum signo crucis altare, seu librum in principio Evangelii, deinde frontem, os et pectus, dicit: *Initium sancti Evangelii secundum Ioannem;* vel *Sequentia sancti Evangelii*, ut dictum est in Rubricis generalibus, et R. *Gloria tibi, Domine,* iunctis manibus legit Evangelium: *In principio*, vel aliud ut convenit. Cum dicit: *Et Verbum caro factum est*, genuflectit versus latus Evangelii, et surgens prosequitur ut prius: quo finito, minister stans a parte Epistolae responded *Deo gratias.*

Si celebrans in altari vertit faciem ad populum, non vertit se, sed stans ut erat, benedicit populo, ut supra, in medio altaris; deinde accedit ad latus Evangelii, et dicit Evangelium S. Ioannis.

In Missis in quibus dictum est *Benedicamus Domino* vel *Requiescant in pace*, celebrans non dat benedictionem, sed, dicto *Placeat tibi, sancta Trinitas*, ut supra, et altari osculato, si dicendum sit ultimum Evangelium, accedit ad latus Evangelii, ibique dicit initium Evangelii secundum Ioannem *In principio.* Si vero ultimum Evangelium omittendum sit, iuxta rubricas, celebrans, data benedictione, vel, si etiam benedictio omittenda sit, osculato altari, recedit.[1]

1　祈祷文 *Placeat* を終えた後で、司式者は両手を平らにして祭壇のテーブルの上に置き、祭壇にキスをする。次いで、まっすぐに立ち、両手を肩の幅位に広げ、同時に目を十字架に上げ、声を出して *Benedicat vos* を唱える。次い

---

[1] R. XII, 1, 2, 4, 5. *Benedicamus Domino* が唱えられる時には、祝福は与えられない（R.M., n. 508）。

で、司式者は両手を顔の前で合わせ[2]、胸の高さに下げ、同時に目を下げて *omnipotens Deus* を唱え、*Deus* の言葉で十字架に向かって頭のお辞儀をする。目を下げ両手を合わせて、司式者は右側から会衆の方へ回り（既に会衆の方を向いているのでなければ[3]）、会衆の方にまっすぐに向いた時に、左手を胸の下に置き、右手を小指が会衆の方を向くように上げて、列席している会衆の上に右手で十字の印をする。この十字の印をする際――手全体の先導として小指で十字の線を描く――司式者は自身に大きな十字の印をする際に守るべき範囲を遵守する。すなわち、額の高さから胸の前まで縦の線を描き、左肩から右肩まで横の線を描く。十字の印をする際、司式者は声を出して *Pater et Filius*（縦の線で）, *et Spiritus Sanctus*（横の線で）を唱える[4]。

Benedicamus Domino が唱えられる時には祝福はない[5]。

最後の聖福音

2　祝福の後、司式者は両手を合わせて、右側から回りながら円を完成し、福音書側に向かう。そこで斜めに祭壇カード又はミサ典書の方を向くことで、最初の聖福音の時のようにやや会衆の方を向き[6]、両手を合わせて司式者は *Dominus vobiscum* を唱える。次いで、左手を掌を下にして祭壇上に置いた後で、右手の親指の前側で――掌を祭壇の方に向けて――司式者はテーブルの上に小さな「ギリシァ」十字を描き[7]、その間、*Initium* を唱える。次いで、左手を平らにして胸の下に置き、最初の聖福音で行ったように、右手の親指の前側で額及び唇、胸に小さな十字を描き[8]、その間、*sancti Evangelii* 等を唱える。聖福音が固有のものである場合、司式者は（*Sequentia* を唱える間に）祭壇上ではなくて文章の始めの箇所に十字の印をし（その間、左手を本の上に置く）、

---

[2] R. VII, 5　参照。
[3] R. XII, 2.
[4] 23 ページ参照。
[5] R.M., n. 508.
[6] S.R.C. 3792[5].
[7] 22 ページ参照。ルブリカの専門家の多くは、聖ヨハネの聖福音のためでさえも、祭壇カードがミサ典書の代替であるために、司式者は祭壇の代わりに祭壇カードに十字の印をしても良い（その間、左手をカードの上に置いて）と述べている。
[8] 22 ページ参照。

次いで最初の聖福音の時のように、*sancti Evangelii* 等で自身に十字の印をするであろう。

3 両手を合わせて、司式者は声を出して聖福音を読む。聖ヨハネの聖福音の始まりからの朗読の *Et Verbum caro factum est* の言葉で、司式者は祭壇上に両手を置き、まっすぐで、ミサ典書あるいは祭壇カードに向かって片膝をつく。すなわち、ルブリカ XII, 1 に *versus latus Evangelii* と書かれているように、司式者はまっすぐ祭壇を向かずに少し斜めに向く。*Et Verbum ... est* で片膝をついた後、司式者はすぐに立ち上がり[9]、*et habitavit* 等を続ける。司式者は*福音書側の隅から移動する前に*聖福音を終える。

固有の聖福音が読まれる場合[10]、司式者は終わりで *Per Evangelica dicta* を唱えず、本にキスもしないで、すぐにミサ典書を閉じる[11]。

Benedicamus Domino が唱えられる時には、最後の聖福音は読まれない[12]。

---

[9] カノンのルブリカを参照。

[10] 現在ではこれは受難の第二主日に、枝が祝別されない時のミサでのみ起こる。

[11] ルブリカどのように閉じられることになっているかを決定していない（150 ページ、注 8 を参照）。いずれにせよ、侍者は聖福音の後すぐにミサ典書を書簡側へ移動させるべきであり、象徴的及び実際的の両方の理由から、そこで小口は十字架を向けるべきである。

[12] R.M., n. 510 (a).

第16章　ミサの結びの後

I.　読唱ミサ後の祈祷文

聖福音が終わった時、司式者は——「私唱ミサ」の——まっすぐ[1]祭壇の下に下りて（footpace 上で跪くことを選んだのでなければ[2]）レオ13世の祈祷文を朗唱する。これらは跪いて両手を合わせながら[3]（司祭がカードから読まなければならないのでなければ）、司式者と会衆により、地方によっては慣習であるように交互か、あるいは全て一緒に唱えられることになっている。これらはラテン語あるいは裁治権者により認可された訳の国語で朗唱されて良い[4]。これらの祈祷文は最後の聖福音の後すぐに、そして、時にミサの後に続く他の全ての祈祷文の前に唱えられることになっている[5]。

II.　香部屋への帰還

Quibus omnibus absolutis, sacerdos accipit sinistra calicem, dexteram ponens super bursam, ne aliquid cadat, descendit ante infimum gradum altaris, et, ibi in medio vertens se ad illud, se profunde inclinat (vel, si in eo est tabernaculum sanctissimi Sacramenti, genuflectit); et, facta reverentia, accipit biretum a ministro, caput coopertit, ac praecedente eodem ministro, eo modo quo venerat, redit ad sacristiam, interim dicens antiphonam *Trium puerorum* et canticum *Benedícite* vel alias preces quas maluerit. Postquam

---

[1] この場合、司式者が最初に中央に行き十字架にお辞儀をするべき理由は何もない。S.R.C. 3637[8] にはお辞儀は規定されておらず禁止もされていないと書かれている。

[2] S.R.C. 3637[8].

[3] ミサ外での祈祷文が両手を合わせて唱えられる（本から読まれなければならない場合を除き）ことは一般的な規則であり、そのため司式者はレオ13世の祈祷文を朗唱する間、両手にカリスを持つべきではない。いずれにせよ、司式者はカリスを *omnibus absolutis* (R. XII, 6) で持つことになっており、従って、規定された祈祷文を唱え終える前ではない。

[4] C.J.C. 919; 1388 参照。

[5] 裁治権者はミサ後に、国語でさえも、公認の祈祷文の朗唱を命じあるいは許しても良い（S.R.C. 3157[7], 3537[1], 3805）。司式者は権威なく、自身で祈祷文を追加してはならない（Cf. C.J.C. 818.）。

paramenta deposuerit, gratiarum actionem per temporis spatium conveniens protrahit, preces infrascriptas persolvens, vel alias pro sua devotione.[6]

1　レオ 13 世の祈祷文を朗唱した後、あるいはこの祈祷文が省かれることになっている場合には最後の聖福音の後すぐに、司式者は左手にカリスを持ち、カリスの前方と後方が完全に覆われているのでなければ、その向きを変えて、カリスベールで覆われた部分が会衆の方を向きブルサの開口部が自身を向くようにする。司式者はブルサを安定させるために右の掌をブルサの上に置く。次いで、回る時に福音書側に少し下がりながら、司式者は祭壇の下に下りて、十字架に向かって低くお辞儀をするか、あるいは御聖体が聖櫃にあるか受難の聖遺物が崇敬のために祭壇上に顕示されている場合には床で片膝をつき[7]、ビレッタを受け取り（使用する場合）、ビレッタをかぶり、香部屋に向けて出発する[8]。行く時に、司式者は聖歌 *Benedicite* をその交唱とともに（全て）朗唱しても良い[9]。

2　ミサの司式後の感謝の一般的な義務が教会法典の810条により思い出される一方で、ミサ後の司式者の使用のためにミサ典書に載っている聖歌 *Benedicite* と他の祈祷文の朗唱はもはや義務ではない。感謝のために、司式者は望むどのような祈祷文も選択して良い[10]。

3　香部屋に戻る間、司式者は物（主祭壇等）と人への表敬に関して、ミサを行うために祭壇へ行く時と同じ規則に従う[11]。香部屋に到着した後、まだビレッタをかぶったままで、司式者は十字架あるいはそこでの主たる聖像に向かって頭のお辞儀をする。そして司式者は、慣習である場合には、奉仕に感謝して侍者に少しお辞儀をしても良い。

---

[6] R. XII, 6.

[7] S.R.C. 2682[47].

[8] 十分な理由のために司式者が祭壇で脱衣することになっている場合、司教の特権である中央でなく、福音書側の隅で行なうであろう（R. XII, 6 参照。このルブリカは司祭が聖福音の後にそれ以上唱えることは想定していない。）。

[9] 死者ミサの後であっても、復活節には *Alleluia* が追加される。

[10] R. XII, 6.

[11] 56 ページ参照。

　次いで、司式者はカリスを脇に置き、ビレッタをぬぎ、着衣の時に従ったのと逆の順序で脱衣する。司式者はストラ及びマニプル（祭服が黒であっても）、肩衣の十字にキスをする[12]。そしてアルバを脱ぐ際には右腕の前に左腕を引き出す。自身で祭服を片付けるのでなければ、司式者はミサを行うために来た時に見たように、祭服を着衣台の上に整えるであろう。司式者は次のミサに備えて、ブルサとカリスベールを祭服の上に置く。

　次いで、司式者は肩衣を畳んでプリフィカトリウムとともに自分の引き出しに入れる。プリフィカトリウムは畳んだ肩衣の中に入れずに、乾くように肩衣の上に置いた方が良い。

　ルブリカは司祭にミサ後に両手を洗うよう指示しておらず、司祭がそうすべき理由は何もない。しかし地域的に慣習が存在する場合、司祭はそれに従っても良い。

III. 司式者の感謝

　次いで、司式者は感謝を行うが、その長さは教会法典（810条）あるいはルブリカによっても決められていない。司式者は望むどの祈祷文も使用して良い。当然、教会がミサ典書内で提案している祈祷文が最も適した声の祈りであり、贖宥がある[13]。司式者の感謝を教会内で行い、それによって御聖体を崇敬し、信徒を教化し、中断を避けることは最も優れたことである。

---

[12] 慣習及び着衣の時に規定されているキスの類推から。
[13] これらの贖宥は最近増やされた（*Enchiridion*, nn. 750, 751, 752）。

155

付録A

読唱ミサの司式での誤り[1]

I.　一般的な注意

1　誤りなくミサを行うことは堕落した人性の能力の及ばないことであり、そのため、教会は司式される各ミサで司祭に他者のためばかりでなく、自身の「数えきれない罪、誤り、怠り」のために犠牲をささげるように命じている。これらの中に、疑いなく、ミサ自体をささげる際の司式者の誤りと怠りがある。教会はまた、ミサ後の感謝の祈祷文中に、*両膝をついて*唱えられることになっている祈祷文 *Obsecro te* を司式者の裁量で置き、司式者が「ミサの司式中に人間の弱さから犯された欠陥と誤り」の許しを得ることができるようにしている[2]。

2　ミサを行う際に通常、わずかな誤りが避けられない一方で、より重大な誤りはとりわけ、*良い習慣の形成により*——ミサの司式の仕方を学ぶときに最大限に苦心することにより、そして、司祭職の最初の年月に、ルブリカを正確に知り実行に移すことにより——避けることができる。司祭が最大限可能な完全さでミサを行う習慣をいったん身につけた場合、この司祭はおそらく終生そのように神の犠牲を司式し続けるであろう。しかし、ルブリカの不完全な知識とルブリカの遵守の怠慢で悪く始め、そうして悪い習慣を身につけた場合−潔く、変わるために真に努力する場合−これらの習慣を断ち切ることが明らかに困難であることがわかるであろう。

3　良い始まり——良い習慣をつけ、悪い習慣を避けること——は司祭が神を敬い、会衆を教化し、自身を聖化するためにすべきようにミサを行うことを大いに助けるであろうが、これでさえも十分ではない。司祭はまた、（a）時々

---

[1] 読唱ミサの司式での一般的な誤りの一覧を読むことは、典礼の詳細の多くを思い出すことになるであろう。

[2] ピオ10世は1912年にこの極めて貴重な贖宥を許可した。

ルブリカを調べ[3]、（ｂ）ミサを司式する時に、完全なルブリカの遂行に*意識的に*注意を払い、（ｃ）ルブリカを知り文字と精神に従って正確にルブリカを遵守し、批評において控えめ過ぎずためらいすぎない同僚の司祭からミサ司式の批評を求め、（ｄ）機会がある時に他の司祭がミサを司式するのを見ることも必要であろう。ミサを本当に上手に行う者（この者をまねるべきである）とミサを下手に行う者に気づくのは困難ではないであろう。極めてしばしば、他人の欠点を見ることにより、我々は自分自身の欠点を自覚するようになる。

ミサの司式のために必要な時間[4]

ミサを行うために充てられるべき時間は、極めて重要な問題である。過度に遅いやり方でミサを司式することは、しばしば怠惰あるいは気取りを示唆し、列席している者をうんざりさせ、忙しい人々が平日のミサに出席することをしばしば妨げ——あるいは主日のミサ全体に出席することさえも——そして、短い間隔のみか、全く間隔なしで多くのミサがある教会では、重大な順序の乱れと他の司祭達への深刻な迷惑を引き起こしかねない。司式されるべきように、加えて妥当な時間内で（司式者がこの最も重大な行為に、自由に不定の時間を充てることができない時）ミサを司式することは、注意深い実践の年月の後でのみ身につけられる技術である。ラテン語を読む際の流暢さ[5]、遅れを生じさせる事を事前にの除去すること[6]、連続した祈祷文や動作の*間の*、あるいは重要でない事のための時間でさえも無駄にしないための注意は[7]、全て、不適切な遅れ

---

[3] 司祭が黙想期間中にルブリカを参照するように、霊的著者は勧め、そして時には教会会議の法令は規定している。

[4] 160 ページ、注 9 を参照。

[5] *Ritus*（R. I, 1）は司祭にあらかじめそれぞれの日のミサの文章を通読するよう指示している。これは、ラテン語を読む際にあまり流暢さと経験がない司祭が不適当な遅れを避けようと望む場合には、非常に重要である。

[6] 例えば、ミサ典書に注意深く印をすること（記念の祈祷文のページでの正確な場所のような小さな点まで心の目で注意して、司式者がこのページをめくった時に*直ちに*始められるようにする）や、あらかじめ各 Memento で祈ることになっている者の名を準備すること（46 ページ参照）によって。

[7] 例えば、奉献でカリスの中に入れられる水の滴数（95 ページ参照）、カリスを拭きあるいは覆うこと。144 ページ以下のコルポラーレあるいは聖器の清めでの不適切な遅れについての注意を参照。

なしでミサを司式することに寄与する因子である。一般に、「秒に気をつければ、自ずと分に気をつけることになる」という古い諺の適応により表現され得る原則に注意が払われる場合、ミサは妥当な時間内で完璧なやり方で司式されることができると言える。

ミサを行う際に不適切にゆっくりであることが欠点である一方で、不適切に急いでミサを司式することは、はるかに重大でよくある誤りである。これは最も非教化的である。これは司祭がどのようにミサを行うか注意していないこと、そして、もし手早く片付けられるのであればどのような仕方であってもミサを通して喜んで急ぐことを示唆している[8]。そのようなミサの行い方は侍者の風紀を乱し、物議を醸し、しばしば会衆を大いに混乱させ、会衆のミサに対する深い敬意を徐々に害し、時には完全に破壊してしまう。

不適切に急いでミサを司式する司祭は、厳粛で、威厳があり、静かで、恭しい動きと身ぶりを行うことはとてもできない。朗唱する言葉はほとんど真の祈りではありえず、これらが向けられている御者にふさわしいものではありえない。この司祭は、侍者が応答し、するべきように儀式を行うことを不可能にし、信徒が、今日多くの者が行おうと努めているように、ミサの祈祷文と動作に参加するか、知的に心から追うことを不可能にする。不適切に急ぐことはまた、ミサの典礼を台無しにもする。連続的に行われるべき動作は、司式者が中央から隅に進む間に、祭壇の中央か隅で唱えられるべき祈祷文を始めるか終える時のように、同時に行われる。片膝をつくのと十字の印は悪く行われる。お辞儀は省略される。身ぶりはぎこちなくなる。

従って、司祭は職務の始めから、長すぎず短すぎない時間を使用しながら――しばしば、状況[9]が何が「長すぎる」か「短すぎる」かを決定する――この事

---

[8] ミサを急いでささげることにより実際に得られる時間は、時計で精密に計測すれば、極めてわずかであることがわかるであろう。

[9] 時間に関して、神学者（ベネディクト14世と聖アルフォンソに従い）は一般的にミサの司式は20分未満であるべきではなく、公的なミサのためには30分を超えるべきではないと教えている。当然、状況がこれにいくらか影響を与える。例えば、司祭が完全に私的なミサをささげ、少しも時間に制限されない場合には、明らかに、公的なミサをささげる場合あるいは別のミサが決められた時間にすぐに続く場合よりも長い時間をかけても良い。

で神、会衆、自分自身に何を負っているかを心に留めながら、ミサを行うためにかかる時間の中庸を見出すように意識的に務めなければならない。

II. 一般的な規則に対する誤り[10]

A　声の誤り[11]

1　音調は状況に応じて変わるであろうが、言葉を大きすぎたり小さすぎたりして発音すること。

2　文章を不明瞭に、台なしにして、言葉を半分飲み込みながら、文の最後で声を落としながら、などで発音すること[12]。

3　言葉を気取った、あるいは不自然な声で発音すること。

4　連続的か波状的（「信心」を爆発させて、声を出して言葉をつぶやきながら）のどちらかで、密やかに唱えられるべきものを声を出して唱えること、あるいはその逆。

5　几帳面に言葉を繰り返すこと。

6　前の祈祷文への応答が適切に終えられる前に祈祷文を始めること（例、*Kyrie eleison* で）。

B　典礼上の身ぶりの誤り

祭壇へのキス[13]

1　あらかじめ祭壇から少し下がらないこと（そのために前方にまっすぐかがむことができない）。

---

[10] 一般的な誤りの一覧を通読することは、ルブリカの詳細を思い出させる有用なものである。

[11] 2ページ参照。

[12] 悪い発音は、理解の不足又は注意と敬意の不足のどちらかの、あるいはその両方の印である。

[13] 11ページ参照。

2　両手を祭壇のテーブルの上に完全に（単に指先だけでなく）そして平らに置かないこと。

3　唇で祭壇に触れないこと。

4　祭壇の一方の側にキスをすること。

5　言葉を発音している間に祭壇にキスをすること（例、*Gloria* あるいはクレドの結語）、あるいは音を立てて祭壇にキスをすること。

両手

1　合わせた両手を[14]

a）右手の親指を左手の親指の上に交差させないこと。

b）両手の最後の3本の指を組み合わせること（互いに合わせて保持する代わりに）。

c）合わせた両手を下方に向けること。

d）胸の高さに保持しないこと。

e）両肘を脇の近くに保たないこと。

f）合わせた両手をコルポラーレの上に置くこと[15]（コルポラーレから離れた、祭壇の端の上の代わりに）。

g）合わせた両手を、小指が祭壇前部の端ではなく祭壇上に置かれるような方法で、祭壇の端に置くこと。

2　広げた両手を[16]

a）離しすぎて保持すること[17]——肩幅を超えて（例、集祷文、*Dominus vobiscum* で）。

---

[14] 14 ページ参照。

[15] 15 ページ参照。

[16] 16 ページ参照。

[17] これは極めて一般的な誤りである。以前の厳格なルブリカ R. V, 1 は新しい *Ritus* では変更されてしまっているが、いまだに、広げた両手を保持する最も良い方法に有用な規準を与えている。

b）高すぎるように保持すること——肩の高さを超えて（例、カノン中）——あるいは "ante pectus" でなく、低すぎるように保持すること（例、*Dominus vobiscum* で）。しかしながら、15 ページを参照のこと。

c）互いに平行に保持しないこと[18]。

d）手が祭壇上か胸の上に置かれる時、指を離して広げること。

3　両手の動き[19]

a）両手を開いて閉じるのを急ぎすぎること（例、*Dominus vobiscum; Orate, fratres* で）。

b）*Gloria in excelsis*、クレド、*Te igitur* 等の始まりでの身ぶりで、両手を広げたり上げたりするのが遠すぎたり早すぎたりすること。

十字の印

1　大きな印[20]

a）額に触れようとしている時に頭をかがめること。

b）手を額へ、そして肩の先へ移動させないこと[21]。

c）体の部分に実際に触れないこと。

d）胸の代わりに腹部に触れること。

2　小さな印[22]

a）親指の側面あるいは後部で行うこと。

b）頭をかがめること。

c）右手の指を握って保つこと。

d）額から胸まで連続した波線を描くこと（3 つの明瞭な十字を描く代わりに）。

e）額、唇、胸に実際に触れないこと。

f）左手を胸の下に置いて（指を一緒につけて伸ばして）保たないこと。

---

[18] 別の極めて一般的な誤り。

[19] 18 ページ参照。

[20] 21 ページ参照。

[21] 21 ページ参照。

[22] 22 ページ参照。

3 人と物に十字の印をする[23]

a）祝福前に両手を合わせないこと（R. VII, 5 が指示するように）。

b）人を祝福している時に、（小指で十字を描きながら）手を上方に向けないこと。

c）人や物の上に小さすぎる、あるいはもっとよくある誤りは、大きすぎる十字の印をすること。

d）乱暴で急な動きで、あるいは前腕全体の動きの代わりに手首からの指の動きで、物の上に十字の印をすること（例、カノン中の *oblata* の上の）。

e）明瞭な直線の代わりに、円形や半円形の動きで物の上に十字の印をすること。

胸を叩く[24]

1 乱暴にあるいは音を立てて胸を叩くこと。

2 握った手で胸を叩くこと。

3 胸を叩く時に肘を突き出すこと。

目[25]

祭壇に向かい、祭壇から戻る間、例えば *Dominus vobiscum* 等で会衆の方に回る時、目を下げて保たないこと。

片膝をつく[26]

1 片膝をつくのが急すぎたり、ゆっくりすぎること。

2 右脚を遠くに伸ばしすぎて片膝をつくこと（右膝は左足の中央と一線になるべきである）。

3 頭と体を完全にまっすぐに保つ代わりに、頭のお辞儀をするか前かがみになること[27]。

---

[23] 23 ページ参照。
[24] 25 ページ参照。
[25] 26 ページ参照。
[26] 27 ページ参照。

4　右膝で床に触れないこと（可能な時に）。

5　片膝をついてからすぐに立ち上がらないこと。

6　礼拝行為が向けられている物にまっすぐに向かって片膝をつかないこと。

7　祭壇で片膝をつく時に、両手を完全にそして平らにしてコルポラーレの外側で、祭壇上に置かないこと（聖変化とすすぎの間を除く）。

8　床で行うべき時に段の上で片膝をつくこと、あるいはその逆[28]。

お辞儀[29]

1　三種類のお辞儀の違いを無視すること。例、*Munda cor meum, Supplices* で深いお辞儀を、*Deus, tu conversus* 等で中位のお辞儀を、聖なる御名、*Gloria Patri* 等で頭のお辞儀を行わないこと。

2　頭のお辞儀を、うなずきのようにわずかにしか行わないこと。

3　既に体でお辞儀をしている時に頭のお辞儀をすること[30]（例、祈祷文 *Suscipe, sancta Trinitas* 中のイエズスやマリアの名で）。

III. 読唱ミサ中のよくある誤り

準備

1　両手の洗浄を省略すること、あるいは着衣した後で両手を洗うこと。

2　聖櫃の鍵を除き、ミサ典書の上に物を置くこと。

3　着衣した後でミサ典書に印をしたり、カリスを準備すること。

4　コルポラーレをブルサ内に入れないこと（しかし、ブルサの下方か上方に）。

5　不必要に会話をすること（特に着衣を始めた後で）。

6　着衣の祈祷文を省くこと、あるいは各祈祷文の終わりに *Amen* を唱えること（最後の祈祷文の終わりの代わりに）。

---

[27] 避けるために特別な用心を必要とする極めて一般的な誤り。

[28] 29 ページ参照。

[29] 32 ページ参照。

[30] 33 ページ参照。

7　アルバやカズラにキスをすること。あるいは肩衣、マニプル、ストラの十字へのキスを怠ること[31]。

8　肩衣をしばらく頭の上に置かないこと[32]。*肩衣*で十字の印をすること。カソックの襟を覆わないこと。

9　腕をアルバの両袖に同時に入れること、あるいは右腕の前に左腕を差し入れること[33]。アルバの裾を床に引きずらせること、あるいはアルバの裾を短すぎるようにしたり[34]、悪く整えること。

10　マニプルを手首に近づけすぎて身につけること[35]。

11　ストラの中央を後方で下げること、あるいは首のあたりに堅く引き上げること（そのため、カズラの上に現れる）[36]、左側を右側の上で交差させること、ストラの一方の端を他方よりも低く垂らすこと。

12　カズラを首からはるかに垂らすこと（カズラはストラを覆うべきである）、あるいは首のはるか上方にすること。

13　着衣した後で会話したり、歩き回ること。

14　ビレッタをかぶっている場合に、香部屋の十字架、あるいは祭壇への途中でありえる事にビレッタを脱いで表敬を行うこと。ただ1つの例外がある。顕示された御聖体に対して、ビレッタを脱いで両膝をつくことになっている。

15　カリスを一方の手でのみ運ぶこと（右手をブルサの上に置かずに）。カリスを高すぎたり低すぎたりして運ぶこと（カリスは *elevatum ante pectus* で運ばれるべきである）[37]、あるいはカリスの上で眼鏡やハンカチ、本を運ぶこと[38]。

16　祭壇へ急ぎすぎて歩くこと、あるいは途中で見回すこと。

---

[31] 50〜53ページ参照。
[32] 50ページ参照。
[33] 51ページ参照。
[34] 51ページ参照。これは極めて一般的な誤りである。
[35] 53ページ参照。
[36] 53ページ参照。
[37] 55ページ参照。
[38] 49ページ参照。

17　祭壇へ後方から近づく時に、書簡側から入ること（福音書側から入ることが可能な時に）[39]。

ミサの始まり[40]

1　祭壇に到着した時、表敬を行う*前*にビレッタを侍者に手渡さないこと（使用されている場合）。（御聖体がない場合）深いお辞儀の代わりに（中位の）お辞儀を行うこと。段で片膝をつくこと（御聖体がある場合、床での代わりに）。

2　祭壇のテーブルに到着してすぐに、あるいはミサ典書を開くために行く前に十字架にお辞儀をすること。

3　コルポラーレを取り出す時にブルサを祭壇上に置かないこと。ブルサを*右手*で脇に置かないこと。コルポラーレを完全に広げないこと。

4　侍者にミサ典書を開いて整えることを許すこと。

5　ミサを始めるために下りる前に、祭壇の中央で祈りで遅れること。その後十字架にお辞儀をしないこと[41]。

6　御聖体がない場合に、ミサを始める前に中位のお辞儀をすること（深いお辞儀の代わりに）。御聖体がある場合、床で片膝をつくこと（最下段の代わりに）。

7　片膝をついた後で立ち上がる間に十字の印をすること。

8　侍者に準備の祈祷文への応答を適切に唱えるための十分な時間を許さないこと。

9　*Confiteor*中の*vobis, fratres*と*vos, fratres*で侍者にお辞儀をすること。

10　*Confiteor*後に侍者が*Misereatur tui*等を唱える間、低くお辞儀をしていることを怠ること。

11　*Deus, tu conversus*から*Oremus*までお辞儀（中位の）をしないこと。

12　祈祷文*Oremus*のためにお辞儀（中位の）をせず、祭壇の端に合わせた両手を置かないこと。

---

[39] 56 ページ参照。
[40] 59 ページ参照。
[41] 64 ページ参照。

入祭文等[42]

1　*Gloria Patri* で本に向かって頭のお辞儀をしないこと、そして *Spiritui Sancto* まで下げたままで保たないこと。

2　祈祷文をまだ朗唱している間にミサ典書のページをめくること（例、結びの言葉の間に）。

3　祭壇の中央へ向かう間に入祭文の最後の言葉を唱えること、あるいは祭壇の中央に到着する前に *Kyrie* を始めること。

4　侍者に *Kyrie, eleison* で適切に答えるための十分な時間を与えないこと[43]。

5　*Gloria in excelsis* の始まりで *Deo* の箇所、あるいは頭のお辞儀をするべき他の言葉の箇所で頭のお辞儀をしないこと。

6　各 *Oremus* で本に向かって頭のお辞儀をしないこと。あるいは *Oremus* をミサ典書に向かう間に唱えること。

7　前の集祷文の結びを唱える間に、次の集祷文を見つけるためにページをめくること[44]（結びは両手を合わせて終えられるべきである）。

8　*Flectamus genua* で跪かないこと。しばらくの祈りの後で、*Levate* を唱えそこなうこと。

書簡、聖福音、クレド

1　書簡を読む間、本に触れないこと（少なくともページの縁に[45]）。

2　*Munda cor meum* を唱えるためにお辞儀をする前に、目を十字架に上げないこと[46]。この祈祷文のために深くお辞儀をしないか、祭壇上に合わせた両手を置くこと。

---

[42] 72 ページ参照。
[43] これは一般的な誤りである。
[44] これを行う誘惑に抵抗することは時に極めて困難である。
[45] 80 ページ参照。
[46] 83 ページ参照。

3　聖福音を朗唱するために祭壇の*隅*に行かないこと、そしてやや会衆の方を向かないこと[47]。文章に十字の印をする間、左手を本の上に置かないこと。

4　聖福音中で出てくるお辞儀のために、*本に向かって*（御聖体が顕示されている時を除く）お辞儀をしないこと[48]。

5　聖福音の終わりに文章の*始まり*にキスをしないこと[49]。そうするためにミサ典書を持ち上げないこと。書見台を持ち上げること。

6　クレド中の、お辞儀が規定されている *Deum* と他の言葉で、頭のお辞儀をしないこと。*Et incarnatus est* 等で片膝をついたまま*とどまること*[50]。あるいはこれらの言葉で頭のお辞儀をすること。クレドが完全に終わる前に祭壇にキスをするためにかがむこと。

奉献

1　奉献の交唱を朗唱している間にカリスからカリスベールをはずすこと（奉献の交唱は両手を合わせて読まれるべきである）。

2　パンとワインを奉献する時にパテナあるいはカリスを高く上げすぎること。そしてそれぞれを*両手*で保持しないこと[51]。

3　祈祷文 *Suscipe, sancte Pater* を始める前に十字架を見上げないこと。あるいはこの祈祷文の朗唱中に見上げ続けること[52]。

4　パンの奉献の祈祷文を終える前にパテナで十字の印をし始めること[53]。

5　ワインを注ぐ間、あるいはワインの瓶を脇に置く前に祈祷文 *Deus, qui humanae* を始めること[54]。死者ミサで水を祝別すること。

6　祈祷文 *Offerimus 全体*の朗唱の間、十字架を見ないこと。この祈祷文を終える前にカリスで十字の印をすること[55]。

---

[47] 84 ページ参照。
[48] 85 ページ参照。
[49] 85 ページ参照。
[50] 87 ページ参照。
[51] 89 ページ以下を参照。
[52] 90 ページ参照。
[53] 91 ページ参照。
[54] 94 ページ参照。

7 *In spiritu humilitatis* 等を唱える間に、お辞儀（中位の）をしないこと、あるいは祭壇の端に合わせた両手を置かないこと[56]。あるいはそうする前に祈祷文を始めること。

8 *Veni, sanctificator* を唱える間に十字架を見上げないこと。*いけにえの*上に小さすぎたり大きすぎる十字の印をすること。そしてその間、コルポラーレの外側で祭壇のテーブルの上に左手を置かないこと[57]。

9 祭壇のテーブルの*上*で手を洗うこと[58]。死者ミサで詩篇の終わりに*Gloria Patri* あるいは *Requiem* を唱えること。

10 祈祷文 *Suscipe, sancta Trinitas* を始める時に目を十字架に上げないこと。祭壇上に合わせた手を置かないこと。そうする前にこの祈祷文を始めること。イエズスとマリアの名で頭のお辞儀をすること[59]（既に体でお辞儀をしている時に）。

11 *Orate, fratres* 等を唱えるために回る時、会衆を見ること。最初の2つの言葉を、そしてこれらのみを声を出して唱えないこと[60]。会衆の方へ回る時に、式文を終えるのに遅れること。円を完成させないこと。侍者が *Suscipiat* の応答を終えた時に[61] ”Amen” を（声を出して）答えないこと[62]。これを終える前に密唱を読み始めること。

序唱[63]

1 最後の密唱の結び、及び *Dominus vobiscum* のために祭壇上に両手を置かないこと。

2 *Gratias* 等で両手を上げること。

---

[55] 97 ページ参照。
[56] 98 ページ参照。
[57] 98 ページ参照。
[58] 98 ページ参照。
[59] 101 ページ参照。
[60] R.M., n. 511 *g.*
[61] 100 ページ参照。
[62] しかしながら、100 ページを参照。
[63] 101 ページ参照。

3　Deo nostro（Gratias agamus の）で目を十字架に上げないこと、頭のお辞儀をしないこと。

4　Sanctus で胸を叩くこと。祈祷文を声を出して唱えないこと[64]。祭壇のテーブルの端に合わせた両手を置くこと。

カノン

1　十字架を見て、低くお辞儀をする（祭壇上に両手を置いて）前に Te igitur を始めること[65]。カノン全体を通して、手がふさがっていない時に、両手を互いに平行に保たないこと。

2　いけにえの上に十字の印をする（R, VII, 5 が規定するように）前のそれぞれの場面で両手を合わせないこと[66]。これらの十字の印を手の乱暴な動きで行うこと。十字の印をする間、左手を祭壇上（コルポラーレの外側で）に置かないこと。

3　教皇の名で頭のお辞儀をしないこと。

4　生者の記念 Memento で両手を顔の前、少なくとも胸の高さに上げないこと[67]、そしてやや頭のお辞儀をしないこと。

5　祈祷文 Communicantes 中で、常に聖母マリアの名で、そして聖人の祝日が祝われている（あるいは記念されている[68]）時にこの聖人の名で頭のお辞儀を省略すること。

6　祈祷文 Quam oblationem の fiat dilectissimi 等の言葉で両手を上げて胸の前で合わせないこと。

7　Qui pridie の et elavatis oculis の言葉で目を十字架に上げないこと。tibi gratias agens で頭のお辞儀をしないこと。この祈祷文（ex hoc omnes）を終える前に聖変化のためにかがみこむこと。

---

[64] R.M., n. 511 h.
[65] 103 ページ参照。
[66] 104 ページ参照。
[67] 106 ページ参照。
[68] 108 ページ参照。

8　聖変化されることになっているチボリウム（あるいは聖体降福式のホスチア）がある場合、かがみこむ前にチボリウムの蓋を開けないこと。

9　聖変化の言葉を声を出して、あるいは、不適切な発音で、あるいは、繰り返して、あるいは、口や体のねじれとともに、発音すること[69]。

10 ホスチアの聖変化の後、すすぎまで、両手の人差し指と親指を合わせて保たないこと。片膝をつく時に、両手をコルポラーレ内で祭壇上に置かないこと[70]。右手を使用する時（例、御聖体に十字の印をするために）、左手をコルポラーレ内で祭壇上に置かないこと。

11　奉挙の際に、御聖体とカリスを列席する全ての者から見えるように十分高く持ち上げないこと。奉挙することと下げることが速すぎるかゆっくりすぎること。奉挙の間、目をこれらに固定させて保たないこと[71]（R. VIII, 5 が規定するように）。

12　ホスチアの奉挙の後、片膝をつく前にカリスからパラをはずすこと。*accipiens et hunc praeclarum Calicem* でカリスを持ち上げないこと（*両手*で）。*item tibi gratias agens* で頭のお辞儀をしないこと[72]。

13　*haec quotiescumque* 等を、カリスの奉挙の間に唱えること（聖変化の言葉のあとすぐに始め、そして片膝をつく間に唱える代わりに）[73]。

聖変化後

1　*Supplices* で低くお辞儀をしないこと。この祈祷文をお辞儀をする前に始めること。*omni benedictione* 等で十字の印をする間、左手を胸の下に置かないこと[74]。

---

[69] 115 ページ参照。
[70] しかし、*合わせた両手は*、テーブルの端に置かれる時には、聖変化後であっても*コルポラーレの外側*でとどまらなければならない（15 ページ）。
[71] 116 ページ参照。
[72] 118 ページ参照。
[73] 119 ページ参照。
[74] 121 ページ参照。

2 *Memento* で合わせた両手を顔の前に上げないこと、そしてこれを行う間に御聖体を見ないこと。*in somno pacis* の後の代わりに、*N. et N.*の箇所で死者の名をあげること。結びで頭のお辞儀をしないこと[75]。

3 *Nobis quoque peccatoribus* を明瞭な声で唱えないこと[76]、そして右手の最後の 3 本の指で胸を叩かないこと[77]。聖人の祝日に、祈祷文中であげられたその聖人の名で頭のお辞儀をしないこと[78]。

4 御聖体とカリスの上で十字の印をする前に両手を合わせないこと。手と前腕全体で（御聖体で）十字の印をしないこと[79]。*omnis honor et gloria* でカリスを少し持ち上げないこと。

Pater Noster 等

1 カノンの結び（*omnis honor et gloria* に続く *Per omnia* 等の箇所）のために両手を祭壇上（コルポラーレ内で）に置かないこと。そして *Pater Noster* の始まりまで両手を合わせて保たないこと[80]。この祈祷文中に御聖体を見ないこと。侍者が *Sed libera nos a malo* を唱えた時に *Amen* を（明瞭な声で）答えないこと[81]。

2 *Amen* を答える前にパテナを手に取ること。パテナで十字の印をする間、左手を胸の下に置かないこと。

3 *Pax Domini* で指のみの動きで御聖体の断片をカリスの上方で動かすこと[82]、そしてその後でカリス上で指を清めることを省略すること。

Agnus Dei 等

---

[75] 121 ページ参照。
[76] R.M., n. 511 *i.*
[77] 124 ページ参照。
[78] 124 ページ参照。
[79] 124 ページ参照。
[80] 126 ページ参照。
[81] 126 ページ参照。
[82] 128 ページ参照。

1 *Agnus Dei* を明瞭な声で唱えないこと。これを始める時に合わせた両手を祭壇の端に置くこと。*Agnus Dei* で胸を叩くこと（*Miserere nobis* での代わりに）、あるいは死者ミサで胸を叩くこと[83]。

2 お辞儀をして祭壇の端に合わせた両手を置く前に、*Agnus Dei* に続く3つの祈祷文を始めること。これらの祈祷文を朗唱する間、御聖体を見ないこと。

3 *Domine, non sum dignus* でお辞儀をしないこと。これらの4つの言葉を明瞭な声で残りを静かに唱えないこと[84]。左手を祭壇上に置くこと。

司式者の聖体拝領

1 御聖体でパテナの範囲を超える十字の印をすること[85]（R. X, 4 に反して）。聖体拝領の式文中の聖なる御名で頭のお辞儀をしないこと。

2 御聖体を拝領した後でお辞儀をすること。黙想の時間中に、合わせた両手を「顔の前」に上げないこと[86]。

3 コルポラーレの清めに過度に遅れるか、あるいはこれを怠ること[87]。

4 カリスで大きすぎる十字の印をすること。聖なる御名で頭のお辞儀をしないこと。御血を飲む間、頭をのけぞらせるか、音を立てること。御血の拝領後にカリスの口をなめること[88]。

5 御血の拝領後に黙想で遅れること。*Quod ore* を始めるのが早すぎる（御聖体のかけらを集めている間）か、遅すぎる[89]（最初のすすぎを飲む間）こと。

6 最初のすすぎを受けるためにカリスを祭壇の*上方*で保たないこと、そして2回目のすすぎを受けるためにカリスを祭壇*上*で保たないこと[90]（侍者が十分に背丈がある時）。

---

[83] 131 ページ参照。
[84] R.M., n. 511 *i.*
[85] 133 ページ参照。
[86] 134 ページ参照。
[87] 135 ページ参照。
[88] 138 ページ参照。
[89] 141 ページ参照。
[90] 140 ページ参照。

7 カリスを拭くのに過度に長い時間を費やすこと。カリスを完全にカリスベールで覆わないこと（前面を）。

会衆の聖体拝領[91]

1 チボリウムが聖櫃から取り出される場合、扉を閉める前に片膝をつくこと（2回目）。

2 チボリウムのベールをコルポラーレ内に置くこと。

3 *Ecce Agnus Dei* 等を唱える時、あるいはチボリウムを運ぶ時に、チボリウムを保持するのが低すぎること。

4 最後の *Domine, non sum dignus* を完全に終える前に聖体拝領台に下りること。

5 各人に聖体拝領の完全な式文を唱えないこと。*Iesu Christi* で頭のお辞儀をしないこと。最後に *Amen* を唱えないこと。

6 御聖体で大きすぎる十字、すなわちチボリウムの上部よりも大きな十字の印をすること。

7 右側から左側に聖体拝領を与えること。書簡側で始めないこと。

8 聖体拝領の分配の時に不必要に見回すこと。

9 御聖体で聖体拝領者の顔に触れること。御聖体を聖体拝領を受ける者の舌に押しつけないこと。聖体拝領を与える時に唾液で指を濡らすこと。チボリウムを聖体拝領者に近すぎて保持すること。

10 チボリウムを戻して置くために聖櫃の扉を開けるとすぐに片膝をつくこと。片膝をつくのは、チボリウムを聖櫃に戻して置いた後の1回のみである。

ミサの終わり

1 聖体拝領の交唱を両手を書見台の上に置いて読むこと[92]。

---

91 177 ページ参照。
92 149 ページ参照。

 2 聖体拝領後の祈祷文の終わりにミサ典書を閉じないこと（固有の最後の聖福音があるのでなければ）。最後の聖体拝領後の祈祷文の結びが完全に唱えられる前にミサ典書を閉じる、あるいは祭壇の中央に移動し始めること[93]。

 3 *Ite, missa est* を唱える時にお辞儀をすること。*Ite* の後でわずかな休止なしでこれらの言葉を唱えること[94]。これらを唱える間、両手を胸の前で合わせて保持しないこと。

 4 *Placeat* のために、合わせた両手を祭壇の端に置かないこと、そしてお辞儀をしないこと[95]。そうする前に祈祷文を始めること。

 5 *Benedicat vos* 等で十字架を見上げないこと、そして *omnipotens Deus* で頭のお辞儀をしないこと[96]。

 6 正しい範囲外で十字の印をすること、そして会衆の上に小指を先導として十字を描かないこと[97]。

 7 死者ミサ、あるいは祝福が省かれる他の時に、祭壇にキスをすることを怠ること。

 8 *Et Verbum caro* 等で祭壇の中央に向かって片膝をつくこと[98]。片膝をついた後すぐに福音書側の隅を離れること（隅で聖福音を終える代わりに）。

 9 カリスを持ちながら、ミサ後のレオ 13 世の祈祷文あるいは他の祈祷文を唱えること[99]。

 10 ビレッタを手にして片膝をつくか、お辞儀をすること[100]。

 11 カリスを片手で運ぶこと[101]。

 12 ビレッタをかぶっている（そしてカリスを運んでいる）場合、まだビレッタをかぶったままで香部屋の十字架に表敬を行わないこと[102]。

---

[93] 150 ページ参照。
[94] 151 ページ参照。
[95] 151 ページ参照。
[96] 152 ページ参照。
[97] 153 ページ参照。
[98] 154 ページ参照。
[99] 155 ページ参照。
[100] 156 ページ参照。
[101] 156 ページ参照。
[102] 156 ページ参照。

13　脱衣の時に、ストラ及びマニプル、肩衣の十字へのキスを省略すること。マニプルをストラより先にはずすこと[1]。

付録B

聖体拝領の執行の順序

I.　ミサ中の聖体拝領

Si qui sunt communicandi in Missa, paulo antea ministrans campanulae signo eos moneat. Sacerdos autem, post sumptionem Sanguinis, calicem parum ad latus Evangelii collocat, intra tamen corporale, et palla tegit. Deinde: si particulae super corporale consecratae sint, facta genuflexione, eas super patenam ponit; si particulae in eadem Missa intra pyxidem consecratae sunt, pyxidem collocat in medio corporali, earn discooperit et genuflectit; si vero administrandae sunt particulae iam antea consecratae, aperto tabernaculo, genuflectit, pyxidem extrahit et discooperit.[2]

1　聖なる典礼はできる限り、聖体拝領がミサ中に行われるべきであると想定している。そうして御聖体を拝領することにより、ミサに列席している者はより完全に犠牲の行いに参加し、その効果をより十分に共有し、そして（ローマ儀式書[3]に書かれているように）聖体拝領後のミサの祈祷文が司式司祭ばかりでなく聖体拝領を行った他の全ての者にも関係することになる。

司祭がミサを行うときにはいつでも（私的な礼拝堂であっても）、裁治権者が特別な場合に禁じたのでなければ、司祭にはミサ中に聖体拝領を与える権利がある。読唱ミサの場合には、司祭はミサの直前あるいは直後にも聖体拝領を与えることができる[4]。

---

[1]　157 ページ参照。
[2]　R. X, 6.　ルブリカは聖変化されたばかりのホスチアが標準的に用いられることを想定している（*Mediator Dei*,　§118（126）参照）。
[3]　V, ii, 11; R.M., n. 502.
[4]　C.J.C. 846, 869.

2　聖体拝領を受ける者がいる場合、侍者は聖体拝領の時間の前、例えば *Agnus Dei* に続く祈祷文の間に、鈴を（1回）短く鳴らす。*Confiteor*——司式者に聖体拝領者がいる合図として使用された——はもはや唱えられず、新しいルブリカ R. X, 6 が侍者に聖体拝領の「少し前に」鈴を鳴らすことにより聖体拝領者に「注意を与える」よう指示しているために、（a）司式者の *Domine, non sum dignus* で、もはや鈴は鳴らされるべきではない（これはルブリカにより全く指示されておらず、単なる慣習であった）。（b）聖体拝領者がいる場合、彼らが祭壇に近づくための注意として鈴が鳴らされるべきである。会衆は可能であれば司式者の聖体拝領の間に動き回るべきではないため、鈴は *Agnus Dei* の後すぐに鳴らされるべきであると思われる。会衆は現在では、いつも行っているよりも早く聖体拝領のために近づくように訓練されなければならない。（c）会衆のために注意の鈴が鳴らされた後すぐに、聖体拝領者がいる場合には、侍者は祭壇の書簡側の隅に向かい、最下段で跪くべきである。聖体拝領者がいない場合、侍者は司式者の聖体拝領の後まで、瓶を持って祭壇の下で待つ。これは聖体拝領者がいないことの司式者への印である。

3　御血を拝領した後で、司式者はパラでカリスを覆い、カリスをコルポラーレの後方、福音書側に置く。その後3つの可能性が起きる。（a）ミサで聖変化されたホスチアの数が少ない場合、これらはコルポラーレの上にあるであろう。そして司式者は片膝をついた後で、パテナをホスチアの下に滑らせ（必要である場合、ホスチアをパテナの上にするのを助けるために左手の人差し指を使用して）、追加で片膝をつかずに、回り *Ecce Agnus Dei* を唱える。あるいは（b）ホスチアがチボリウムの中にある場合、司式者はチボリウムをコルポラーレの中央に引き寄せ、蓋をはずし、片膝をつき、*Ecce* 等を唱えるために回る。あるいは（c）ホスチアが以前のミサで聖変化されていた場合、司式者はチボリウムを聖櫃から取り出さなければならない。司式者は聖櫃を開き、片膝をつ

き、チボリウムを取り出し[5]、聖櫃を閉じ、チボリウムのベールをはずし蓋をはずし、追加で片膝をつかずに、チボリウムを持って回り、*Ecce* 等を唱える[6]。

Ecce Agnus Dei

Postea accipit manu sinistra pyxidem seu patenam cum Sacramento, dextera vero sumit unam particulam, quam inter pollicem et indicem tenet aliquantulum elevatam super pyxidem seu patenam, et conversus ad communicandos in medio altaris, dicit: *Ecce Agnus Dei, ecce qui tollit peccata mundi.* Deinde dicit: *Domine, non sum dignus, ut intres sub tectum meum, sed tantum dic verbo, et sanabitur anima mea.* Quibus verbis tertio repetitis, accedit ad eorum dexteram, hoc est, ad latus Epistolae, et unicuique porrigit Sacramentum faciens cum eo signum crucis super pyxidem vel patenam, et simul dicens: *Corpus Domini nostri Iesu Christi custodiat animam tuam in vitam aeternam. Amen.*[7]

4　司式者は左手に、合わせた親指・人差し指と他の指の間で、節でか節の下でチボリウムを持つ[8]（あるいは合わせた親指と人差し指の下で、他の指で支えながら保持されたパテナを）。右手に――親指と人差し指の間で――御聖体の1つを端で保持しながら、持つ。他の指は掌の上で握って保持するか、伸ばして一緒につける。

5　右側から完全に会衆の方を向いて（祭壇上に別のチボリウムがある場合であっても、あるいは聖体拝領者が司式者の前ではなく教会の側方にいる場合であっても）、司式者は胸の高さで保持されたチボリウム（パテナ）の上方ではっきりと見えるように御聖体を保持する[9]。目を御聖体に固定させて、御聖体を

---

[5] 聖体降福式のホスチアがミサで聖変化され、あるいはチボリウム内のホスチアがこの時に用いられないことになっている場合、これがホスチアあるいはチボリウムを聖櫃内に置くための時間である（139ページ参照）。

[6] 新しいルブリカ R. X, 6 によれば、聖体拝領を与えるために回る前に、3つの場合全ての内でただ1つの片膝をつく動作がある。

[7] R. X, 6.

[8] 司祭が聖体拝領を多数に与えなければならず、チボリウムを長時間そのように保持することが困難であるとわかった場合には、清めのボール内で人差し指と親指を清め、次いで通常の方法でチボリウムを保持しても良い。

[9] 手を安定させるために、中指、薬指、小指をチボリウム（パテナ）の縁に置いても良い。

それ以上は上げずに、司式者は声を出して[10]*Ecce Agnus Dei* と3回 *Domine, non sum dignus* 等を唱えるが、この祈祷文は聖体拝領者全てが女性であったとしても語形は変えないことになっている[11]。冒頭の言葉だけでなく、祈祷文全部が声を出して唱えられ、聖体拝領者はこれを司祭とともに声を出して唱える。これらの祈祷文を完全に終えた時にのみ、司式者は聖体拝領を与えるために footpace を離れる[12]。

聖職者と侍者の聖体拝領

6　聖体拝領を受けることになっている聖職者がいる場合、footpace 上で跪きながら（あるいは至聖所内で、特別に用意されたどこかの場所で）、最も高位の位階の者から始めて位階の順に聖体拝領を行うであろう。司祭と助祭はスルプリとミサの色か白のストラを身につける[13]。

7　侍者もまた、平信徒でありカソックとスルプリを着ていないとしても[14]、その奉仕のために、祭壇でそして他の全ての者の前に[15]聖体拝領を受けるであろうが、恒久的（すなわち、侍者が平信徒の場合には全ての聖職者、侍者が聖職者である場合にはより高い位階の聖職者、国家元首）かその折り[16]（例、婚姻のミサでの新郎と新婦、誓願の折りの修道女）のどちらかでより高い典礼上の位階を持つ者を除く。

---

[10] R.M., n. 511 *i*.
[11] R.R. V, ii, 3.
[12] *修道の誓約あるいは誓願の更新*：ミサ内で誓願を行なうか更新する修道者（どちらの性別でも）のためには、以下の典礼が義務である（S.R.C., 3912）。「誓願を受けることになっている司式者は、御聖体を拝領した後で、両手に御聖体を保持しながら、回り、声を出して *Ecce Agnus Dei* 等と *Domine, non sum dignus* 等（3回）を唱える。その後、誓願を行うことになっている各人は、声を出して誓約を読み、その後すぐに聖体拝領を受ける。誓願の*更新*の際には、司式者は祭壇に回り、誓願を更新する者が更新の式文を読み終わる（人数が少ないのでなければ、全員一緒にこれを行う）まで待ち、次いで彼らは順に聖体拝領を受ける。」すなわち、誓約の日付による優先順で（S.R.C., 3836）。
[13] R.R. V, ii, 4; S.R.C. 3499.
[14] S.R.C. 4271¹.
[15] S.R.C. 1074, 4328.
[16] S.R.C. 3836, 4328.

会衆の聖体拝領

8　祭壇で受ける者の聖体拝領の後で、司式者は――チボリウムの上方に御聖体を保持し[17]、チボリウムを胸の高さで堅く握りながら――聖体拝領台に下り[18]、書簡側の最初の者から分配を始める。許可により、各聖体拝領者の顎の下で侍者に皿を保持させるための許可を受けているのでなければ、侍者は前もってこの最初の聖体拝領者に聖体拝領の皿を手渡す[19]。

9　司式者は声を出して *Corpus Domini nostri Iesu Christi* の言葉を唱える間に、チボリウム（パテナ）の上方でかつその範囲内で、それぞれの御聖体で十字の印をして、次いで、御聖体を聖体拝領者の舌の上に置く間に *Amen* を含めて式文を終える。

10　チボリウムが満たされている場合、司祭は最大限の注意を払って最初のホスチアを取らなければならない。特に、御聖体がチボリウムに沿って正円に並べられている場合（これは望ましい慣習ではない）、しばしば多くの御聖体が突然チボリウムの逆側に飛び出すことを引き起こすため、一方の側を押さないように注意しなければならない。

11　聖体拝領を与える時、（a）司式者は御聖体で聖体拝領者の服あるいは顔のどの部分にも触れないように注意しなければならない。（b）御聖体を聖体

---

[17] 暖かい気候では、手がべとついている場合、祭壇を離れる前にこのホスチアを交換して、最初の聖体拝領者には別のもの（これの方が、指につきそうにないであろう）を与えることは良いことである。

[18] ミサ中に、祭壇を見失うほど祭壇から離れている者に聖体拝領を与えることは合法ではない（C.J.C. 868; この法規は一見、S.R.C. 3322² が以前に許可している、祭壇は見ることはできないが司式司祭の声は聞くことができる教会近くの部屋で病人に聖体拝領を与える習慣を非合法にしている。; 以下の 187 ページを参照）。しかしながら、著者達はこの法規をミサがささげられている教会か礼拝堂の*外*の場所に適用されると解釈しており（例、隣接する病院の病棟）、そのため、司式者が向かう際に祭壇を見失う程の場所にいたとしても、聖体拝領は教会*内*にいる者に与えられても良い。

[19] 聖体拝領の皿の使用を命じた 1929 年 3 月 26 日の秘跡聖省の訓令は、皿が各聖体拝領者により保持されるよう指示しているが、聖座は皿の使用をより容易にするために多くの司教に、侍者が皿を保持することを許す権能を与えている。実際、聖省によりイングランドの司教達に与えられた回答（1931 年 8 月 31 日付けのリバプール大司教に宛てた書状で）は、この方法が聖省の望みに一致していると述べている。そして、この習慣を採用するために、もはや特別な許可は必要とされないように思われる。一般的な聖体拝領のために、2 人目の司祭（スルプリを着た）が聖体拝領者の顎の下でパテナを保持しても良い（S.R.C. 1210 及び *Decretum in Lucionem*, 1854, § 20 参照）。

拝領者の舌の上に置く時に指を濡らしてはならない[20]。従って、司式者は親指と人差し指の間で（他の指は掌の上に折り畳んで）御聖体を縁で保持し、御聖体を聖体拝領者の舌の上に置くための正しい位置にするために手をやや右側にひねり（親指が御聖体の上に、人差し指が御聖体の下になるように）、御聖体を舌の上に置き――御聖体が舌に触れようとしているちょうどその時に人差し指を引いて――次いで、親指で御聖体を軽く舌に押し付け、御聖体を付着させて手を引いた時に御聖体が離れるのを防ぐようにする。（ｃ）司祭はチボリウムを聖体拝領者から離れすぎて保持するべきではなく、聖体拝領者が御聖体をよごしたり御聖体を吹き飛ばしたりしないように、近すぎて保持するべきでもない（ましてパテナはそうである）。（ｄ）司式者はあたりを見回してはならず、できる限り、目を恭しく御聖体の上に固定させておくべきである。

多数の者の聖体拝領[21]

12　聖体拝領者の列の最後に来た時、チボリウムを左手に持ちながら、司式者は最後の者から右手で聖体拝領の皿を受け取り、注意深く水平の位置に保持しながら（聖体拝領の皿の上に御聖体のどのような小さなかけらもあるといけないので）、次の列の最初の聖体拝領者まで運ぶ。侍者が皿を運ぶ場合、司祭は列から列に移動する際に合わせた右手の親指と人差し指をチボリウムの上方に――望む場合には、右手を縁に置きながら――保持するであろう。数列の聖体拝領者がいる時、司式者は常に左手側から始め右側に移動し（逆の方向に移動しながら聖体拝領の分配を行うことは誤りである）、人数が極めて多い時であっても、それぞれの者の聖体拝領を行う際に十字の印をして式文全体を唱えなけ

---

[20] 偶然に指がどのような程度でも湿った場合には、祭壇に戻り清めのボール内で親指と人差し指を洗っても良い。聖体拝領を与える時に、指を拭くために左手にプリフィカトリウムを持って行ってはならない（時に行われるように）。ルブリカはこれを命じておらず、現代のルブリカの専門家は、これが御聖体の小さなかけらがプリフィカトリウムに移されてやがてプリフィカトリウムから床の上に落とされることを意味しているため、ほとんど全員一致してこれに反対している。

[21] 極めて多数の聖体拝領者がいる特別な機会には、聖体拝領布が備え付けられた跪き台が聖体拝領の分配のために教会の都合の良い部分に置かれても良い。そのような場合には、少なくとも２本のろうそくが、各台の両端に置かれ、聖体拝領の間に点火されるべきである（S.R.C. 3086[2]）。

ればならない。たとえ聖体拝領を急いで与えることを余儀なくされる場合であっても、御聖体が偶然落下することから守り[22]、不敬で時に大きな物議を醸す慌ただしいだらしのない動きを避けるために、御聖体への当然の大きな敬意を遵守するように注意しなければならない。最小の遅れで、さらに当然の重大さと敬意をもって聖体拝領を与えることは、注意深い習慣の問題である。聖体拝領者が聖体拝領の受け方（すなわち、頭をまっすぐに保ち、お辞儀もせず後ろにも反らせず、口を十分に開け、舌をわずかに出して下の歯の上に置き、目を下げるか閉じること）と聖体拝領の皿の使用について（皿を顎の下で水平に保持し、聖体拝領を受けた後すぐに傾けずに急いで渡すこと[23]等）前もって良く教えられている場合、これは大いに司祭の助けになるであろう。

13　司祭が聖体拝領台に近づく人を待つことを余儀なくされる場合、司祭はほんのしばらく、自分がミサを行っている祭壇の方を向くべきである。聖体拝領の分配の間に、極めて近くで行われているミサの奉挙が起き、鈴が鳴らされる場合、司祭は休止して自分がミサを行っている祭壇の方を向いても良いが、同時に、奉挙が行われている祭壇に完全に背を向けることは避ける。

御聖体の不足

14　正当な理由（例、必要である時に、チボリウムを空にするのを手伝うため）なしで、司式者は各聖体拝領者に1つを超える御聖体を与えるべきではない[24]。十分な理由なしで、大きいホスチアの裂いた部分を用いるべきでもない。必要な場合には（例、さもなければ誰かが聖体拝領なしで残されてしまう場合）、司式者は聖体拝領を与えるために自身の大きなホスチアから一部を裂いても良い。必要な場合にはまた、御聖体を裂いて各聖体拝領者に部分のみを与えることも許されている[25]。この場合、（a）司祭は御聖体を裂くために祭壇に戻る。

---

[22] ホスチアが落下した場合については、*De Defectibus*, X, 5 を参照。

[23] 1929年3月26日の秘跡聖省の訓令を参照（A.A.S., pp. 631-642）。

[24] インノチェント11世は1679年にこの慣習を禁止したが、その時の禁止の理由は、ある者が2枚以上のホスチアを拝領することにより、より完全に秘跡を受けると考えていたためであった。

[25] S.R.C. 2704[1].

（ｂ）聖体拝領で与えられる裂かれた部分は、飲み込むのに十分なほど大きくなければならず、飲み込む前に聖体拝領者の口の中で溶けるほど小さくてはならない（秘跡を受けるために、キリストの体は*食されなければならない*）。従って、通常、各ホスチアは２つを越える部分に割かれるべきではない。（ｃ）不十分に教育された者は時々、裂かれたホスチアを与えられた時に秘跡を受けないか、あるいは秘跡を完全には受けないと思うために、可能な時には、裂かれたホスチアはより良く教育された者に与えることが適当である。

司祭の祭壇への帰還

Fidelibus communicatis, celebrans ad altare revertitur. Deinde: si particulae super corporate positae erant, extergit illud cum patena, et si qua in eo fuerint fragmenta, in calicem immittit; si particulae in pyxide inveniuntur, eam super corporale deponit, cooperit, in tabernaculo reponit, genuflectit et ostiolum claudit. Postea in calicem immittit fragmenta quae forte inveniuntur in patina sub mento communicantium apposita. Deinde dicit secreto: *Quod ore sumpsimus, Domine, etc.*, et se purificat dicens *Corpus tuum, Domine, quod sumpsi, etc.*, et alia facit ut supra. Si in altari desit tabernaculum, et pyxis cum particulis consecratis super altare maneat usque ad finem Missae, ea serventur quae feria V in Cena Domini praescribuntur versus finem Missae.[26]

15　聖体拝領の分配を終えた後で、司式者は聖体拝領の皿を人差し指（親指と合わせている）と中指の間で右手に水平に保持して運びながら、無言で祭壇に戻る。しかしながら、侍者が聖体拝領者のために聖体拝領の皿を保持していた場合には、侍者はこれを祭壇まで運び、そこで司祭に手渡しても良い。司祭はチボリウムと皿をコルポラーレの上に置く[27]。次いで、司祭はチボリウムの上方で人差し指と親指をこすりあわせることにより清めても良い（ルブリカにはこれについて何も書かれていない）。司祭はチボリウムに蓋をして、ベールで

---

[26] R. X, 7.
[27] この時、聖櫃を閉じようとするまで片膝をつかない。

覆い、聖櫃を開き、チボリウムをその中に戻して置き、片膝をついて[28]、聖櫃を閉じて鍵をかけ、祭壇カードを戻して置く。

御聖体の保存

16　チボリウムの中に御聖体が残っていない場合、司式者はすぐにチボリウム[29]と聖体拝領の皿を清める。聖体拝領がコルポラーレ上で聖変化された御聖体で与えられた場合には、司式者はコルポラーレの御聖体が置かれていた部分をパテナで清め、次いで、パテナをカリスの中に清めなければならない。

17　聖体拝領後にチボリウムの中に残っている御聖体が納められないことになっている場合、司祭は祭壇に着いたらすぐに聖体拝領の皿を脇に置き、片膝をついて、お辞儀をしチボリウム（パテナ）の上方で御聖体を保持しながらすぐに御聖体を拝領するが、御聖体で十字の印をせず、何も唱えない。御聖体を拝領した後で、顔の前で両手を合わせ、チボリウムの清めへと進む[30]。

18　聖体拝領後に御聖体が残り、聖櫃がないためにミサ後にチボリウムを別の祭壇へ移動させなければならない場合、司式者はチボリウムに蓋をしてベールで覆い、コルポラーレの中央で後方に置く。この時点から司式者は顕示された御聖体の前でのミサの司式のための規則を遵守しなければならない[31]。すすぎの後でカリスをカリスベールで覆った時、司式者はコルポラーレを折り畳まず（チボリウムをコルポラーレの上に残さなければならないため）、覆われたカリスをコルポラーレの外側で福音書側に置く。御聖体が祭壇のテーブル上にあるため、最後の聖福音の始まりの前にテーブルに十字の印をしない[32]。レオ13世の祈祷文の後、司式者は白のフメラーレを身につけ、ろうそくを持つ侍者の先導で、チボリウムを御聖体が納められることになっている場所へ運ぶ。そこで祭壇は2本の点火したろうそく、聖櫃の鍵、テーブル上に広げられたコルポラーレで準備されるべきである。チボリウムを聖櫃の中に置いた後で、聖櫃を

---

[28] R. X, 7.
[29] 144 ページ参照。
[30] 144 ページ参照。
[31] 聖木曜日のミサの時のように（R. X, 7 参照）。211 ページ参照。
[32] 聖木曜日の古い典礼のルブリカ。

閉じる前に片膝をつき、フメラーレを脱いで、２つめのコルポラーレを折り畳んでブルサの中に片付け、両手を合わせ侍者（ろうそくはなしで）を同伴してミサを行っていた祭壇に戻る。そこでミサのコルポラーレを折り畳んでブルサにいれ、ブルサを覆われたカリスの上に置き、いつものように香部屋に戻る。

聖体拝領での補佐司祭

19 司式者は自身で聖体拝領を与えるべきであるが、聖体拝領を受ける者の数が多い場合、司式者は別の司祭に補佐されても良い[33]。この司祭は、司式者が始めるまで、聖体拝領を与え始めないことになっている。チボリウムの蓋をはずした後で片膝をつき（両手はコルポラーレの外側で祭壇上に置く）、*Ecce Agnus Dei* 等の祈祷文なしで分配を始める[34]。

通常、補佐した司祭は司式者より先に分配を終えるべきであり[35]、祭壇に戻った時、チボリウムに蓋をしてベールで覆った後で、チボリウムを聖櫃の中に戻し次いで片膝をついても良いし、あるいは祭壇に戻ってすぐ片膝をつき、チボリウムに蓋をして、司式者により戻されるようにチボリウムを残しておいても良い。

この司祭は聖体拝領の皿をチボリウムの上方で清めても良いし（ミサ外で聖体拝領を与える時のように）、あるいは司式者によりカリスの中に清められるように聖体拝領の皿をコルポラーレの上で祭壇上に残しても良い。

チボリウムに蓋をしてベールで覆った後で、補佐の司祭は右手の親指と人差し指を聖櫃の近くに置かれた清めのボールの中で清める。ミサ外での聖体拝領の執行の際には与えるであろう祝福は、与えない。

---

[33] R.M., n. 502. 司式者はそのような場合には、補佐する司祭の準備のために、聖櫃から第二のチボリウムを取り出して祭壇のテーブルの上に残すべきである。

[34] 極めて重大な理由のためにのみ（例、旅路の糧 Viaticum を与えるため）、別の司祭がこのミサで聖変化されたホスチアで、ミサでの聖体拝領の時間の前に、聖体拝領を与えて良い（S.R.C. 3448[7]）。これらは、犠牲との関係のため、司式者の聖体拝領の後まで祭壇上になければならない。

[35] 司式者が補佐の司祭より前に終える場合、ミサを続けずに（しかしながら、祭器が清められることになっている場合には、これらを清めても良い）補佐の司祭の祭壇への帰りを待つべきである。既に祭壇上にチボリウムがある場合には、補佐の司祭が帰ったすぐに、司式者は補佐の司祭とともに片膝をつかない。

聖体拝領の皿の清め

20 チボリウムが聖櫃の中に戻された時、司式者はカリスが福音書側にあった場合には中央に戻して置いた後にカリスからパラをはずし、聖体拝領の分配中に底に集まった御血のしずくを飲み（顎の下にパテナを保持しながら）、必要であれば先に説明されているようにコルポラーレを清め、次いで聖体拝領の皿をカリスの中に清める[36]。皿の上に明らかに御聖体のものではないかけらがある場合、司式者は右手の中指で注意深く取り除き、コルポラーレの外側に片付けるであろう。司式者がかけらの性質に関して迷い、カリス（後ですすぎとともに拝領することになっている）に移すことを望まない場合には、皿をカリスではなく清めのボールの中へ清めても良い[37]。しかしながら、通常、司式者は皿を右手の親指と人差し指でカリスの中に清め（ちょうど以前にパテナを清めたように[38]）、次いで、皿をコルポラーレの外側に置くであろう。

21 例えば時間が差し迫っているような、何かの特別な理由でチボリウムの清めが延期される必要がある場合には、チボリウムはベールで覆われずに聖櫃の中に置かれなければならない[39]。

ミサ中の病者の聖体拝領

22 司式者が病者の部屋の近く（例、病院で）でミサを行う場合、そうする際に祭壇が見えなくなる場合を除き[40]、ミサ中にその者に聖体拝領を与えても

---

[36] あるいは、最初に皿を清めて脇に置く。直後に行われるミサのためにカリスを使用する（そのためカリスを清めない）予定の場合には、皿はチボリウムの中に清めなければならない。

[37] *Ephemerides Lituegicae* (1930, p. 73) 及び *Periodica* (1930) でのVermeerschは衛生的な理由のため、*明らかに神聖なかけらのみ*がカリスの中に清められる必要があると述べている。他の全ては、後でサクラリウムの中に投じられるように、清めのボールの中に清められても良い。伝染病が流行している病院の患者の聖体拝領の後では、神聖なかけらでさえも伝染病を防ぐために、清めのボールの中に（あるいは特別なボールの中に）清められても良い。

[38] 135 ページ参照。

[39] もはやチボリウムをベールで覆うための理由が何もないため。そしてまた、御聖体を含み、同時に聖櫃の中にあるかもしれない他のチボリウムと区別するために。

[40] C.J.C 868; R.R. V, i, 17 及び 181 ページ注 18 参照。

良い。そのような場合、司式者は祭壇で、そして聖体拝領者が唯1人の病者であっても常に複数形で[41]唱えられる通常の祈祷文の後、他の者の聖体拝領の後で、フメラーレなしで[42]、無言で病者の聖体拝領のために向かう[43]。しかしながら、司式者は *ombrellino*（白の絹の傘の形状の小さな天蓋）を運ぶ誰かを同伴しなければならず、少なくとも2本のろうそくが御聖体に同行するべきである[44]。

II. ミサ外での聖体拝領[45]

誰が聖体拝領を与えても良いか？

　1　裁治権者が正当な理由で特定の場合に聖体拝領の執行を禁止したのでなければ[46]、司祭は合法的にミサを司式できる場合にはいつでもどこでも[47]、ミサ中に聖体拝領を与えることができる。黒の祭服を身につけている時でさえも、conventual でない読唱ミサであれば[48]、司祭はミサの直前か直後に聖体拝領を与えることができる。荘厳ミサあるいは歌唱ミサ、conventual のミサの直前か直後に聖体拝領を与えることは禁じられている[49]。

　2　緊急の場合には、祭服を着た司祭が御聖体が納められていない祭壇での読唱ミサの司式への、あるいはそれから戻る途中で、聖体拝領を与えるために

---

[41] S.R.C., 4193[4].

[42] S.R.C. 3322[1] 参照。

[43] S.R.C. 2672[1].

[44] S.R.C. 2672[1], 2885, 3322[2], 3448[8]. 教会法典の発布前には、礼部聖省の教令 3322[2] が、司式者に、祭壇を見ることができなくても司式司祭の声が聞こえる部屋にいる病人に聖体拝領を与えることを許していた。元々神の聖ヨハネ修道会に与えられたこの許可は、教会法 868 条により廃棄されている（ように思われる）。S.R.C. 2672[1], 2885, 3448[8]——これら全てはこの条に一致している——は、この条のための引用元として与えられている。一方、S.R.C. 3322[2] には何の言及もされていない。しかしながら、ある著者は S.R.C. 3322[2] で与えられている許可はなお有効性を保持していると考えている（病院について）。

[45] ミサ外での聖体拝領の分配はミサ典書のルブリカではなく、ローマ儀式書（Title V, Chapter 2）で扱われている。しかしながら、便利と完全さのためにここで述べられる。

[46] R.R. V, i, 18; C.J.C. 869.

[47] S.R.C., 4201.

[48] R.R. V, i 13; C.J.C. 846 §1.

[49] S.R.C. 4177[3].

御聖体が納められている祭壇で止まることは許される[50]。しかしながら、そのような場合には、肩衣及びアルバ、チングルム、ストラ、次いでミサのためのマニプルとカズラを身につけて聖体拝領を与えるか、あるいは司祭がミサを行った後である場合には香部屋でカズラとマニプルをはずし、次いで聖体拝領を与えるために戻る方が良い。

　3　ミサの司式とは別に、どの司祭であっても——その教会に所属していない者であっても、教会の主任司祭の、少なくとも推定される、許可があれば——求める者に聖体拝領を与えることができる[51]。

いつ聖体拝領は与えられるか？

　4　一般に、聖体拝領はどの日にでも与えられて良いが[52]、——正当な理由は別として——ミサが司式されても良い時間内のみである[53]。聖体拝領者のための聖体拝領の断食は現在では緩められており、聖体拝領を受ける前に固形食は3時間まで、非アルコール飲料は1時間まで許されている[54]。*聖なる3日間*の間、特別な規則があり、すなわち、（a）聖木曜日には晩のミサの間のみ、あるいはミサの直後にミサと関連して聖体拝領が与えられて（*信徒に分配されて*）良いが、病人のためにはどの時間でも良い[55]。（b）聖金曜日には、現在では聖体拝領は午後の儀式中でのみ与えられて良い[56]。（c）聖土曜日には、聖体拝領は御復活の前日のミサ内、あるいはその直後にのみ与えられて良い。これらの聖金曜日と聖土曜日の制限は死の危険にある者には適用されない[57]。

---

[50] S.R.C. 2740[11].

[51] C.J.C. 846, §2.

[52] C.J.C. 867, §1.

[53] C.J.C. 867, §4.　以下の§8を参照。

[54] 1957年3月19日の自発教令 *Sacram Communionem*。病気の者は非アルコール飲料あるいはどのような薬（固形であっても）も時間の制限なく摂取して良い。

[55] 「変更」S.R.C., 1957年2月1日。

[56] 同、§III, 19.

[57] 同、§§III, 18, 19.　聖週間の儀式のための聖体拝領の断食に関しては、*Christus Dominus* の規則が適用されることになっている（S.R.C. §III, 22）。
　御復活の前日の新しい典礼が行われ、ミサが真夜中前である時、聖体拝領の断食に関して *Christus Dominus* の規則（夕方のミサのため等）が適用される。

　これらの日のミサが通常、荘厳ミサあるいは歌唱ミサであるため、ミサの祭服でまだ祭壇にいても、司式者はそのミサの直後に聖体拝領を与えてはならない。そのような場合、香部屋に戻り、カズラとマニプルをはずし（あるいは全ての祭服を脱ぐことを好む場合には、スルプリと白のストラを身につけて）、次いで*遅滞*なく、聖体拝領を与えるために戻る。あるいは、スルプリとストラを身につけた別の司祭が秘跡を執行しても良いが、ミサの*直後*である。しかしながら、ミサが読唱ミサである場合、おそらく、ミサの祭服を脱ぐことなく、司式者はミサの直後に聖体拝領を与えても良い。

　5　別の司祭がミサを司式している祭壇で、適切な時間の外で聖体拝領を与えることは極めて、明らかに、不穏当であるが[58]、真に緊急の場合には許される。そのような場合、聖体拝領を執行する司祭は、行われているミサが死者ミサであっても、祈祷文を唱え祝福を与える等で、ミサ外での執行の完全な典礼を行うべきである（下で説明されるように）。ミサが死者ミサである場合、聖体拝領の分配はこのミサとは何の関係もない。

　憲章 *Christus Dominus*（1953）は一定の日に、地域の裁治権者の許可で、午後4時以降のミサの司式を許した。そして付属する訓令は、聖体拝領の断食のための規則が遵守されるのであれば、聖体拝領がそのようなミサ内、あるいはその直前か直後に与えられることを許した。1960年3月20日の聖省の法令により、地域の裁治権者は、晩のミサの司式が可能でない時に、いかなる教会あるいは公的・半公的な礼拝堂で行われる他の午後か晩の儀式に関連して（形式は裁治権者が決定することになっている）、同じ条件で、聖体拝領が与えられることを許しても良い。

　一週間家を離れられなかった、そしてどのような理由であっても午前中に聖体拝領を受けられない病人は──しかし寝たきりではない──聖体拝領を午後に受けても良く、時間と頻度はその者に執行する司祭が決定することになっている（聖省、1961年10月21日）。そのような者は病人のための拡大解釈され

---

[58] R.M., n. 502 　（212ページ参照）.

た聖体拝領の断食を遵守して良く、すなわち非アルコール飲料あるいはどのような薬剤（液体あるいは固形）も聖体拝領前に時間の制限なく摂取して良い。

顕示の祭壇での聖体拝領

6 緊急あるいは重大な理由、聖座からの特別許可を除き、御聖体が顕示されている祭壇で、ミサ中あるいはミサの前後のいずれでも聖体拝領を配布することは——礼部聖省は数回、かなり強い言葉で禁止を繰り返してきている[59]——絶対的に禁止されている。そのような祭壇で聖体拝領を与える慣習は許されてはならない[60]。

7 顕示の時間中、一時的な聖櫃を使用する必要があっても、そしてそこに聖体拝領を与えるための余地がほとんどなかったとしても、御聖体は聖体拝領の執行のために別の祭壇で納められるべきである[61]。必要であれば、一時的な聖体拝領台として、この別の祭壇の周りに長椅子が並べられても良い[62]。

聖体拝領の時間

8 旅路の糧 Viaticum がどの日にどの時間でも与えられて良い一方で[63]、聖体拝領は通常、ミサが司式されても良い時間内にのみ与えられることになっている。しかしながら、正当な理由のためには、聖体拝領はこれらの時間の外で与えられても良い[64]。

ミサの直前か直後の聖体拝領

---

[59] S.R.C. 3448[1], 3482, 3505[1,3], 3525[4], 4353, 及び 1927 年 7 月 27 日（この時、聖省は教令 3448 と 4353 が完全に有効であると宣言した）。緊急の場合あるいは許可により聖体拝領が行われる場合、分配の間御聖体をベールで覆うことが適切であろう。

[60] S.R.C., 3448[1], 3482.

[61] S.R.C., 3449[3], 3525[4].

[62] S.R.C., 3525[4]. 緊急の場合等に、聖体拝領が顕示の祭壇で与えられる典礼については、210 ページを参照。

[63] C.J.C. 867, § 5.

[64] C.J.C. 867, §§4, 5. しかし上記 § 5 を参照。

9 司祭がミサの直前か直後に聖体拝領を与える時、祭服が黒であっても、ミサの祭服全て（マニプルが含まれる）を身につけてこれを行う[65]。聖体拝領者がミサ中に祝福を受けたばかりか、あるいはまもなくミサ中に受ける予定であっても、司祭は祝福を含めて（黒の祭服を身につけている時を除く）、ミサ外での聖体拝領の執行の式文全てを使用するであろう[66]。

10 司式者はカリスを祭壇の福音書側に置き、聖体拝領の分配のためにミサのコルポラーレを使用する。従って、ミサの終わりに聖体拝領が与えられることになっていることを予見した場合、司式者はすすぎの後で、コルポラーレを祭壇上に広げたまま残し、ミサが終わるまでコルポラーレの上にカリスベールで覆われたカリスを戻して置いても良い。

11 聖体拝領がミサの直後に与えられる時、レオ13世の祈祷文は省略されても良い。これらが唱えられる場合、最後の聖福音の直後で、聖体拝領の配布前でなければならない。

聖体拝領のための祭壇の準備

12 聖体拝領がミサとは別に与えられる時、祭壇の覆いは取り除けられ、2本のろうそくが点火される。鍵が聖櫃の近くに置かれ（侍者が鍵を後で持ってくるのでなければ——41ページ、注6を参照）、清めのボール[67]がプリフィカトリウムとともに手元にある。侍者がいない場合には、祭器卓の上、あるいは聖体拝領台の上に、ほこりを避けるためにうつむけにした聖体拝領の皿がある。パテナが使用される荘厳ミサあるいは司教ミサを除き、聖体拝領が与えられる時にはいつも、聖体拝領の皿が聖体拝領布[68]に加えて必要とされる[69]。

---

[65] R.R. V, ii, 13.
[66] S.R.C. 4257[7].
[67] 常に聖体拝領が与えられる聖櫃の近くにあるべきこのボールには、覆いがあるべきであり、スポンジなしで少量の水を含んでいるべきである。これは頻繁に交換されるべきであり、その内容はサクラリウムの中に注がれる（あるいはサクラリウムがない場合には火の中に、R.R. V, ii, 8）。
[68] この布はホスチアが落下する場合の特別の用心として——聖体拝領者により保持されず——聖体拝領台の上部に置かれる。
[69] 1929年3月26日の秘跡聖省の訓令に従って。

13　司祭が自身でブルサを祭壇に運ぶのでなければ、司祭が身につける予定のストラの色の[70]ブルサ[71]が、コルポラーレを[72]入れて、祭壇上に置かれるべきである。

司祭の祭服

14　聖体拝領を与えることになっている司祭は最初に両手を洗う。これは、通常、象徴的な洗浄であり、司祭の両手は既にきれいであると想定されている。そうでない場合、司祭は石鹸でしっかり両手を洗うべきである。両手を洗う間、ミサ前のように祈祷文 *Da, Domine, virtutem manibus meis* を唱えても良い。これは規定されていない。

15　次いで、司祭はスルプリ[73]及び、白[74]（御聖体の典礼色）かその日の聖務日課の色かどちらかのストラを身につける。可能な時には、聖櫃ベール（これが常に白であるのでなければ）と祭壇 frontal に一致するためばかりでなく、聖体拝領者に毎日の犠牲と聖体拝領の間の親密な関係を思い出させるためにも、その日の色を使用することが適切である。

死者の日には、聖体拝領が（読唱）ミサの直前か直後に黒の祭服で与えられるのでなければ、ストラの色は白か紫[75]のどちらかであることになっている。

16　司祭はブルサ（コルポラーレとともに）を、上部を胸にたてかけながら（*ante pectus*）下方で保持して、祭壇に運んでも良い[76]。

17　可能であれば司祭はカソックとスルプリを着た侍者を同伴するべきであり、侍者は聖櫃の鍵を運んでも良い（41 ページ、注 6 参照）。そして侍者は聖体拝領の皿を最初の聖体拝領者に差し出すか、慣習である場所では聖体拝領台で自身で聖体拝領の皿を持つであろう（179 ページ、注 19 参照）。

---

[70] S.R.C., 3515[1].
[71] S.R.C., 2932[1].
[72] パラではない。S.R.C. 2932[4] を参照。
[73] ロチェットを身につける権利があったとしても。ロチェットは秘跡の執行の際に使用される祭服ではない。S.R.C., 2993[5], 3784.
[74] R.R. 及び S.R.C. 2740[12].
[75] R.R. V, ii, 1; S.R.C. 4289[2].
[76] S.R.C. 2850[3] 及び R.R. V, ii, 1.

祭壇への到着

18 祭壇へ到着したらすぐに、司祭はビレッタを侍者[77]に渡し（ビレッタを着用している場合）、床で（*in plano*）侍者とともに片膝をつく。しばらく跪いて短い祈祷文を唱えても良い。これは聖体拝領の執行のための儀式で規定されていないが、ローマ儀式書の最初の章で（I, 6）、秘跡を執行しようとしている司祭は準備のために短い時間祈るよう命じられている。

19 祭壇に上った後、司祭は左手で祭壇上でまっすぐ立てて保持しているブルサから右手でコルポラーレを取り出す。ミサでのように、ブルサを福音書側で壇か燭台にたてかけるか祭壇上に平らに置き、次いで、ミサのためのようにコルポラーレを開いて広げる[78]。

20 聖櫃を開き、両手をコルポラーレの外で祭壇上に置きながら片膝をつき、ベールの下で節の所を保持しながらチボリウムを取り出す。次いで、聖櫃の扉を閉じ[79]、チボリウムのベールをはずし蓋を取り、蓋をコルポラーレの上に置き、それ以上片膝をつかずに[80]、必要であれば、*Confiteor* の結びを待つ。

21 その間、侍者は書簡側の隅でお辞儀をし跪きながら、聖体拝領者の代わりに *Confiteor* を唱える。*Confiteor* の朗唱の前[81]か後に、侍者は祭器卓から聖体拝領の皿を持ち、自身が聖体拝領を受けるか聖体拝領の皿を他の聖体拝領者のために持つことになっているのでなければ、最初の聖体拝領者に差し出す。

侍者がいない場合、聖体拝領者の1人[82]が *Confiteor* を唱えるべきである。これが可能でない場合のみ、司祭自身がこれを唱えるべきである[83]。この場合、司祭は床あるいは祭壇のテーブルのどちらかで深くお辞儀をして立ちながら、これを朗唱する（聖櫃を開ける前に）。司祭は *tibi, Pater* と *te, Pater* を省く。

---

[77] この侍者は片膝をついた後、ビレッタを祭器卓の上に置くであろう。
[78] 60 ページ参照。
[79] 当然、聖櫃が空でなければ。
[80] R.R. V, ii, 1, 2.
[81] R.R. V, ii, 12.
[82] なるべく男性、あるいは全員がこれを朗唱しても良い。
[83] S.R.C. 3488³ を参照。

このような場合にはまた、聖体拝領者の1人が行える（この方が望ましい）のでなければ、司祭は自身でその後の祈祷文全てを答えなければならない。

22　*Confiteor* の朗唱後、司祭はミサ中に聖体拝領を与える際と全く同様に進める[84]。しかしながら、まだ御聖体に触れていないため、司祭は分配前に片膝をつく時に両手をコルポラーレの上に置かず、左手の人差し指と親指も一緒に合わせて保持しない。御聖体に触れるまで、右手の人差し指と親指も一緒に合わせて保持しない。

祭壇へ戻る

23　聖体拝領の分配を終えた後で、左手にチボリウムを右手に[85]聖体拝領の皿を持ちながら、司祭は祭壇へ戻る。チボリウムと皿を祭壇上に置き、少なくとも右手はコルポラーレ上に置きながら、片膝をつく[86]（チボリウムが空でなければ）。次いで、声を出して[87]交唱 *O sacrum convivium* を始める。復活節中には——死者の読唱ミサの直前か直後の聖体拝領の分配のために司祭が黒の祭服を着ている時を除き[88]——この交唱及び小句 *Panem* とすぐに続くその応答に *Alleluia* を1回加える。司祭は他の小句を唱えて侍者が答え、そして司祭は祈祷文 *Deus qui nobus* をミサ中のように長い結び（*Qui vivis et regnas cum Deo Patre* 等）とともに唱える。復活節には特別な祈祷文——御復活の前日の聖体拝領後の祈祷文である *Spiritum nobis, Domine*——があり、これには長い結びがあり、祈祷文の最初の言葉が聖霊に言及しているため *eiusdem* の言葉が *Spiritus* の前に加えられる。この祈祷文は聖体拝領が黒の祭服で与えられる時であっても、復活節中に使用される[89]。

---

[84] 181 ページ以下を参照。しかしながら、司祭は *Misereatur* の前後に片膝をつく（R.R., V, ii, 2, 3）。

[85] 侍者が聖体拝領者のために聖体拝領の皿を保持していたのでなければ。保持していた場合には侍者が聖体拝領の皿を祭壇に持ち帰り、そこで司祭に手渡しても良い。

[86] R.R. V, ii, 6.

[87] R.R. V, ii, 6.

[88] R.R. V, ii, 13; S.R.C. 3465.

[89] S.R.C. 3465.

聖体拝領の皿と司祭の指の清め

24　その間、祈祷文の朗唱の間[90]、司祭は右手の人差し指と親指をチボリウムの上方でこすり合わせることにより清める。次いで、親指と人差し指で聖体拝領の皿をチボリウム内に清め[91]、皿をコルポラーレの近くに置く。次に、片膝をつかずに[92]、チボリウムに蓋をしてベールで覆い（あるいは、指を洗った後でこれを行っても良い）、その間、人差し指と親指は一緒に合わせている。次いで、人差し指と親指を清めのボール中で清めて、そばにあるプリフィカトリウムで拭く。司祭は聖櫃を開き、チボリウムを戻して置き、両手をコルポラーレ外で祭壇上に置きながら片膝をつき、聖櫃の扉を閉めて鍵をかける。

祝福

25　司祭はミサ中と同じ身ぶりだが[93]、ミサ外で使用されることになっている祝福の式文、すなわち *Benedictio Dei omnipotentis*（向きを変える前、そして目と両手を上げて頭のお辞儀をする間に）*Patris* 等で祝福を与える[94]。祝福を与える前に祭壇にキスをしない[95]。この祝福は、聖体拝領者が祝福を受けたばかりか後でミサ中に受けることになっている場合であっても[96]、ミサ外で聖体拝領が分配される時にはいつでも与えられることになっている（司祭が黒の祭服を着用しているのでなければ）[97]。祝福の複数形は、聖体拝領者が1人のみであっても維持される。

---

[90] R.R. V, ii, 8; S.R.C. 3975³.

[91] 1929 年 3 月 26 日の秘跡聖省の訓令（§7）。

[92] R.R. V, ii, 8; S.R.C. 3116, 3975³ 参照。

[93] 152 ページ参照。司祭はすぐに病人に聖体拝領を与える予定であったとしても、教会内に列席している者に祝福を与え、戻ったらすぐに教会内に列席している者に再び祝福を与えるであろう。

[94] R.R. 及び S.R.C. 3792¹⁰.

[95] S.R.C. 2704⁶ を参照。

[96] S.R.C. 4257⁷.

[97] R.R. V, ii, 13; S.R.C. 3177.

26　司教がミサ外で聖体拝領を与える場合、司教の祝福のための通常の式文、すなわち *Sit nomen Domini benedictum* 等を使用し、聖体拝領者の上に3回十字の印をする[98]。

祝福後

27　祝福を与えた後、司祭は円を完成させずに、左側から祭壇の方に回って戻る。次いで、コルポラーレをミサでのように折り畳み[99]、ブルサの中に戻して入れる。司祭はブルサを自身とともに香部屋まで運んで戻しても良いし、祭壇上に残して聖具保管係により片付けられるようにしても良い。当然、司祭には聖櫃の鍵の安全な管理のための責任がある[100]。

28　祭壇の床に下りたら、侍者からビレッタを受け取り（着用している場合）、床で片膝をつき、両手を合わせて（ブルサを運ぶのでなければ）香部屋に戻る。そこでビレッタを脱ぎ、十字架あるいは主たる像に頭のお辞儀をして、祭服を脱ぐ。

29　ローマ儀式書（V, ii, 1）が言及している聖体拝領後の信徒のための清めは、たいていの場所ではすたれてきている。

30　その地の裁治権者あるいは小教区の司祭の許可により、重大な理由のために[101]、あるいは緊急の場合と推測される場合に、助祭が聖体拝領を分配する場合には、通常の助祭のやり方でストラを身につけ、司祭により用いられるものと全く同じ式文を用いることになっている[102]（*Indulgentiam* での聖体拝領者の十字の印と聖体拝領後の祝福を含めて）[103]。

---

[98] R.R. V, ii, 10; S.R.C. 3731⁵.
[99] 152 ページ参照。
[100] C.J.C. 1269, §4, 1938 年 5 月 26 日の秘跡聖省の訓令を参照。
[101] R.R. V, i, 12; C.J.C. 845, §2.
[102] R.R. V, ii, 10
[103] 1930 年 7 月 13 日、教会法の確実な解釈のための教皇庁委員会（ad II）。

付録C

格子での修道者の聖体拝領

　1　ミサ外で、ミサの直前でも直後でも司祭がミサの祭服を着ている時、あるいはミサとは別に司祭がスルプリとストラを身につけて聖体拝領を執行する時、聖歌隊席が祭壇の後方か至聖所の側方、あるいは祭壇から離れている修道女に、そして修道女のみに、司祭が聖体拝領を分配することになっている場合には、司祭は以下のように進む[104]。*Confiteor* が侍者か修道女により唱え終えられた時、司祭はベールで覆われたチボリウムを修道女の聖歌隊席の格子の開口部に運び、そこでチボリウムをコルポラーレの上に置き、ベールをはずして蓋を取る。祭壇で行うように、格子で聖体拝領前の祈祷文を朗唱し、聖体拝領を分配し、チボリウムに蓋をしてベールで覆い、聖体拝領後の全ての祈祷文を唱える（儀式書が規定する片膝をつくことを行いながら）。司祭は、チボリウムではなく[105]手で、通常の式文 *Benedictio Dei* 等を用いながら、修道女を祝福する。次いでチボリウムを祭壇に運んで戻し、いつものように聖櫃の中に戻して置く。

　2　聖体拝領が修道女の他に、1人のみであっても（例、侍者）別の人々に与えられることになっている、あるいは*ミサ中に*修道女に与えられることになっている場合、儀式書が規定しているように、全ての祈祷文がいつものように祭壇で唱えられ、祝福が会衆に向かって与えられることになっている。

　3　修道女の格子が至聖所の外側にあり、祭壇から相当離れている時、ある権威（Cavalieri の説を奉じて）は *ombrellino* が司祭の上方で運ばれ、2本のろうそく（あるいは少なくとも1本のろうそく）が侍者により司祭の前で運ばれるべきだと述べている。

---

[104] S.R.C. 3764[14,] 3800.
[105] S.R.C. 2543, 2725[1,] 3800.

4　聖金曜日には、*取り囲まれた修道女*はその日の儀式の外で聖体拝領を受けても良いが、午後のみであり、これらの教会あるいは礼拝堂でその日の荘厳儀式が可能でないという条件である（S.R.C., 1963 年 2 月）。

第3部　　読唱ミサのいくつかの特別な形式

第17章　死者のための読唱ミサ

In Missa defunctorum ante Confessionem non dicitur psalmus *Iudica me, Deus*, sed, pronuntiata antiphona: *Introibo ad altare Dei*, et responso a ministro: *Ad Deum, qui laetificat, etc.*, dicitur. V. *Adiutorium nostrum*, et Confessio, cum reliquis ut supra. Cum celebrans ad altare incipit antiphonam ad Introitum, non signat se, sed, manu dextera extensa, facit signum crucis super librum, quasi aliquem benedicens, sinistra super altare posita. Non dicitur *Gloria Patri*, sed post psalmum repetitur: *Requiem aeternam*; nec dicitur *Gloria in excelsis* nec *Alleluia*, nec *Iube, Domine, benedicere*, nec *Dominus sit in corde meo*; nec osculatur librum in fine, nec dicit *Per evangelica dicta*. Non dicitur *Credo*, non benedicitur aqua in calicem fundenda; dicitur tamen oratio: *Deus, qui humanae substantiae, etc.* Cum lavat manus, in fine psalmi *Lavabo inter innocentes*, non dicitur *Gloria Patri*. Ad *Agnus Dei* non dicitur: *miserere nobis*, cuius loco dicitur: *dona eis requiem*; nec tertio: *dona nobis pacem*, cuius loco dicitur: *dona eis requiem sempiternam*: neque percutitur pectus. Non dicitur prima oratio ante Communionem scilicet: *Domine Iesu Christe, qui dixisti Apostolis tuis, etc.*, nec datur pax. In fine non dicitur: *Ite, missa est*, nec *Benedicamus Domino*, sed: *Requiescant in pace*. Et non datur Benedictio: sed dicto *Placeat*, et osculato altari, dicitur, ut supra: *In principio erat Verbum, etc.* Alia omnia ut in aliis Missis.[1]

典礼では、死者ミサは一般に「私的な」ミサとみなされている。別のミサ、その日のミサが、共同体全体のために司式されていると想定される。一定のより古い付随的な典礼は死者ミサでは削除されてきており、一定のより新しい重要でない儀式は死者ミサには導入されてきていないが、これは、これらが公衆のミサに属するため[2]、あるいはこれらが喜びと祝いの印として考えられている

---

[1] R. XIII, 1.
[2] 例、クレド； 聖体拝領のための準備であり、その日の公的なミサで行われることが想定されているため、平和の接吻とこれに先立つ平和のための祈祷文。

ため[3]、あるいは、これらの重要でない儀式がより直接的に生者に関係しているため[4]か、助祭や副助祭に関係している[5]ためのいずれかである。従って、死者ミサの典礼では、*Ritus* の至る所あちこちで言及され、*Ritus*, XIII, 1 でも扱われている違いが生じた。これらのルブリカの終わりに、一般的な原則が「その他の全て（死者ミサでは）は他のミサでのものと同じである」と宣言されている。

1　準備あるいは感謝の祈祷文中で変更は行われない。これらの祈祷文はミサ自体の一部ではないため、*Gloria Patri* はいつものようにこれらの中で唱えられ、復活節には交唱に *Alleluia* が加えられる。

2　荘厳死者ミサでは物のキス（例、香炉）は省かれるが、死者ミサのための着衣あるいは死者ミサ後の脱衣の時、肩衣及びマニプル、ストラの十字のキスは省かれない。

3　死者ミサが亡くなった者１人のみのために行われる時であっても、ミサの全ての式文（入祭文、昇階唱、奉献唱、聖体拝領唱）は、祈祷文を除き、常に複数形である。

4　詩篇 *Iudica me* は省かれる。そのため *Introibo* 等の応答が行われた後、司式者はすぐに *Adiutorium nostrum* を唱える。

5　入祭文の始めで、司式者は自身に十字の印をせず、左手を掌を下にして祭壇のテーブルの上に置きながら[6]、本の上方で十字の印をし、*quasi aliquem benedicens*、すなわち祝福を自身から死者へ移す。この十字の印をする際、小指は本の方を向けるが、本には触れず、十字の横線を大体、本の幅の範囲内に保つ。

6　入祭文で *Gloria Patri* は省かれ、*ad te omnis caro veniet* の後で、しかしながら再び本に十字の印をせずに、*Requiem* 等が繰り返される。

---

[3] 例、*Gloria Patri, Gloria in excelsis, Alleluia.*（Callewaert *Caeremoniale*, p. 125 を参照）
[4] 例、信徒を象徴している水の祝別。会衆の祝福。
[5] 例、書簡の歌の後の副助祭の祝福、あるいは聖福音前の助祭の祝福。
[6] S.R.C. 2572[25]; R. XIII, 1.

7　*Gloria in excelsis* 及びアレルヤ唱は省かれる。昇階唱と詠唱がある。そして、一定のミサでは続唱 *Dies irae* が唱えられる。2級、3級、4級の死者ミサではこの朗唱は任意である[7]。

8　*Munda cor meum* はいつものように朗唱されるが、*Iube, Domine* と祝福は省かれる。

9　聖福音の終わりに本にはキスをせず、*Per evangelica dicta* も朗唱されない[8]。

10　クレドは決して唱えられない。

11　奉献で水は祝別されない、すなわち水の上方で十字の印はされないが、祈祷文 *Deus, qui humanae* はいつものように唱えられる。

12　*Lavabo* の際、詩篇25の部分の終わりで *Gloria Patri* は省かれ、*Requiem aeternam* はこの代わりに使用されない。

13　序唱は常に固有の死者の序唱である。そして、*Communicantes* は例外なく共通のものである。

14　カノン中で、イエズスあるいはマリア、教皇の名でいつもの頭のお辞儀が行われる一方で、死者ミサがその日の聖務日課と無関係であるため、祝日（あるいは前日）がその日にあたる聖人の言及箇所で頭のお辞儀は行われない。

15　*Agnus Dei* の式文は死者ミサでは変えられる。そして、これを朗唱する間、司式者は胸を叩かず、両手を胸の前で合わせて、祭壇のテーブルの端に置かず、いつものようにお辞儀をしながら立つ。

16　*Agnus Dei* の後、司式者は聖体拝領前の祈祷文のために、いつものように、合わせた両手を祭壇の端に置く。これらの最初 *Domine, Iesu Christe, qui dixisti* は省かれ、*Pax*（荘厳ミサで）は与えられない。

17　*Ite, Missa est* の代わりに、司式者は祭壇の方に回り[9]、両手を胸の前で合わせてまっすぐに立ち、*Requiescant in pace* を唱える（常に複数形で[10]）。

---

[7] R.M. n. 399 *b*.
[8] R. VI, 2; S.R.C. 2956[10]; R. XIII, 1.
[9] R. XI, 1.
[10] S.R.C. 1611.

18　祝福は与えられず、司式者は *Placeat* を唱えて祭壇にキスをした後で、最後の聖福音を朗唱するために向かう。これは常に聖ヨハネ福音書の始まりである。

19　死者のための赦免がミサにすぐに続く場合、（ a ）最後の聖福音は省かれ[11]、（ b ）レオ 13 世の祈祷文は省かれても良い。

20　聖体拝領が、conventual ではない死者のための読唱ミサの直前か直後に分配される場合、祝福は与えられない。復活節中には *Alleluia* は小句（*Panem de caelo*）とその応答に加えられない[12]。

---

[11] R.M., n. 510 *e.*
[12] 195、196 ページ参照。

第18章　顕示された御聖体の前での読唱ミサ

I.　公的な顕示

1　教会の法規は頻繁な御聖体の公衆顕示に反対している。教会の法規はそのような顕示を、信徒の心の中でこの形式の御聖体の敬意の価値が下がらないよう、そして特別な礼拝のために顕示された御聖体に当然の極めて大きな崇敬が徐々に衰退しないように、極めて稀に用いられることになっている異例の特権と考えている。

次に、40 時間の礼拝は別として[1]、公的な顕示、すなわちオステンソリウムでの顕示は、聖体降福式を行うためのみであっても[2]、以下の場合に、御聖体を納めておく権利がある[3]教会[4]で許される。

ａ）キリストの御聖体の祝日に。この祝日自体に、顕示されることになっているホスチアが主たるミサで聖変化される場合、顕示はそのミサの聖体拝領の時に行われ、そうでなければ、ミサ後に起こる[5]。

ｂ）特に公的な性格の、正当で重大な理由のためのみ、そして教会が免除された修道会に属しているとしても、その地の裁治権者の許可で他の時に[6]。

これが、短期間であっても、オステンソリウムでの御聖体顕示に関して、教会法典 1274 条及び礼部聖省の教令中（例、3104[14]）で定められている典礼法規である。

顕示された御聖体の前では禁止されているミサ

---

[1] C.J.C. 1275.
[2] 1927 年3 月6 日、教会法の確実な解釈のための委員会。
[3] 1922 年7 月14 日、教会法の解釈のための委員会。
[4] 及び、C.J.C. 1191, §1 と1193 を考慮して、礼拝堂で（私的な礼拝堂以外）と思われる。
[5] R.R. X, v, 2; C.E. II, xxxiii, 17; S.R.C. 4269[11] 参照。
[6] C.J.C. 1274 §1.

　昔からの慣例に従って[7]、キリストの御聖体の祝日[8]と40時間の礼拝での降架のミサ[9]を除き、教会は顕示された御聖体の前でのミサの司式に強く反対している。この反対は教会が頻繁な顕示を好まないという事実、そして御聖体の前でのミサの司式がキリストの御聖体の大祝日と40時間の礼拝の最終日の極めて特別な特権であるという事実によるばかりでなく、神学上の理由で、犠牲の行為と純然たる崇敬の礼拝を、信徒がこれらの正しい性質を明瞭に理解するために、習慣的に分離しておくことの願いのためでもある[10]。

　従って、礼部聖省は顕示された御聖体の前でのミサの司式の慣習を繰り返し禁止してきている[11]。*特定の場合に、聖省が時折、根絶することの困難さのために許容せざるを得ない遠い昔の慣習を根拠に暗に[12]あるいは明確にさえも[13]この慣習を認める回答を行ってきているのは本当である。*しかしながら、特別な状況でのこの許容は、他の場合に拡大されてはならない。その上、この論題に関して聖省が行った最も新しい回答、すなわち1927年7月27日の回答[14]では、ミサは顕示された御聖体の前で司式されてはならず、この慣習が許容されてはならないことが明言されている[15]。これは、慣習を禁止した以前の教令3448と4353が完全に効力を持ち、地域の裁治権者がこれらの遵守に特別な注意を払うことになっているとつけ加えている。

　2　次に、教会の現在の法規は、「緊急性あるいは重大な理由、特別な許可」は別として、ミサは、歌ミサであろうとなかろうと、顕示された御聖体の前では、御聖体がベールで覆われていても、チボリウム中でかつ聖櫃内でのみ顕示

---

[7] Cf. C.E. I, xii, 9.

[8] C.J.C. 1274, §1.

[9] Clementine Intruction, XII and XIV.　顕示の始まりの日には、ミサの最後の部分のみ（すなわち、司式者が御血を拝領した時から）が顕示された御聖体の前で行われる。

[10] 1956年9月22日、ピオ12世、1927年7月27日の礼部聖省の回答を説明して。

[11] 例、教令1406、1421[5]、2765、3448[1]、3505[1]、4353及び1927年7月27日の回答。

[12] 例、教令2390[4]、2417[3]、2427[10]、2509、3599、3922[4]。

[13] 例、教令3124[2]、3558[1]、3728[2]、4104[1]。

[14] A.A.S., 1927, p. 289.

[15] S.R.C. 3448[1], 4353を参照。そして教令2765はこれを「取り除かなければならない乱用」と呼んでいる。

されていても、合法的に司式することはできないというものである[16]。緊急性の例は、ただ１つの祭壇（ここで顕示が行われている）がある教会で、ミサが司式されなければならない主日あるいは守るべき祝日の顕示の発生（例、40時間の礼拝の２日目）であろう。

　3　聖なる典礼は、ミサが顕示された御聖体の前で司式されることを通常想定していないため、ミサ典書及び司教儀式書、*Memoriale Rituum*[17]中にある聖木曜日のミサの終わり、以前の聖金曜日の事前聖別のミサのための指示を除き、ルブリカはこの場合を公然には取り扱っていない。従って、正しい手順は典礼書の短い言及からはもちろん、Clementine Instruction[18]から、これに関するGardellini の注釈書（礼部聖省の教令の第４巻を成す）から、礼部聖省の様々な回答から、ローマ自体の慣習から集められなければならない。顕示された御聖体の前でのミサの司式のための指示を与える際に、ルブリカの専門家が頼るのは、これらの出所と儀式の一般的な原則である。

II.　いくつかの一般的な規則

　1　ミサの時間外の顕示のために取り除かれなければならない祭壇布は、慣習に従って、ミサのために取り除かれても、取り除かれなくても良い[19]。

　2　他の祭壇での全てのミサで、鈴は鳴らされてはならない[20]。

　3　祭壇のどちらかの隅で行われることになっている聖なる御名の言及での頭のお辞儀及び片膝をつくことは（例、書簡あるいは詠唱、聖福音の間）、ミサ典書に向かってではなく御聖体に向かって行われる[21]。

　4　目が *ad caelum, ad Deum* 等に上げられることになっている時にはいつも、このミサでは御聖体に対して上げられる（祭壇上に十字架が残っている場合であっても）。

---

[16] 礼部聖省のいくつかの教令、特に 3448[1]、4353、及び 1927 年 7 月 27 日。
[17] 典礼用語小辞典、269 ページ参照。
[18] 典礼用語小辞典、267 ページ参照。
[19] S.R.C., 2365[1].
[20] I.C., § 16; S.R.C. 3157[10], 3448[2] (cf. 4377).
[21] *Mem. Rit.* IV, ii, 1, n. 21; S.R.C. 3875[4] を参照。しかし、36 ページ、§10 参照。

片膝をつくこと

5 （a）両膝をつくことは最初に祭壇に到着したすぐとミサの終わりで出発する前のみで行われる。ミサ中の他の全ての膝をつくことは、片膝である[22]。

（b）ミサ中、側方から祭壇の中央に到着する毎回、及び中央から側方へ出発する前の毎回に、司式者は御聖体に片膝をつくことになっている[23]。この片膝をつくことは通常、中央での最初の動作になるように到着したらすぐに行われ、あるいは、中央での最後の動作になるように出発する*直前*に行われる。

（c）祭壇から会衆に呼びかけるために祭壇から回る毎に、司式者は最初に片膝をつき、再び祭壇を向いたらすぐに片膝をつくことを繰り返す。回ろうとしている時に*中央*にいる場合（例えば、*Gloria in excelsis* の終わりの時のように）、司式者は最初に祭壇にキスをして、次いで片膝をつく。しかし、聖体拝領唱 *Communio* の後で行うように、会衆の方に回る直前に中央に*到着する*場合、司式者は最初に片膝をつき、次いで祭壇にキスをして回る[24]。

6 祭壇から会衆の方へ回る時、司式者は書簡側の隅を向き、背を福音書側にするように、途中までのみ回り、少し福音書側に下がる[25]。*Orate, fratres* 及び祝福で、司式者は円を完成させず、左側から祭壇の方に戻る[26]。

III. 御聖体の集祷文

1 その日のミサの祈祷文とともに1つの結びの下で唱えられることになっている特別な集祷文等（御聖体の随意ミサから）は、現在では2つの場合のみで加えられる。（a）40 時間の礼拝の1日目と3日目のために規定されている御聖体の随意ミサが、妨げている日が御降誕の日、あるいは主日が主の神秘の祈祷文を許さないために主日でないという条件で、妨げられる時[27]（これは1

---

[22] S.R.C., 2682[49], 3426[6], 3434[6].
[23] ミサ典書、C.E.、*Mem. Rit.* の聖木曜日のルブリカ、及び R.M., n. 517 *b*.
[24] *Mem. Rit.* IV, ii, §1, n. 21.
[25] ミサ典書及び C.E.、*Mem. Rit.* の聖木曜日のルブリカ。
[26] 同。
[27] R.M., n. 112 *b*.

級の典礼日にあたる場合に起きる[28]）。（b）その日が主日でないか、ミサある
いは記念が第二の神の位格のものであるという条件で、御聖体が顕示されてい
る祭壇で、*使徒座の許可によってのみ司式されるミサ中*[29]。

2　顕示された御聖体の前でのミサの場合、司式者は決して祭壇で着衣して
はならない[30]。

IV. 顕示された御聖体の前での読唱ミサの儀式

1　この章で述べられている変更点を除き、一般的に、読唱ミサの通常の儀
式全てが遵守されることになっている。顕示された御聖体の前でのミサのため
の儀式は、ミサ中にオステンソリウムがベールで覆われていても、顕示がチボ
リウム内のみであっても（すなわち、扉を開いて、聖櫃内で）、遵守されること
になっている[31]。

2　*御聖体が顕示されることになっている場合*、司式者は完全に着衣して祭
壇に到着したらすぐに、コルポラーレを広げて、カリスを福音書側に置き、ミ
サ典書を開き、次いでいつもの典礼に従って御聖体を顕示し、これをその王座
に置く。福音書側に少し下がり、司式者は背を完全に御聖体に向けないように
正面の階段を斜めに下る。司式者は最下段で跪き、頭と肩をやや下げ[32]、立ち
上がり、いつものように香を入れ、香を祝別せず、跪き、香炉を受け取り、再
び中位のお辞儀をして、二振り3回で御聖体の献香を行う。次いで、もう一度
お辞儀をして、香炉を返し、立ち上がり、すぐにミサを始める。

3　*御聖体がミサ前に既に顕示されていた時には*、司式者は御聖体から見え
る範囲に来たら[33]ビレッタを脱ぎ（着用している場合）、侍者に手渡す（あるい

---

[28] R.M., nn. 341, 343 *c*.

[29] R.M., n. 355; cf. 112 *b*.

[30] 44 ページ参照。

[31] S.R.C., 2427[10].

[32] S.R.C., 4179[3]

[33] ある著者は、司式者が*カリスを運んでいる*時には、祭壇の下に到着するまでビレッタ
をかぶったままでいることになっていると述べている。

は、何かの特別な理由でカリスを運んでいない場合には、ビレッタを祭壇の下まで保持する)。

4　祭壇の下で、司式者は床で両膝をつく。次いで、祭壇に上り、いつものようにコルポラーレ上にカリスを整え、片膝をつき（ホスチアの聖変化と2回目のすすぎの間を除き、常に両手をコルポラーレ外で祭壇上に置いて）、ミサ典書を準備し、中央に戻り、片膝をつき、少し福音書側に下がり、正面の階段を斜めに下り、最下段で片膝をつき、ミサを始める。

Oramus; Kyrie, eleison 等

5　準備の祈祷文後に祭壇に上った時、司式者は片膝をつき、両手を祭壇上に置き、祈祷文 *Oramus* を朗唱し、いつものように祭壇にキスをする。次いで、片膝をつき、ミサ典書に向かう[34]。

6　*Kyrie, eleison* を唱えるために中央に着いたらすぐに、片膝をつき、祈祷文と *Gloria*（これが朗唱されることになっている場合）を唱え、祭壇にキスをして、片膝をつき、会衆の方に途中まで回って書簡側を向き、*Dominus vobiscum* を唱える。左側から回って戻り、片膝をつき、ミサ典書に向かう。

7　*Munda cor meum* を唱えるために中央に来ると時、最初に御聖体を見上げ、次いで片膝をつき、両手を合わせて低くお辞儀をして、祈祷文を朗唱し、片膝をつき、福音書側の隅へ向かう。自身でミサ典書を移動させることを余儀なくされる場合、ミサ典書を持って中央を通る時に頭のお辞儀をして[35]、ミサ典書を福音書側の隅に置き、中央に戻り、御聖体を見て、片膝をつき、祈祷文 *Munda* を唱える。

8　聖福音後に本にキスをした時、司式者は中央に戻り、片膝をつき、クレドを朗唱し、祭壇にキスをして、片膝をつき、途中まで会衆の方に回り、*Dominus vobiscum* を唱えて、回って戻り、片膝をつき、*Oremus* を唱える。しかしながら、クレドが唱えられない場合、司式者は中央に戻ったら最初に片

---

[34] S.R.C.、1950 年 6 月 13 日（ad 2）。
[35] S.R.C., 4198[12].

膝をつき[36]、次に祭壇にキスをして、次いで *Dominus vobiscum* を唱えるために回る。

9 ワインをカリスに注ぐために隅に向かう直前に片膝をつき、中央に戻ったらすぐに再び片膝をつく。

指を洗う

10 *Veni, sanctificator* でいけにえを祝別した後で、片膝をつき、書簡側の隅に向かい、地域の慣習に従って[37]段の1つか床（*in plano*）まで下り、左側から回り（背を完全に御聖体に向けることを避けるために）、祭壇を右側にして会衆の方を向く。そこで[38]、指を洗って拭く。footpace 上で、祭壇カードの方を向いて、書簡側の隅で立ちながら詩篇を終えても良い。

11 中央に戻ったら、最初に御聖体を見上げ、次いで片膝をつき、祈祷文 *Suscipe, sancta Trinitas* を朗唱する。次に、片膝をつき、福音書側に少し下がりながら会衆の方に途中まで回り、*Orate, fratres* を朗唱する。回って戻る際、背を完全に御聖体に向けないように、円を不完全のままにして左側から続ける。回っている間に祈祷文を終え、次いで片膝をつき、密唱を朗唱する。

聖体拝領の分配

12 御聖体が顕示されているどの祭壇でも、聖体拝領を分配することは固く禁じられている[39]。しかしながら、緊急性からこれが行われなければならない場合[40]、司式者はいつものように進めるであろう。ある著者は儀式中で何の変更も行わないことになっていると述べている。またある著者[41]は *Ecce, Agnus Dei* 等のために中央でなく、福音書側に立つべきであると示唆している。聖体拝領を与える際、司式者は背をなるべく御聖体に向けないように努力するべき

---

[36] 上記206ページの一般的な規則を参照。

[37] S.R.C. 2682[48].

[38] *Aliquantulum extra altare in cornu Epistolae* がミサ典書のルブリカであった。聖金曜日で、C.E. 及び *Mem. Rit.* は *versa facie ad populum* を加えている。

[39] 191ページ参照。

[40] そのような場合には、分配の間、御聖体をベールで覆うことが適切であろう。

[41] 例、De Herdt, Gatterer, Kuenzel。

であり、従って、聖体拝領者の各列の終わりで、司式者は御聖体の方を振り返るべきである。

すすぎ

13　最初のすすぎを飲んだ後で、司式者はカリスをコルポラーレ上に置き、片膝をつき、カリスを書簡側の隅に持って行き、ワインと水を受け、中央に戻った時に指を拭き、プリフィカトリウムをしばらく脇に置き（コルポラーレの外側で）、片膝をつき、プリフィカトリウムを左手に持ち、2回目のすすぎを飲む[42]。

14　聖体拝領唱 *Communio* 及び *Dominus vobiscum*、*Ite, missa est* の前後に片膝をつくことは、前に述べられている一般的な規則に従う。*Benedicamus Domino* がある場合（すなわち、典礼上の行列がミサに続くことになっている場合）、司式者は祭壇の方に回って戻り、これを唱える前に片膝をつく。

祝福

15　いつものように *Benedicat vos omnipotens Deus* を唱えた後、司式者は *Deus* で頭のお辞儀をする代わりに片膝をつき、会衆の方に途中まで向いて、会衆を祝福し、左側から回り（円を完成させずに）、さらには片膝をつかずに、福音書側の隅に向かう。

16　聖福音が聖ヨハネからのものである時、御聖体がテーブル上にある場合には司式者は *Initium* で祭壇に十字の印をしない[43]。御聖体がテーブル上にない場合（御聖体が祭壇上部の王座で顕示されている場合）には、司式者は祭壇、あるいは祭壇カードに十字の印をしても良い[44]。最後の聖福音が固有のもので場合、司式者は本に十字の印をする。*Et Verbum caro factum est* で司式者は御聖体に向かって片膝をつく。

---

[42] *Ritus Simplex Ordinis Hebdomadae Sanctae Instaurati*, 聖木曜日, n. 33.

[43] 以前の聖木曜日の典礼のルブリカ。ある著者は、たとえ御聖体がテーブル上でなく祭壇の上方にあるとしても、このミサでは祭壇には十字の印をしないことになっていると教えている。

[44] M.R. IV, 1, § 1, 21.

17　最後の聖福音の後、司式者は祭壇の床（あるいは最上段よりも下）まで斜めに下り、レオ13世の祈祷文を朗唱する。

18　次いで、司式者は祭壇に上り、片膝をつき、カリスを持ち、斜めに下りて来て、床で両膝をつき、出発する。御聖体から見えなくなった時に、司式者はビレッタを受け取り、ビレッタをかぶる[45]。

19　典礼上の行列が続く場合、最後の聖福音はないであろうし[46]、レオ13世の祈祷文は省かれる。

V. 聖体拝領が分配されている祭壇でのミサ

通常、聖体拝領は、別の司祭がミサを司式している祭壇で、もう1人の司祭により分配されてはならない（188ページ参照）。しかしながら、聖体拝領の分配が進行中である祭壇で司祭がミサを行うことを余儀なくされる緊急の場合に、これは起き得るであろう[47]。分配が間もなく終わりそうな場合には、到着したらすぐにチボリウムに向かって両膝をつき、次いで祭壇のいずれかの側で跪き、チボリウムが聖櫃内に戻して置かれ、祝福が与えられるまで待つ。しかしながら、聖体拝領の分配が長時間続く場合には、以下で司式者はチボリウムに向かって両膝をつくことになっている。（ a ）祭壇に到着したらすぐ、（ b ）カリスとミサ典書の配置の後で、ミサを始めるために下りたらすぐ、（ c ）ミサの終わりで出発する前に。さらに、準備の祈祷文の後——*Oremus* の後——そして祭壇に上る前に、チボリウムの方向に片膝をつく。祝福で、*Benedicat vos omnipotens Deus* を唱えた後で、司式者は聖体拝領を与えている司祭の方に回り、御聖体に片膝をつき、次いで御聖体が与えられていない部分に向かって十字の印をしながら祝福を与える。分配がミサの終わり近くで始まる場合、ミサ

---

[45] 聖体降福式がすぐに続く場合、レオ13世の祈祷文は省略されても良く、コープを着るためにベンチに向かう前及び祭壇に戻った時に、司式者は床で両膝をつくであろう（祭壇のすぐの領域を離れるため。*Mem. Rit.* IV, ii, §1, n. 22; S.R.C. 4048⁵ を参照）。
[46] R.M., n. 510 *a*.
[47] 別の司祭が聖体拝領を与えるためにミサ中に到着する場合については、190ページ参照。

後に司式者は分配が終わるまで、跪きながら待つ。分配が長く続く場合には、両膝をついて、出発する。

第19章　上級の高位聖職者の前で行われるミサ[1]

1　聖なる典礼では、「上級の」高位聖職者は、あらゆる場所での（ローマの外）枢機卿、任地での教皇大使、派遣地での教皇特使、自身の管区での大司教、自身の司教区での司教、裁治権の地での祝福を受けた大修道院長を意味する[2]。

2　このミサの準備として、跪き台（司教用床几あるいは prie-dieu）が、状況が別の位置を必要とするのでなければ祭壇前で至聖所の中央あるいは書簡側の方に置かれる。跪き台は布で覆われ、その上に高位聖職者の腕のためと膝のために合わせて2つのクッションがある[3]。布とクッションの色は枢機卿のためには赤、司教のためには緑であろう。しかしながら、悔悛の日と死者ミサでは、両者のために紫であろう。

3　祭器卓の上に祭服の色の絹のベールで覆われた pax-brede[4]及び、それとともに小さなプリフィカトリウムあるいは手拭きタオルが準備される。

4　以下の儀式は、高位聖職者が位階に固有の公式な聖歌隊服を着て列席している場合のみ遵守される。

5　司式者は通常、高位聖職者よりも先に祭壇に到着するべきである[5]。祭壇でカリスを準備し、ミサ典書を開いた後で、*福音書側の祭壇の床に行き*、両手を合わせて書簡側を向きながらそこで立つ。高位聖職者が到着した時、司式者は高位聖職者に深いお辞儀をして、ミサを始めるための高位聖職者からの合図を待ち、再びお辞儀をして（高位聖職者の到着の直後に合図が与えられるのでなければ）、祭壇に適切な表敬を行い、左側で跪く侍者とともにミサを始める[6]。

---

[1] R. III, 2, 8, 11; VI, 2; X, 3; XII, 3, 5; C.E. I, xxx.
[2] R. III, 2; C.E. I, xxx, 4 を参照。慣習により、*私的な礼拝堂で*、司教がミサを司式するかミサに列席する場合、その司教の司教区の外であっても、司教区内であるかのように見なされる（少なくとも自身の問題に関しては）。
[3] C.E. I, xxx, 1.
[4] 典礼用語小辞典、270 ページ参照。
[5] R. III, 2.
[6] 高位聖職者が中央でなく一方の側で跪いている場合には、司式者はいつものように祭壇の下の中央でミサを始めても良い。

6　しかしながら、司式者が到着した時既に高位聖職者が跪き台にいる場合、司式者[7]は高位聖職者のところを通る時に高位聖職者にお辞儀をする。高位聖職者に直接背を向けないように少し福音書側で、祭壇の床で立ちながら、いつものように、司式者はビレッタを脱ぎ、十字架に深いお辞儀をするか御聖体がある場合には片膝をつき、正面の階段を上り、カリスとミサ典書の配置をする。司式者は*祭壇の福音書側*に下り、高位聖職者と祭壇に表敬を行った後に、ミサを始める。

7　*Confiteor*中、*vobis, fratres* と *vos, fratres* の代わりに、司式者は高位聖職者に向かってお辞儀をしながら *tibi, Pater*（*Reverendissime Pater* ではなく）と *te, Pater* を唱える。司式者はいつものように *Misereatur* と *Indulgentiam* を唱える。

8　準備の祈祷文を終えた後、司式者は高位聖職者に低くお辞儀をして、次いで祭壇の正面に回ってきて、いつものように *Aufer a nobis* を朗唱しながら中央で階段を上る。

9　聖福音の終わりに、司式者はミサ典書にキスをせず、*Per Evangelica* も唱えない[8]。代わりに、侍者あるいは補佐のチャプレンにより、本が高位聖職者まで開いて運ばれ（死者ミサ中を除く）、高位聖職者は *Per evangelica* を唱えながら、聖福音の文章の始めにキスをする。この動作の後で（前ではなく）高位聖職者に片膝をついたら、侍者は本を祭壇の書見台に戻し、この後でのみ司式者はミサを続ける。

10　奉献では、高位聖職者でなく司式者が水を祝別する[9]。

平和の接吻

11　聖体拝領のための準備の最初の祈祷文（*Agnus Dei* の後）の間、侍者は祭器卓からベールで覆われた pax-brede とプリフィカトリウムを持ってきて、footpace で司式者の右に跪き、pax-brede のベールをはずす。司式者は、祈祷

---

[7] カリスを運んでいるため、ビレッタをかぶっている場合にはかぶったままで。
[8] R. VI, 2.
[9] C.E. I, xxx, 3.

文 *Domine I. C., qui dixisti* を朗唱した後で、両手をコルポラーレ内で祭壇上に置き、祭壇にキスをする。次いで、両手を合わせて、*Pax tecum* を唱えながら、侍者（跪いている）により差し出された pax-brede にキスをし、そしてミサを続ける。侍者は、*Et cum spiritu tuo* を答えプリフィカトリウムで pax-brede を拭いた後で、pax-brede をベールで覆い、立ち上がり、高位聖職者のところに向かう。侍者は pax-brede のベールをはずし、表敬を行わずに、*Pax tecum* を唱えながら pax-brede を高位聖職者に差し出す[10]。高位聖職者は *Et cum spiritu tuo* を唱えながら pax-brede にキスをし、侍者は高位聖職者に片膝をついた後で pax-brede を拭いて再びベールで覆い、pax-brede とプリフィカトリウムを祭器卓に持って行く。この儀式は平和の接吻が与えられない死者ミサでは行われない。

祝福

12　*Benedicat vos omnipotens Deus* を唱え十字架にお辞儀をした後で、司式者は高位聖職者の方に回り、「まるで祝福するための許可を請うかのように」高位聖職者にお辞儀をする[11]。次いで、司式者は高位聖職者から離れた方に祝福を与える[12]（例、高位聖職者が至聖所の中央にいる場合には、福音書側に）。

13　レオ 13 世の祈祷文が朗唱されることになっている場合、司式者は最後の聖福音を終えた後で福音書側で最上段か床まで下り、そこで祈祷文を朗唱する間書簡側の方を向いて跪く。祈祷文を終えた後で、立ち上がり、高位聖職者に頭を下げ、カリスを持ちに行く前に、高位聖職者の出発を待つ。

14　しかしながら、高位聖職者が至聖所に残ることになっている場合、司式者は祈祷文の後、あるいは祈祷文が唱えられないことになっている場合には最後の聖福音の後すぐに、中央に向かい、カリスを持ち、正面の階段を下り、ビレッタを受け取り（背を高位聖職者の方に直接向けないように、少し一方の側に立ちながら）、祭壇に低くお辞儀をするか片膝をつき、ビレッタをかぶり、高

---

[10] R. X, 3; C.E. I, xxx, 2.
[11] R. XII, 3; C.E. I, xxx, 3.
[12] 同。

位聖職者のところを通る際に、ビレッタをかぶったままで高位聖職者に頭のお辞儀をする。

15　御聖体が顕示されている場合、高位聖職者への全ての特別な名誉の印は省かれる[13]。

数人の上級の高位聖職者の前でのミサ

16　数人の上級の高位聖職者が列席している時、全員が同じ位階であるか[14]、あるいは１人が他よりも高い位階であるであろう。最初の場合には、（ａ）*Confiteor* 中に司式者は高位聖職者の方にお辞儀をして、*vobis, patres* と *vos, patres* を唱え、（ｂ）聖福音の後でミサ典書はどの高位聖職者にも差し出されず、司式者によりキスもされず[15]、（ｃ）pax-brede は最も高位の場所あるいは福音書側で祭壇に最も近い場所の者から始めて各高位聖職者に差し出される。

　　二番目の場所には、（ａ）*Confiteor* 中に、司式者は *tibi, pater* と *te, pater* を唱えながら最も高位の高位聖職者に向かってお辞儀をして、（ｂ）ミサ典書はこの高位聖職者にのみ差し出され、（ｃ）pax-brede はこの最も高位の高位聖職者から始めて、各高位聖職者に差し出される。

裁治権の地域外での高位聖職者

17　*裁治権の地域外で聖歌隊服を着てミサに列席する高位聖職者は、クッションのついた（布は無しで）*[16]*跪き台で跪いても良いが、この者が受ける唯一の名誉の印は*[17]*、祭壇へのそして祭壇からの途中で司式者が高位聖職者のところを通る際の司式者（ビレッタをかぶっている）からのお辞儀である。平和の接吻もまた受けても良い（pax-brede で与えられる）。*

13　S.R.C. 2928[6] 参照。
14　これは全員が枢機卿である場合のみに起き得る。
15　C.E. I, xxx, 3.
16　S.R.C. 2011[2], 2621[10].
17　R. XII, 3.

第20章　司教の読唱ミサ[1]

　読唱司教ミサのかなり例外的な場合は別として（例、私的な叙階で）、司教は時折、一定の荘厳さで、公的な教会あるいは礼拝堂で読唱ミサを行うであろう。しかし、通常は、自身の礼拝堂で、特別な荘厳さなしで、全く私的に読唱ミサを行うであろう。

I.　ある荘厳さでの読唱ミサ

　1　司教が読唱ミサを――特別な荘厳さでか、それなしで――司式する時、指輪[2]及び胸十字架[3]、ズケット[4]（御聖体が顕示されているのでなければ）を使用する権利がある。しかし司教冠あるいは司教杖、大司教である場合には大司教十字架も使用しない[5]。

　2　司教には全ての教会と礼拝堂で自身の暦に従う特権がある[6]。

　3　司教がある荘厳さで読唱ミサを司式する場合、彼の位階の聖歌隊服、すなわちカソックとベルト、ロチェット、mozzetta（司教区外の場合には、mantelletta）、紫のビレッタを着用して到着するであろう。

準備

　4　少なくとも4本[7]、そして6本を超えないろうそくが主祭壇で点火される。ミサ典書は書簡側の隅でいつもの位置に開いて置かれる。祭壇カードは置かれない。

---

[1] 司教の読唱ミサはミサ典書の *Ritus* のあちこちで扱われており（例、I, 4; V, 1; VIII, 2; XII, 8)、C.E. I, xxix でより完全に扱われている。

[2] C.E. I, xxix, 3; C.J.C. 811, §2.

[3] C.E. I, xxix, 3.

[4] C.J.C. 811, §2.

[5] C.E. I, xxix, 11; cf. S.R.C. 4035[3].

[6] C.J.C. 239, §1, 9[0].

[7] C.E. I, xxix, 4.

5　祭服は中央で祭壇のテーブル上に置かれ、同じ色のベールで覆われる。しかしながら、死者ミサでを除き、マニプルはこれらとともに置かれず、福音書側の隅か祭器卓の上に別に置かれる[8]。

6　祭器卓の上に、パテナやホスチア等とともにカリス[9]、鈴、司教儀式で使用されるボールと水差し、1枚か追加の（大きな）手拭きタオル、ハンドキャンドル（点火した蜜蝋のろうそくとともに）、司教の胸十字架と指輪を外したときに保持するための小さな盆が準備される。

7　至聖所の中央で祭壇前に司教用床几[10]（クッション2つとともに）あるいは布で覆われて司教の腕と膝のためのクッション2つをのせた跪き台[11]が置かれる。布とクッションの色は、枢機卿のためには赤、司教のためには緑であろう——ミサの祭服が紫か黒の場合には、両者のために紫である。司教用床几あるいは跪き台の上に司教用カノン[12]が、ミサのための準備の祈祷文で開いて置かれる。

8　御聖体が主祭壇にない場合、御聖体が納められている祭壇の前に、同様に準備された別の跪き台が置かれるか、あるいは少なくとも、そこで最下段にクッションが置かれる[13]。

補佐者

9　司教が読唱ミサを荘厳に司式する時、カソックとスルプリを着て[14]ストラを身につけていない[15]2人のチャプレン、及び何人かの侍者により奉仕されるべきである。チャプレンの少なくとも1人は司祭であることが想定されてい

---

[8] 御聖体が顕示されている場合、司教は香部屋、あるいは御聖体から見えない場所のテーブルで着衣する。

[9] 司教を補佐する聖職者（少なくとも剃髪している）がいない場合を除く。補佐する聖職者がいない場合には、カリスは祭服の近くで祭壇上に準備されていなければならない（S.R.C. 4181[7]）。

[10] 典礼用語小辞典、267 ページ参照。

[11] 司教が外部の司教であるのでなければ（S.R.C. 367）。

[12] 典礼用語小辞典、265 ページ参照。

[13] S.R.C. 4268[9] 参照。

[14] C.E. I, xxix, 2, 5.

[15] S.R.C. 2741, 3367.

る。これは常に可能であるわけではないかもしれないが、司教の主たる補佐者は少なくとも剃髪した聖職者であるべきである[16]。

10　司教儀式書[17]にはこれらのチャプレンの務めが一般に以下であると書かれている。応答をすること、ミサ典書を移動させること、必要な時にいつもカリスからパラを外し、カリスをパラで覆うこと、司教が両手を洗う時にタオルを手渡すこと、ワインと水を注ぐときに奉仕すること、他の必要な事をすること。

11　補佐者が上級品級の者である場合、これらの1人は（a）奉献でカリス（及び、チボリウムがある場合にはチボリウムを）を祭壇に持ってくる、（b）カリスを拭いて、*Benedicite, Pater Reverendissime*[18]を唱えることにより司教に水の祝別を請いながらワインと水を注ぎ、（c）いつもの儀式上のキスとともに、パテナとホスチア、後にはカリスを司教に差し出し[19]、（d）荘厳ミサで助祭と副助祭が行うように、必要な時にいつもカリスからパラを外し、カリスをパラで覆い、（e）密唱の後でミサ典書をカノンに替え、（f）序唱の始めで司教のズケットをはずし、（g）Embolism（*Libera*）でいつものキスとともに、パテナを差し出し、（h）聖体拝領が与えられることになっている場合、聖櫃を開け閉めし[20]、（i）各聖体拝領者の顎の下でパテナを保持し、（j）司教の頭にズケットを戻してかぶせ、（k）すすぎのためにワインと水を奉仕し、（l）カリスを拭いて、再び覆い、祭器卓に持って行く。

12　司教の主たる補佐者が上級品級でなく、聖職者（剃髪した）である場合、§10と§11[21]に書かれた全てを行っても良いが、（a）奉献でカリスを拭きワインと水を注いではならない。（b）パテナあるいはカリスを司式者に手渡してはならない。（c）カノンの間、カリスに触れても、カリスからパラを外してもカ

---

[16] S.R.C. 4181[3].
[17] I, xxix, 5.
[18] 枢機卿のためには、*Benedicite, Pater Eminentissime et Reverendissime.*
[19] カリスを支えたり、司教とともに *Offerimus* を唱えない
[20] 司教が望む場合には、チボリウムを取り出し、後で戻して置いても良い。これのためにストラを身に着けなければならないが、これを行っている間の当座のみである。
[21] S.R.C. 4181[4].

リスをパラで覆ってもならない。（ｄ）すすぎの後でカリスを拭いてはならない
が、カリスを再びベールで覆い祭器卓に運んでも良い[22]。

13　司教の補佐者が平信徒である場合、司祭のミサとほとんど同じように奉
仕しなければならないが、彼らの１人か２人は、必要な時にページをめくり、
ハンドキャンドルを保持しながら、ミサ典書の所で司教を補佐しても良い[23]。

14　司教の読唱ミサでの他の侍者の務めは、司教の両手を洗うこと、司教の
着衣のために祭服を祭壇からチャプレンのもとに運ぶこと、脱衣の時に祭服を
運んで戻し、奉挙でたいまつを保持することである[24]。彼らは枢機卿あるいは
自身の司教区での司教（自身の管区での大司教）に片膝をついて表敬を行う。
一方で、司教区外の司教には、低くお辞儀をする。

ミサの儀式

15　司教がある荘厳さでミサを行うために到着した時、教会のドアで補佐者
（チャプレン）と侍者により、迎えられても良い[25]。第１チャプレンはいつも
の儀式上のキスとともに、司教に潅水棒を手渡し、司教はこれで最初に額に触
れ、次いで周囲の者に振りかける[26]。

16　御聖体が主祭壇にない場合、司教は最初に御聖体が納められている祭壇
で短い訪問を行うであろう。

---

[22] S.R.C. 4181[6].
[23] S.R.C. 4181[7]. 補佐者（聖職者でも平信徒でも）の儀式は、ミサ典書のルブリカで扱
われていないため、ここでは詳細に述べられていない。これらの詳述は
Fortescue-O'Connell の *Ceremonies of the Roman Rite Described*（1961）中に見出され
るであろう。
[24] 司教が読む時にはいつでも（ミサ前あるいはミサ中、ミサ後）、チャプレンの１人あ
るいは侍者により、ハンドキャンドルが司教のそばで保持される。ハンドキャンドルは使
用されていない時には、祭壇上（あるいは祭器卓上）に置かれても良い。これを保持す
る者は、保持している間、跪いたり片膝をついたりしない。従って、奉挙では跪く前に
ハンドキャンドルを脇に置く。司教が書簡側の隅にいる時、ハンドキャンドルは通常、
司教の右側で保持される。司教が中央か福音書側の隅にいる時、ハンドキャンドルは司
教の左側で保持される。
[25] 可能である時には、教会の主任司祭が、例えミサで補佐者として務めないとしても、
司教を迎え入れるであろう。そして、潅水棒を司教に差し出すのは主任司祭である。
[26] 外部の司教（すなわち、「上級の」高位聖職者ではない。214 ページ参照）は自身で聖
水を取るが、他の者に潅水しない。

17　主祭壇に到着したらすぐに、十字架に低くお辞儀をするか、御聖体がある場合には片膝をつき、司教用床几か跪き台で跪き、そこでミサのための準備の祈祷文をカノンから読む。祈祷文の間、チャプレンの1人あるいは侍者が司教のそばでハンドキャンドルを保持する。

18　準備を終えた時、司教は祭壇の床に向かい、そこで適切な表敬を行い、胸十字架を外して補佐者の1人により保持される盆の上に置き、そして mozzetta あるいは mantelletta を脱ぐ。mozzetta はフードを祭壇の方に向けて跪き台の上に広げられるが、mantelletta は折り畳まれて祭器卓の上に片付けられる。

19　司教はビレッタをかぶり、指輪をはずし（これは一時、盆の上に置かれる）、両手を洗う。侍者は跪きながら（あるいは、司教が司教区外である場合には立って）水を注ぐ。チャプレンの1人がタオルを手渡す。次いで、司教はビレッタを脱いで（これは、mozzetta とともに片付けられる）、指輪を再びはめる。

20　次に、司教はチャプレンに補佐されて祭服を着る[27]（既に唱えていなかった場合には、着衣の祈祷文を唱えながら）。この時、マニプルを身につけない（死者ミサ中を除く）[28]。ストラより先に胸十字架を身につけ、そのため胸十字架はカズラの下になるであろう[29]。ストラは交差させず、端をまっすぐに垂らして[30]、チングルムで留める。カズラを身につけた後で、既に準備の祈祷文の終わりに唱えていなかった場合には、司教はマニプルを身につけるために唱えられる祈祷文を唱える[31]。

21　チャプレンの1人によりカノンが祭壇へ運ばれ、*Oramus te, Domine* で開いて、聖櫃か壇に立て掛けて置かれる。マニプルが祭壇の床に運ばれる。

---

[27] 御聖体が顕示されている場合、祭壇に来る前に着衣しなければならない。

[28] R. I, 4.

[29] C.E. II, viii, 14; S.R.C. 3873[2], 4035[2].

[30] R. I, 4.

[31] C.E. II, viii, 9.

22 司教は十字架あるいは御聖体に適切な表敬を行い、ミサを始める。*Indulgentiam . . . Dominus* を唱えた後で[32]、司教はチャプレンにより差し出されたマニプルの十字にキスをして[33]、マニプルを身につける[34]。次いで、準備の祈祷文を続ける。

23 *Gloria in excelsis* の後で、司教は *Pax vobis* を唱える。しかし *Gloria* が唱えられない場合には *Dominus vobiscum* を唱える[35]。

24 奉献で司教は（少なくとも1人の補佐者が上級品級である場合には）、荘厳ミサでのように、チャプレンからパテナを受け取り、水を祝別し、チャプレンにより準備されたカリスを受け取る。

序唱

25 密唱の後で、カノンがミサ典書（祭壇か祭器卓の上に置かれる）の代わりに書見台の上に置かれ、ズケットがチャプレンの1人により外される。ズケットは盆の上に置かれ、祭器卓の上に残される。

26 祈祷文 *Te igitur* 中で、*et Antistite nostro* の代わりに司教は *et me indigno servo tuo* を唱える[36]。自身の司教区外で司式する時、司教はその地の司教の名をあげない。

27 十分な侍者が得られる場合、彼らの2人が奉挙のために祭壇の側方で点火したたいまつを持って跪くであろう[37]。そうでなければ、祭壇の階段の床で両側に、2本の大きなろうそくが点火される。これらは御血の拝領後まで、あるいは聖体拝領の分配が行われる場合にはこの後まで点火されたままで保たれる[38]。

---

[32] C.E. II, viii, 32.
[33] R. I, 4.
[34] 受難節中であっても *Indulgentiam* の後でマニプルを身につける（S.R.C. 3575³）。
[35] R. V, 1.
[36] R. VIII, 2.
[37] C.E. I, xxix, 6.
[38] 同、§7.

28　鈴は御聖体の奉挙で3回、カリスの奉挙で3回鳴らされ、それ以上は鳴らされない[39]。

聖体拝領

29　聖体拝領が与えられ、御聖体が祭壇上にない場合には、チャプレンの1人が、もし司祭か助祭であれば、司教のために聖櫃の扉を開け閉めする。この者は司教が望む場合には、ストラを身につけながら、チボリウムを取り出して蓋をはずし、後で蓋をして戻して置いても良い。

30　聖体拝領の分配中に、司教は指輪か手を聖体拝領を受ける各人によりキスされるために差し出しても良いし[40]、「慎重な判断に従って」そうしなくても良い[41]。チャプレンの1人は、司祭か助祭である場合には、各聖体拝領者の顎の下でパテナを保持する[42]。

31　御血の拝領後に（あるいは聖体拝領の分配が行われる時にはこの後に）、チャプレンの1人が司教の頭にズケットを再びかぶらせ、チャプレンはすすぎで奉仕する。チャプレンが上級品級である場合、カリスを拭いて再びベールで覆い、祭器卓に片付けるのはこの者である。この者が単なる聖職者である場合、カリスを拭かないが、カリスに再び覆いをして片付けても良い。補佐者が平信徒である場合、司教は自身でカリスを再び整え、ミサ後に片付けられるために祭壇上に残さなければならない。

32　すすぎの後で、ズケットを外して何も唱えずに、司教は書簡側で両手を洗う。チャプレンが司教にタオルを差し出す。その間、カノンが祭壇の中央に戻して置かれ、ミサ典書が書見台に戻される。

祝福

---

[39] C.E. I, xxix, 6 はそうである。しかしS.R.C. 4377 を考慮して、鈴は *Sanctus* で（R. VII, 8）、そして慣習があるところでは、聖変化の前に鳴らされても良いように思われる。

[40] C.E. II, xxix, 5 が指示しているように。

[41] S.R.C. 4395.

[42] 秘跡聖省の訓令、1929 年3 月26 日（III, §5）。

33　司教は *Sit nomen Domini* 等を唱え（胸に十字の印をしながら）、3 回十字の印をしながら[43]、*more episcopali* 司教のやり方で[44]祝福を与えるが、司教冠も司教杖も使用しない。

34　レオ 13 世の祈祷文が唱えられることになっている場合、司教はマニプルを外した後で、祭壇の下で、クッションの上で跪きながら[45]、これらを唱える。

35　司教は御聖体が顕示されているのでなければ、祭壇の下で脱衣し[46]（死者ミサ中を除き、最初にマニプルを外す）、mozzetta と胸十字架を再び身につける。司教は再び手を洗わない[47]。

36　司教は、カノンを使用し、そばでハンドキャンドルが保持される中、跪き台で感謝の祈祷文を読む。

37　上で述べられている典礼を別として、他の全てでは、司教はミサ典書のルブリカに従って、単なる司祭と同様に読唱ミサをささげる[48]。

II.　高位聖職者が司教のミサに列席している時

1　枢機卿あるいは君主が司教の読唱ミサに列席している場合、最初の聖福音の終わりに、ミサ中で使用されているものではないミサ典書が、聖福音の文章の始めにキスをするためにその者のもとに運ばれる[49]。

2　枢機卿あるいは別の司教、君主が司教の読唱ミサに列席している場合、*Agnus Dei* の後で、第 1 チャプレンが司式司教の右側で跪きながら、司教が祈祷文 *Domine Iesu Christe, qui dixisti* を終えた時に、司教に pax-brede を[50]差し出す。司教は *Pax tecum* を唱えながら pax-brede にキスをし、チャプレンは

---

[43] C.E. I, xxv, 5 でのように。
[44] C.E. I, xxix, 11; R. XII, 8.
[45] S.R.C. 4268⁹.
[46] C.E. II, xxxiii, 30.
[47] S.R.C. 4056².
[48] C.E. I, xxix, 11.
[49] C.E. I, xxix, 9 及び 215 ページ参照。
[50] 典礼用語小辞典、270 ページ参照。brede が利用できない場合、平和の接吻は省略される（cf. R. X, 3)。

これに *Et cum spiritu tuo* と答える。次いで、チャプレンはpax-brede を高位聖職者あるいは君主（あるいは1人を超える者がいる場合には、最も高位の者から始めて各人へ）まで運び、*Pax tecum* を唱えながらキスをするためにpax-brede を差し出し、高位聖職者はこれに *Et cum spiritu tuo* を答える。pax-brede を差し出す前に、チャプレンは高位聖職者に何の表敬も行わない。pax-brede を差し出した後で、チャプレンは適切な表敬を行う（片膝をつくか、低くお辞儀をする）[51]。

III. 単純な典礼に従った司教の読唱ミサ

1　司教が全く私的に読唱ミサを行う場合（例、自身の礼拝堂で）、通常の日には2本のろうそく、より荘厳な祝日には4本のろうそくで十分である[52]。カノンとハンドキャンドルは省かれても良い。

2　司教は香部屋で着衣しても良く、通常、室内カソック（赤い縁取りのある黒のカソック）を着ているであろう。ルブリカは司教が着衣した時にビレッタを身につけることを想定していないが、著者によっては（例、Martinucci）私的にミサをささげるために香部屋から祭壇に向かう際と祭壇から戻る際に、ビレッタを用いても良いと考えている[53]。

3　私的に行われる読唱ミサで、司教は単なる司祭と同じやり方で司式するが、以下を除く。（a）胸十字架と指輪を身につける。そして、ズケットを身につけても良い。（b）*Indulgentiam* の後でマニプルを身につける（死者ミサ中を除く）。（c）*Gloria in excelsis* が唱えられる場合、これの後で *Pax vobis* を唱える。（d）すすぎの後で両手をあらい、そして（e）司教のやり方で祝福を与える。

---

[51] C.E. I, xxix, 8 及び216 ページ参照。
[52] C.E. I, xxix, 4.
[53] ミサのためのビレッタの使用はもはや義務ではない（R. I, 3）。

第４部　　読唱ミサの侍者奉仕

第21章　侍者１人によるミサ奉仕

I.　一般的な注意[1]

1　通常[2]、位階が何であっても、司教でない全ての司祭の読唱ミサでは、ただ１人の侍者がいるであろう[3]。典礼は侍者が聖職者であることを想定しているが、現在では平信徒がミサ奉仕を許されている[4]。

2　いやしくも可能である時には、侍者はたとえ聖職者でなくても、カソックとスルプリを着るべきである[5]。しかし、これが可能でない時には、普段着でミサの奉仕をしても良い[6]。侍者は儀式に参加する時、上履きをはくのが望ましい。侍者は手袋[7]あるいは帯、他の装飾を身につけることは許されていない。

3　祭壇での侍者の動きは、重々しく、恭しく、できる限り静かであるべきである。中位の速さで、目を下げて、直立して歩くべきである。侍者はまた、お辞儀をすることになっている時を除き、*直立して*跪くべきである。祭壇を動

---

[1] 読唱ミサの侍者奉仕は、ミサ典書の *Ritus* の至るところで付随的にのみ扱われている。その詳細は固定されておらず、儀式の一般的な原則を適用することにより、及び荘厳ミサでの助祭と副助祭の務めと読唱ミサでの侍者の務めの間の類推により、礼部聖省のいくつかの決定により、そして地域の慣習により決定されている。ミサの侍者奉仕はここで概略のみが扱われている。今日では、読唱の対話ミサでの会衆の行動的な参加の考慮がなされなければならない。

[2] 通常の読唱ミサのためには１人の侍者のみが許されているが、例えば conventual のミサ（歌ミサでない）や教区ミサ、施設内での共同体のミサのような厳密には私的でない読唱ミサ、及び特別な機会に荘厳ミサあるいは歌唱ミサの代わりに行われる読唱ミサのために、*より荘厳な機会には*、２人（これを超えない）の侍者は黙認されている (S.R.C. 3059[7])。

[3] *Ritus* は読唱ミサのために１人のみの侍者を想定しており、S.R.C. 1131[21], 2583[6], 3059[7], 3262[18], 4154 はこれを追認している。

[4] Cf. S.R.C. 3108[3], 4271[1], 4328 及び *De Defectibus* (Missal) X, I 参照。ミサの侍者奉仕のために３年間の贖宥がある (S. Penitentiary, 1937 年 5 月 13 日)。

[5] R. II, 1; S.R.C. 3108[3], 4194[2].

[6] S.R.C. 4271[1].

[7] S.R.C., 1953 年 12 月 16 日。

き回る時には、両手を合わせて、掌を一緒につけて、右手の親指を左手の親指の上にして保つ。特別な務めに従事していない時（例、祭壇の下で跪いている時）、侍者は右手を左手の上にして両手を組み合わせて、しかし胸の高さで保持しておいても良い。一方の手がふさがっている時、他方の手、通常左手は、胸の下に平らにして置くことになっており（親指と残りの指をいっしょにつけて）、決して脇で下げてはならない。

4　祭壇で回る時、侍者はできる限り、背を完全に御聖体あるいは十字架に向けることを避けるであろう。従って、例えば、祭壇の書簡側の隅に本を置いた後で、*右側*から回り、脇で階段を下り、*左側*から回り、自分の場所に行く。

5　片膝をつき、お辞儀をし、十字の印（大小の）をする際、侍者は司祭のために定められた規則に従うことになっている（19 ページ以下）。

6　侍者の務めの最も重要な役割は、正しく答えることである。侍者は、正確に、はっきりと、中位の声の調子で、中位の速さで答えながら、応答に*非常にこだわらなければならない*。侍者は応答を早く始めすぎることにより司祭をさえぎってはならず、すぐに応答しないことにより司祭を遅らせてもならない。

いくつかの一般的な規則

7　読唱ミサの間中、聖福音の時を除き、侍者は何か特別な務めに従事していない時には跪く[8]。準備の祈祷文の間、司祭が祭壇の下で立っている時、侍者は司祭の左側で床に跪く。他の時には、ミサ典書があるのとは逆の側で、最下段で跪く[9]。

8　祭壇に到着するとすぐ、ミサ中に中央を*通る*時、ミサの終わりに出発する前に、御聖体がない時であっても、侍者は片膝をつく[10]（常に床で）。この場合、祭壇の十字架に向かって片膝をつき、司祭は単にお辞儀をするであろう。

---

[8] 対話ミサでは、侍者は（自由に行える時には）ミサの一定の部のために会衆が立つのを導く。

[9] R. III, 6; VI, 2; XI, 1; XII, 1.　最後の聖福音が聖ヨハネのものである時、祭壇カードがミサ典書に相当する。

[10] S.R.C. 4193¹.（以下の§13 参照）

9　ミサ中に、司祭が*声を出し*で[1]話す間にお辞儀をし、片膝をつき、あるいは十字の印をする時にはいつでも、侍者はできる限り、同じ事を行う[12]（例えばクレドの *Et incarnatus* でのように、司祭が片膝をつく時に侍者が跪いている場合、侍者はお辞儀をする）。

10　司式者に何かを手渡すか司式者から何かを受け取る時に、侍者が——C.E. I, xviii 16 のルブリカに従い——*司式者の手にキスをする*べきかどうかは、未決の問題である。ある権威は、その中に Martinucci、de Amicis、Vavasseur-Haegy-Stercky、Vismara がいる、R. VII, 4 と S.R.C. 4193[2] にこの場合には司祭の手はキスされないことになっていると書かれていると考えている。またある権威は言及していないが、これらのキスを規定してはいない。またある権威は、例えば、De Herdt、Hébert、Callewaert は、奉献での禁止のために、そして Callewaert[13] が加えているように、下級品級の聖職者は司式者に直接奉仕するために、助祭と副助祭のようには、叙階されていないために、明確にこの慣習に反対している。

鈴を鳴らす

11　ミサに誰も列席していない場合であっても[14]、侍者は *Sanctus* と各奉挙で[15]、鈴を優しく鳴らすことになっている。慣習であれば、聖変化前に短く1回鈴を鳴らしても良く[16]、そして聖体拝領者がいる場合には、聖体拝領の時間の少し前に *1回鈴*を鳴らす。以下の場合には、読唱ミサでは鈴は全く鳴らされない[17]。（ａ）顕示された祭壇以外の祭壇で、御聖体の顕示の間。（ｂ）歌ミサあるいは公的な行列の間、あるいは棺台で赦免が行われている間。（ｃ）聖職者が行列で、聖歌隊席に向かうか聖歌隊席から戻るか、あるいは荘厳ミサの司式

---

[11] 従って、例えばカノン中はそうではない。

[12] Cf. S.R.C. 4057[5]. 自身が後で唱えるため、*Confiteor* の間を除く。

[13] *Caeremoniale*, p. 139. しかしながら、彼は侍者に手渡すか受け取る物（例、ビレッタ）にキスをさせようとしている。De Herdt と Hébert もそうである。

[14] S.R.C. 3638[3] 参照。

[15] R. VII, 8; VIII, 6.

[16] S.R.C. 4377.

[17] 主たる儀式から注意をそらさないため。I.C. §16; S.R.C. 3157[10], 3448[2], 3814[1].

者と奉仕者が祭壇に向かうか祭壇から戻る時。（ｄ）聖歌隊席で聖務日課が唱えられていて、読唱ミサが司式されている（脇）祭壇が聖歌隊席の視界内である時。

ろうそくの点火と消火

12　書簡側のろうそくが最初に、次いで福音書側のろうそくが点火されることになっている。数本のろうそくがある場合、侍者は書簡側で最も十字架に近いろうそくから始めて外側に進む。次いで、侍者は福音書側に渡り、最も十字架に近いろうそくから始めて外側に続ける。ろうそくの消火の際には逆の順に従う。すなわち、侍者は福音書側の十字架から最も遠いろうそくから始めて、書簡側の十字架に最も近いろうそくで終える[18]。

13　聖櫃内に御聖体がある場合、侍者は到着したらすぐ、中央を通る時、そして出発する前に片膝をつく。御聖体がない場合、侍者は十字架に向かってお辞儀をする[19]。

II.　1人の侍者によるミサ奉仕

ミサの始まり

1　侍者は、御聖体の前で短い祈祷文を唱えた後で、上履きとカソック、スルプリを身につけて、ミサのために指定された時間の少なくとも5分前には、司式者の着衣を手伝うための用意ができている。

2　聖具保管係がいない時には、侍者はミサのための準備を確かめなければならない。侍者は瓶を準備して、手洗い鉢とタオルとともに祭器卓に持って行く。侍者は祭壇のカバーを取り除き、祭壇カードを置き、書見台を祭壇の書簡側に、テーブルの端と平行になるようにして置く。侍者は鈴と聖体拝領の皿、ミサ後の祈祷文のカードが祭器卓の上にあることを確認する。通常は2本のみ、ろうそくに点火する。

---

[18] S.R.C. 4198[9].
[19] 儀式の行為 *actu functionis* 中のみで十字架に向かって片膝をつく。S.R.C. 3792[11] 参照。この章の上記§8を参照。

3　侍者は司式者の左側に立ちながら、司式者の着衣を手伝うべきである。司式者が自身で着衣椅子から直接持って来ることを好むのでなければ、侍者は各祭服を司式者に手渡すべきである。侍者は肩衣とマニプル、ストラの十字にキスをするが、司式者と同じ場所にキスをしないようにわきにキスをする。少なくとも（Ritus, I, 3 が指示しているように）侍者はチングルムを司祭の後方で、２つに折った端を左手で房のついた端を右手で保持し、アルバが床から約１インチで等しく下がっていることを確かめながら、アルバを整えるべきである。

4　司祭の準備ができた時、侍者はミサ典書を持ち、上部を胸にたてかけて小口を左側にして、両手でミサ典書の下部を保持する。司式者の後方、少し左側に立ちながら、司式者とともに香部屋の十字架か主たる像に中位のお辞儀をして、祭壇まで司祭を先導する。

5　香部屋のドアで、侍者は聖水を司式者に渡しても良い[20]。そして、慣習であれば、侍者は来たるべきミサの司式に注意を引くために、教会への入口で鈴を鳴らす。

6　香部屋が祭壇の後方にあり、祭壇にどちらの側からも近づくことができる場合、侍者は福音書側から祭壇に向かい、司式者が祭壇の下に到着した時に侍者を通り過ぎることを余儀なくされないようにする。ミサ後には、侍者は書簡側から戻る[21]。

7　祭壇への途中で、御聖体が聖櫃内にあるか顕示されている祭壇、あるいは主祭壇、あるいは聖遺物が崇敬のために顕示されている祭壇等を通り過ぎる必要がある場合、侍者は通常、司祭が行うのと同じ表敬を行うであろう[22]。

8　祭壇の下に到着したらすぐに、侍者は司式者のビレッタを持ち（司式者がビレッタを身につけている場合）、司式者が片膝をつくかお辞儀をする時に、

---

[20] S.R.C. 2514[4] 参照。

[21] S.R.C. 3029[12].

[22] 56 ページ参照。多くの著者は、御聖体が納められていない主祭壇を通り過ぎる時に、侍者に片膝をつくよう（司式者は頭のお辞儀をするのみである）指示している。しかし、そうして通り過ぎる時は、儀式の行為 actu functionis 中ではなく、そのため中位のお辞儀が適切な表敬であると思われる（S.R.C. 3792[11] 参照）。

侍者は片膝をつく。次いで侍者はビレッタを祭器卓あるいは聖なる奉仕者の椅子に置き、書簡側で階段を上りながら、閉じたミサ典書を[23]書見台の左半分の上に、小口を祭壇の中央に向けて置く。次いで、侍者は右側から回り、脇から下り、左側から回り（上記I, §4参照）、祭壇の中央を通る際に片膝をつきながら、祭壇の下の左側の自分の場所に向かう。

9　準備の祈祷文の間、司式者が祭壇の下にいる間、侍者は司式者の左側、少し後方で跪くことになっている[24]。司式者が十字の印をする時、侍者もこれを行い、詩篇を答え、*Gloria Patri* で頭を下げ、*Adiutorium* で自身に十字の印をする。

Confiteor

10　司祭が *Confiteor* を朗唱する間、侍者はお辞儀をせず、胸も叩かない。*Misereatur tui* のために侍者は司式者の方を向いてお辞儀をする[25]。次いで、祭壇に向かって中位のお辞儀をしながら、侍者は *Confiteor* を朗唱する。*tibi, Pater* と *te, Pater* で、侍者はやや[26]司式者の方を向いてお辞儀をする。*mea culpa* で侍者は右手の開いた掌で3回胸を軽く叩き、その間、左手は胸の下に平らにして保持する[27]（本あるいはカードを持っているのでなければ）。司式者が *Misereatur vestri* 等を唱える間、侍者はお辞儀をしたままでいて、次いで、*Indulgentiam* 等でまっすぐに跪き、自身に十字の印をする。残りの祈祷文では *Oremus* まで侍者はお辞儀をする。

11　司祭が祭壇に上る時、侍者は立ち上がり、まだ福音書側で、最下段に跪く。侍者は入祭文の始まり（上記I, §9参照）及び *Gloria in excelsis* の終わりに自身に十字の印をする。そして司式者がお辞儀をする時に侍者は頭のお辞儀をする。*Kyrie, eleison* で侍者は、司祭と一緒に唱えずに、司祭に答えるよ

---

[23] 読唱ミサ中にはどの時でも、侍者は決してミサ典書を開いたり、正しい場所を探すためにページをめくらないことになっている（S.R.C. 2572[5], 3448[14]）。
[24] R. III, 6.
[25] C.E. II, viii, 31 参照。
[26] R. III, 9.
[27] R. III, 7 参照。

うに注意しなければならない[28]。侍者は最初と最後の祈祷文の結びで *Amen* を[29]、書簡の終わりで *Deo gratias* を答える[30]。

聖福音

12　書簡の終わりの直後、あるいは詠唱あるいは続唱がある時には続唱の結びの頃に、侍者は立ち上がり、中央を通る際に片膝をつき、祭壇の書簡側の隅にまわりながら向かい、司式者が本から離れるまで、そこの床で[31]待つ。次いで、侍者は上り、両手で書見台を持ち、正面の階段を斜めに下り、中央の床で *in plano* 片膝をつき（十字架の方をまっすぐに向きながら）、斜めに上り、書見台を祭壇の福音書側の隅に置く。ミサ典書はテーブルの端に平行には置かれず、角度をつけて、やや祭壇の中央の方を向くようにする[32]。次いで侍者は祭壇から左側に回り（上記 I, §4 参照）、階段の下に行き、右側から祭壇の方に回り、そこで司式者の方を向きながら立つ。

13　*Et cum spiritu tuo* を答えた後で、侍者は司式者が額と唇、胸の上に小さな十字の印をする時にこれを行い[33]、次いで *Gloria tibi, Domine* を答える。侍者は、聖福音の冒頭の言葉の中で聖なる御名が発音されるかどうかを聞くためにしばらく待ち（一般に、これは発音されるので）、そしてそうである場合には頭のお辞儀をする。そうでなければ、侍者はお辞儀をせずに出発する。侍者は、祭壇の中央を通る際に片膝をつきながら、書簡側の階段の下に向かい、そこで両手を合わせて本の方を向きながら立つ。聖福音の終わりに[34]侍者は *Laus tibi, Christe* を答え、クレドが唱えられることになっているのでなければ、すぐに跪く。

28　"[Celebrans dicit] *Kyrie, eleison . . .* alternatim cum ministro" (R. IV, 2).
29　司式者が *Oremus, Flectamus genua* を唱える場合、侍者はもはや *Levate* を答えない。これは司祭により唱えられる（R.M., n. 440）。
30　四季の齊日のためには、241 ページ参照。
31　階段に多くの段数がある場合（例、5あるいは7）、遅れを避けるために最上段で待っても良い。
32　R. VI, 1.
33　22 ページ参照。
34　聖週間での受難の朗読の後にはない。

14 クレドが唱えられる場合、侍者はその朗唱の間立ち、司祭がお辞儀をする時に頭のお辞儀をする。司式者が *Et incarnatus est* 等で片膝をつく時に、侍者は膝をつき、クレドの終わりに司祭とともに十字の印をする[35]。

奉献

15 *Et cum spiritu tuo* を答え、*Oremus* で頭のお辞儀をした後で、侍者は立ち上がり、まっすぐ[36]祭器卓に[37]向かう。侍者は瓶から栓をはずし、瓶（盆がある場合には盆の上で）とタオルを書簡側の隅で祭壇に持って行き、そこで最上段に立つ。侍者は、書簡側の隅で、瓶を祭壇のテーブル上で自分の右側に置き、タオルをこれらの左側に広げる。右手にワインの瓶を持ちながら、必要であればタオルで瓶の底を拭き、司式者が近づく時に瓶にキスをする。侍者は司祭に頭のお辞儀をして、司祭の手にキスをせずに、司祭に瓶を手渡す[38]。次いで、侍者は水の瓶を右手に持ち、必要であればこれを拭いて、瓶に（あるいはスプーンが使用される場合にはスプーンに）キスをする。侍者はワインの瓶を左手に受け取り、水の瓶の上で十字の印がなされた後で、水の瓶を司祭に手渡す。次いで侍者はワインの瓶にキスをして盆の上に戻して置く。水の瓶を受け取り、右手に持ち、これにキスをして、タオルの上に置く。次いで侍者はワインの瓶（盆の上で）を持ち、司式者に頭を下げ、右側から回り（I, §4参照）、出発し、祭器卓の上に盆を戻して置く。手洗い鉢を持って祭壇の隅に戻り、侍者はタオルを右手の薬指と小指の間で（あるいはタオルを左腕に渡して置くか、タオルを祭壇上に残しても良い）、水の瓶を親指と人差し指・中指の間で持つ。

16 司式者が到着した時、侍者は頭のお辞儀をして、止めるための合図を受け取るまで、ゆっくりと注意しながら、司祭の指の上にいくらか水を注ぐ。次いで司式者はタオルを持ち、指を拭いて、タオルを侍者に手渡す。侍者は再び

---

[35] S.R.C. 4057[5] 参照。
[36] 侍者は中央を通ることを余儀なくされる時のみ、中央で片膝をつく。
[37] 場所によっては、侍者がカリスベールを折り畳むのが慣習である。これを行う場合、裏地を外側に出さずに、縦に2回折り畳み（4つの折り畳みを作るように）、コルポラーレの外側だが近くで、祭壇の後方に置く。
[38] R. VII, 4; S.R.C. 4193[2].

お辞儀をして、手洗い鉢と水の瓶、タオルを持って祭器卓に戻る。そこで侍者は、塵あるいはハエが入るのを防ぐために、瓶に栓を戻してつけるか、瓶を手拭きタオルで覆い、鈴を持ち、書簡側の祭壇の下の自分の場所に向かう[39]。

17　司式者が *Orate, fratres* を唱える時、侍者は応答（*Suscipiat*）をすぐに始めず、司祭が完全に祭壇の方に回って戻るまで待つ。次いで、お辞儀をせずに、侍者は応答を唱える。侍者が自分の場所に戻る前に司祭が *Orate, fratres* を唱える場合、侍者は跪かずに *Suscipiat* 等を答える。

18　侍者は序唱に先行する祈りへの短い招きに、*Gratias agamus* 等でお辞儀をしながら、応答を行う。*Sanctus* で、ややお辞儀をしながら、侍者は別々に３回（慣習により）、優しく鈴を鳴らす[40]。*Benedictus* 等で自身に十字の印をする（I, §９参照）。

カノン

19　生者の記念 Memento の終わりに、侍者は、これが慣習であるところでは、至聖所の書簡側にある奉挙のろうそくに点火する[41]。これは司祭と会衆の聖体拝領の後まで点火されたままでいる。

20　*Hanc igitur* で——司式者が両手をホスチアとカリスの上に広げる時——侍者は聖変化のために注意の鈴を１回鳴らす[42]。

21　次いで、侍者は立ち上がり、鈴を持ちながら片膝をつかずに最上段か footpace に向かい、そこで司祭の少し右側で跪く。司式者が聖変化の言葉を唱えるためにかがむ時、侍者は中位のお辞儀をする。司祭が片膝をつく時、侍者は鈴を鳴らし、次いで左手にカズラの端を持ち、これにキスをせずに、司式者が御聖体を奉挙する時にカズラの端を持ち上げる[43]。同時に侍者は再び鈴を鳴らし、御聖体を見上げながら、「我が主、我が神よ」の言葉を「信・望・愛をも

---

[39] 瓶の奉仕には様々な正しい方法があり（ルブリカは詳細に立ち入っていない）、１つの認められた方法が本文に書かれている。

[40] R. VII, 8.

[41] R.M., n. 530.

[42] S.R.C. 4377 参照。

[43] R. VIII, 6.　カズラが極めて大きなものでなければ、少しのみ持ち上げるべきである。

って」静かに唱える⁴⁴。侍者はすぐにカズラを下げて、司祭が片膝をつく時に再びお辞儀をして、3回目の鈴を鳴らす⁴⁵。侍者はワインの聖変化の間、お辞儀をしたままでいて、次いでホスチアの奉挙で行ったようにカリスの奉挙で務める。

22 奉挙の後で侍者は立ち上がり、鈴を持ちながら左側から回り（I, §4参照）、床に下りる。侍者は右側から回り書簡側の自分の場所に向かい、そこで再び最下段で跪く。

23 カノンの終わりで *Amen* を、*Pater noster* の結びで *Sed libera nos a malo* を、司式者が *Pax Domini* 等を唱える時に *Et cum spiritu tuo* を侍者は答しかるべき時にえる。

24 侍者は *Agnus Dei* で頭のお辞儀をして、司式者が胸を叩く時に胸を叩くが、*Nobis quoque peccatoribus* でも⁴⁶、*Domine, non sum dignus*（最初に唱えられる時には、司式者のみに関係する）でも胸を叩かない。侍者はこれらの言葉で鈴も鳴らさない。侍者はまた、司祭が御聖体を拝領する間にお辞儀をする。

聖体拝領

25 聖体拝領者がいる場合、侍者は *Agnus Dei* が終わった後すぐに、聖体拝領者が祭壇に近づくための合図として鈴を（1回）鳴らす⁴⁷。その後すぐに、侍者は書簡側の隅へ向かい、聖体拝領者がいる場合には聖体拝領の皿を持った後で、次いで書簡側の最下段で跪く。侍者は司式者の聖体拝領の間お辞儀をする。しかし、聖体拝領者がいない場合には、侍者は祭器卓から瓶を持って来て、書簡側の隅の最下段の前で、瓶を持って（あるいは、これらを祭壇の隅に置く）立つ。これは司式者に聖体拝領を受ける者がいないことを示す。

---

⁴⁴ 毎回、7年の贖宥。
⁴⁵ 別々に3回鳴らしても良いし、あるいは司祭がホスチアをコルポラーレの上に置くまで連続的に鳴らしても良い（R. VIII, 6）。
⁴⁶ S.R.C. 3535³ 参照。
⁴⁷ M⁶², R. X, 6.

侍者1人によるミサ奉仕

26 侍者自身が聖体拝領を受けることになっている場合、この時侍者は、聖体拝領の皿を持ちながら、最上段に上り、footpace の端で跪く。聖職者でない場合であっても、カソックとスルプリを着ていない場合であっても[48]、侍者はこれを行うであろう。奉仕の理由により、侍者は通常、他の全ての者の前に聖体拝領を受ける[49]。

27 司式者が御聖体を保持しながら *Ecce Agnus Dei* を唱える時、侍者は御聖体を見て、自身が聖体拝領を受ける予定である場合には、各 *Domine, non sum dignus* で胸を叩く。

28 聖体拝領を受けた後で、侍者は書簡側に下りて、聖体拝領の皿を最初の聖体拝領者に手渡す。侍者が聖体拝領の分配中に聖体拝領の皿を保持することになっている場合[50]、侍者は司式者の右側で、司式者を先導しながら、聖体拝領台に沿って歩き、右手で皿を各聖体拝領者の顎の下で水平に保持する。分配の終わりに、侍者は皿を司祭に手渡しても良いし、あるいは皿を祭壇まで戻し、司祭が御聖体を運んでいる場合には片膝をついた後で皿を司式者の右側で祭壇上に置くか皿を司式者に手渡しても良い。皿が清められた時、侍者は皿を祭壇から取り去り、祭器卓の上に伏せて戻して置くであろう。

29 侍者が皿を保持しないことになっている場合、侍者は聖体拝領の分配の間、書簡側の最下段で跪いたままでいる。

すすぎ

30 司式者がチボリウムを戻して置いた後で聖櫃の扉を閉じた時、侍者は立ち上がり、瓶を取りに祭器卓に向かう。侍者は2本の瓶を持ち（盆がある場合には盆の上で）、祭壇まで運び[51]、自分の右側でテーブルの隅に置く。侍者は、左手を平らにして胸に置きながら、右手にワインの瓶を持つ[52]。

---

[48] S.R.C. 4271[1].
[49] S.R.C. 1074, 4328.
[50] 181ページ、注19を参照。
[51] 聖体拝領者がおらず、御血がまだカリスの中にある場合には、侍者は階段を上る前に片膝をつき（S.R.C. 3975[1]）、司式者がカリスの内容を飲む間、低くお辞儀をする。
[52] 侍者はどちらのすすぎでも、司式者に瓶を手渡さないため、瓶にキスをしない。

31　司式者がカリスを差し出す時、侍者は司式者に近づき、頭のお辞儀をして、止めるための合図を受け取るまで注意深くワインを注ぎ、再びお辞儀をして、右側から回り、書簡側の最上段の自分の場所に戻る。

32　司式者が2回目のすすぎのために来る時、司式者はカリスを祭壇のテーブル上に置くであろう（侍者が小さすぎるのでなければ）。そして侍者はお辞儀をした後で、司式者の指の上に少量のワインを注ぐ。次いで侍者はワインの瓶を盆に戻して置き（布を汚すことを避けるために祭壇上ではなく）、右手に水の瓶を持ち、止めるための合図を受け取るまで、しっかりとしかし急ぎすぎずに、司祭の指の上に水を注ぐ。次いで侍者は再びお辞儀をして、水の瓶を盆に戻して置き、瓶を祭器卓に持って行く。

33　次に侍者は中央を通る際に片膝をつきながら、床で祭壇の福音書側の隅に横切って行き、脇の階段を祭壇まで上り、ミサ典書の台を持つ。右側から回り、中央まで斜めに下り、片膝をつき、書簡側の隅へ斜めに上り、ミサ典書の台を端に平行にして[53]、祭壇上に置く。次いで右側から回り、書簡側に下り、奉挙のろうそくが点火されていた場合にはこれを消火し、中央を通る際に片膝をつきながら、祭壇の福音書側に行き、最下段で跪く[54]。

ミサの結び

34　侍者は *Et cum spiritu tuo* の応答と、聖体拝領の祈祷文の最初と最後の結びで *Amen* の応答を行う。*Ite, missa est*（あるいは、典礼上の行列がミサに続く場合には[55]*Benedicamus Domino*）に対して、侍者は *Deo gratias* を答える[56]。

35　祝福で侍者は頭のお辞儀をして、十字の印をして、*Amen* を答える。次いで侍者は立ち上がり、*Et cum spiritu tuo* を答え、司式者が額と唇、胸の上に小さな十字の印をする時にこれを行い、*Gloria tibi, Domine* を答える。次い

---

[53] R. XI, 1.
[54] 同。侍者はカリスベールを移動させないことが望ましい。
[55] その時には、最後の聖福音は省かれる。
[56] 御復活の主日とその8日間中（土曜日まで）には、*Ite* と応答に *Alleluia, Alleluia* が加えられる。

で侍者は書簡側に横切って行き[57]、そこで司式者の方を向きながら立ち、*Et Verbum* で片膝をつき、聖福音の結びで *Deo gratias* を答える。

36　しかしながら、固有の最後の聖福音が読まれることになっている場合[58]、司式者は聖体拝領後の祈祷文を唱えた後でミサ典書を閉じない。次いで、*Ite* に答えた後すぐに、侍者は立ち上がり、中央で片膝をつき、祭壇に斜めに上り[59]、ミサ典書台を持ち、左側から回り、斜めに下りて、片膝をつき、福音書側の隅に斜めに上り、そこで最初の聖福音のために行ったように、ミサ典書を角度をつけて置く。次いで侍者は左側から回り（I，§4参照）、footpace より二段下に下りて、回り、祝福のために跪く[60]。侍者は立ち、応答を行い、小さな十字の印をする。床まで下りて、侍者は聖福音が終わるまで福音書側で待つ。次いで侍者はミサ典書を祭壇の書簡側の隅に再び移動させる。

37　聖福音の間、あるいは聖福音の直後に、必要な場合には、侍者は祭器卓から祈祷文のカードを持ってくる。

38　レオ13世の祈祷文の朗唱の間、侍者は司式者のそばで、なるべく床でく。侍者は祈祷文を聞こえるように、はっきりと答え、司祭とともに*天使祝詞*を唱え、これに続く2つの祈祷文のそれぞれの終わりに *Amen* をはっきりと答える。

39　祈祷文が終わった時、侍者はカードを祭器卓に戻して置き、ビレッタを持ち、ミサ典書を持ちに祭壇へ向かう。司式者の右側に立ちながら、司祭がお辞儀をするか片膝をつく時に侍者は片膝をつき、司祭にビレッタを手渡し、香部屋まで司祭を先導する[61]。

40　香部屋で侍者は司祭の後方、少し左側で立ち、司祭とともに香部屋の十字架あるいは主たる像にお辞儀をする。

---

[57] R. XII,1.
[58] これは現在では枝の主日のミサで枝が祝別されない時のみに起こる（R.M., n. 509）。
[59] この時のみ、司祭に遅れることを避けるために。
[60] 侍者がミサ典書を持ちながら横切る間に、司祭が祝福を与えるために回る場合、侍者は祝福を受けるために最下段で跪き、*Amen* を答え、次いで進み続ける。
[61] 香部屋が祭壇の後方にある場合には、書簡側から向かう（S.R.C. 3029[12]）。

41　侍者は、各祭服を司祭から受け取り、着衣椅子に置きながら、司祭が脱衣するのを手伝っても良い。侍者は司祭が着衣するのを手伝った時に行ったように、ストラ及びマニプル、肩衣の十字にキスをする（II，§3参照）。

42　聖具保管係がいない時には、侍者がろうそくを消火する（I，§12参照）。侍者は書見台と祭壇カードを取り去り、祭壇カバーを戻して掛け、瓶と指洗いの鉢を香部屋に持って行く。

43　次いで、侍者は普段着に戻り、御聖体の前での短い祈りの後で去る。

付録A

死者の読唱ミサの奉仕

侍者は死者の読唱ミサで以下の点を除き、他の全ての読唱ミサの時のように務める。

ａ）詩篇 *Iudica* は省かれ、そのため *Introibo* とその応答 *Ad Deum* 等の後すぐに、司式者は十字の印をして、*Adiutorium* 等を唱える。

ｂ）侍者は入祭文の始まりで十字の印をしない。

ｃ）侍者は奉献で瓶にキスをせず、水は司式者により祝別されない。

ｄ）侍者は *Agnus Dei* で胸を叩かない。

ｅ）*Ite, missa est* の代わりに、司祭は祭壇を向いて *Requiescant in pace* を唱え、これに侍者は *Amen* を答える。

付録B

顕示された御聖体の前で司式される読唱ミサの奉仕

御聖体が顕示されている祭壇での読唱ミサの奉仕の際には、以下の点に注意しなければならない[62]。

---

[62] 208 ページ参照。

ａ）御聖体から見える範囲内に来たとき、侍者は司式者のビレッタを（着用している場合）、キスをせずに持つであろう。

ｂ）祭壇に到着したらすぐに、そしてミサの終わりに出発する前に、侍者は司式者とともに両膝をつく[63]。ミサ中、侍者は祭壇の中央を横切る時であっても、片膝をつく[64]。ミサ中には、至聖所を離れる場合のみ、両膝をつく。

ｃ）奉献とすすぎで、侍者は瓶を持って上る前に、祭壇の下で片膝をつく。侍者は、瓶を奉仕した後で下りて来る時に、祭器卓に向かう前に、同じことを行う[65]。侍者は奉献で瓶にキスをしない。

ｄ）司式者は *Lavabo* で指を洗うために階段の１つあるいは床に in plano 下りて来るであろう。侍者は司式者を向いて立つであろう。

ｅ）ミサの後で、御聖体から見えなくなった時に、司式者は侍者からビレッタを受け取るであろう。

付録Ｃ

（四季の）斎日等

（ａ）（四季の）斎日の水曜日、及び（ｂ）斎日の土曜日（conventual でない誦唱ミサで）[66]、（ｃ）四旬節の第四週の水曜日と聖週間の水曜日には、*Kyrie eleison* の後かつ *Dominus vobiscum* の前に特別な祈祷文と朗読が唱えられる。侍者はこの最初の朗読に *Deo gratias* を答えるが[67]、二番目の朗読（*Dominus vobiscum* の後に来る朗読）に *Deo gratias* を答えるまでミサ典書を移動させに行かない。

---

[63] 29 ページ参照。
[64] S.R.C. 3426⁶.
[65] S.R.C. 3975¹.
[66] R.M., n. 468.　土曜日には conventual の誦唱ミサで６つの朗読がある。
[67] R.M., n. 467.

第22章　侍者なしでのミサ

　1　ミサは本質的に教会全体に影響する公の行為であり、祈祷文と典礼動作が司式者への補佐者を必要とするため、「奉仕し、答える」[1]であろう侍者——聖トマス・アクィナスは *qui gerit personam totius populi Catholici* と書いている[2]——がいるのでなければ、ミサの司式は禁じられている。侍者は*祭壇で奉仕*することになっており[3]、女性は祭壇で奉仕することを許されていないため、侍者は男性でなければならない[4]。侍者は聖職者であることが想定されているが、実際には、聖職者でない侍者は許されている。侍者はまた応答することになっているため[5]、ラテン語の応答を知らなければならない。

　2　教皇の許可（現在では得ることは極めて困難であり、*dummodo aliquis fidelis Sacro assistat* の節を伴う）を別として、誰か少なくとも奉仕か応答のいずれかができる者なしでミサを司式することは禁じられている。真に緊急の場合のみ[6]、奉仕することができ奉仕しても良い者あるいは少なくとも応答できる者[7]がいない時に、司祭ミサをささげても良い。例、（a）旅路の糧を与えるためにホスチアを聖変化させるため。（b）他の者——あるいは司祭自身までも——がミサにあずかる義務を果たすために、主日あるいは守るべき祝日にミサをささげるため。神学者は、ミサが始まった後で侍者が去り、応答のためでさえも代わる者がいない場合に、司祭がミサを続けることを許している。これは

---

[1] C.J.C. 813, §1 (cf. *De Defectibus*, X, 1).　「教会法813条の規定に従い、この尊い犠牲の尊厳への敬意から、司祭がミサで補佐し答える侍者なしで祭壇に行くべきでないことは、我々の希望であり命令——実際に聖なる母教会の命令であるように——である。」（*Mediator Dei*, 97, 102）；1949年10月1日の*秘跡聖省の司教への訓令*も参照。

[2] *Summa Theologica*, III, Q. 83, art. 5 (*ad* 12).

[3] *Ritus* は多くの箇所で、例えば本を移動させること（VI, 1; XI, 1）、瓶を奉仕すること（VII, 4; X, 5）、鈴を鳴らすこと（VII, 8; VIII, 6）のように、この務めが何であるかを示している。

[4] C.J.C. 813, §2.

[5] *Ritus*, III, 6; VI, 1, 2; VII, 7 等。

[6] これは道徳神学者の通常の教えであるが、彼らの全てがそのように厳格な見方をしているわけではない（cf. *The Priest*, July, 1961, p. 598）。

[7] 祭壇で奉仕ができるが応答を知らない男性が誰かいる場合には、重大ではない理由が必要とされる。

1949年10月1日の*秘跡聖省の訓令*（§2，d）により確認されている。時折、訓練されていない侍者のみしか得られない場合、少なくとも主要な儀式のいくらか、例えば瓶を手渡すこと、ミサ典書を移動させること、鈴を鳴らすこと、を行うことができるであろうために、この者が用いられるべきである[8]。

侍者がいない時の典礼

3　司式者は自身でろうそくの点火と瓶の準備を確かめなければならない。瓶は祭壇の書簡側の隅に極めて近い机か台の上に、あるいはこれが可能でない場合には、書簡側の隅で祭壇自体の上に置かれるべきである。瓶の栓はより都合の良いように取り除かれても良く、あらかじめ指洗い鉢の中にいくらか水を注いで、司式者が *Lavabo* で指を浸すことができるようにすることは都合が良いであろう。聖体拝領の皿は、最初の聖体拝領者が届く範囲内で、聖体拝領台の近くに置いておくべきである。そしてミサ典書は書簡側の隅で書見台の上に置かれるべきである。

4　司式者は全ての応答を自身で行うことになっているが[9]、（a）*Confiteor* を1回のみ唱え[10]、*vobis, fratres* と *vos, fratres* の言葉を省き、終わりに *Misereatur nostri* を唱える。（b）*Orate, fratres* への応答中で *de manibus meis* を唱える。

5　ミサ典書を移動させる際[11]、御聖体がある場合であっても、中央を通る時に片膝をつかず[12]、十字架に向かって頭のお辞儀をする[13]。

6　すすぎで、司式者は左手の人差し指と親指のみの上にワインを、次いで水を注ぎ、そして水の瓶を左手で持ち替えた後で右手の人差し指と親指の上に水を注いでも良い。あるいは、ワインと水を左手の人差し指と親指の上に注い

---

[8] 秘跡聖省の訓令 §3.
[9] *Kyrie* に関しては IV, 2; *Orate, fratres* に関しては VII, 7 の *Ritus* を参照。
[10] S.R.C. 3368[1].
[11] この R. VI, 1, 2 は、侍者がいる時であっても最初の聖福音の前に、司式者が行うことを想定している。
[12] S.R.C. 3975[2].
[13] R. VI, 1.

だ後で、瓶を脇に置き、カリスの中にあるワインと水に浸すことにより、右手の人差し指と親指を清めても良い[14]。

女性が応答を唱えても良い時

7　教会法典（813条§2）と*秘跡聖省の訓令*（§5）は現在、正当な理由で男性が得られない時に、女性が遠くから答えて祭壇の近くに来ないという条件で、女性が応答を行うことを許している。このように、以前はミサは緊急の場合にのみ許されていた[15]。現在では、正当な理由で許されており、そのため司祭は、女性のみが答えるために得られる時に、単に信心からミサをささげても良い[16]。

この場合、*Confiteor* がもはやミサ内の聖体拝領の前に唱えられないため、司祭は聖体拝領者がいる場合に、答える女性と、合図を行う（例、鈴を1回鳴らす）ための打ち合わせをしなければならず、聖体拝領の皿は聖体拝領者から届く範囲内で、聖体拝領台の近くに置いておかなければならない。

---

[14] 今まで、侍者なしでのミサの司式の典礼のためのルブリカには、ほとんど準備がされてきていない。これは早めに改善されることが望まれる。誰も列席していない場合には（そして、これが起き得る場合がある。）、誰もいない方に回って、*Dominus vobiscum* を呼びかけることは適切とは思われないし、この場合に祝福を与えることはおかしいように思われる。

[15] S.R.C. 2745[8], 4015[6].

[16] 1人の侍者が同時に2つのミサの奉仕をすることは乱用である。男性の侍者でなく女性のみに答えさせることを*通常の習慣*とすること（例、修道院で）は合法ではない。ルブリカ及び教会法典は通常、男性に*侍者奉仕と応答を行う*よう求めている。そして侍者なしを*慣習*とするための「正当な理由」がどうしてあり得るのか、わかり難い（*De Defectibus*, X, 1）。

重複

付録

付録A

重複

I. 一般的な注意

1 どの司祭も3回ミサを司式しても良い御降誕の日と死者の日、あるいは2つの内の1つが御復活の前日のものである場合に2つのミサがささげられても良い御復活の主日を除き[1]、使徒座の許可によるか地域の裁治権者からのいずれかの重複（binate）の権能を有するのでなければ[2]、司祭はどの日にも1つを超えるミサをささげてはならない。この権能は裁治権者により、慎重な判断で、司祭の不足のために著しい数の人々（神学者は少なくとも20人と述べている）が主日か守るべき祝日にミサにあずかる機会を逃す時にのみ授けられて良い[3]。

2 裁治権者から得られた重複の権能について、いくつかの点に注意するべきである。（a）これは個人的でなく*地域的*であり、すなわち、信徒がミサを必要とするために、一定の教会あるいは公的か半公的の礼拝堂に対して与えられる。そのため、地域の聖職者のためにミサを代行する場合には、訪問中の司祭であってもこれを用いて良い。（b）固定した時間に司式ができ、いとわない別の司祭（例、訪問中の）がいる場合、これは終わる。（c）これは*推定されてはならず*（通常これが与えられない教会では）、切迫した緊急の場合（例、小教区の司祭の1人が土曜日の夜か主日の朝に不意に病気になり、裁治権者に依頼するための時間がない）を除き、裁治権者から得ようとされなければならない。

2回目のミサのための謝礼

---

[1] Instr. S.R.C. November 16, 1955, n. 20. 御復活の前日に深夜のミサを司式した司祭は御復活の主日に再びミサをささげても良く（特別な権能なしで）、このための特別な権能がある場合には二重あるいは三重にさえも行っても良い（O.H.S., 1, Instr., §20）。

[2] C.J.C. Canon 806, §1.

[3] 同、§2.

3　司祭が2回のミサを司式し、これらの1つの[4]聖職の成果を *ex titulo iustitiae* に適用しなければならない場合（例、これが、自分の務めのためにささげる必要がある *Missa pro populo* であるため、あるいは司式のための謝礼を受け入れているため）、この司祭は——御降誕の日を除き——他のミサのための謝礼を受け入れてはならない。しかしながら、例えば慈善から、約束から、誓願から、あるいは上長の命令から生じる正当には司式する義務のないミサにより、ミサをささげる義務を果たしても良い。そして、このミサの聖職の成果の適用のために謝礼を受け入れてはならない一方で、時折、ミサを*歌*うこと、あるいはミサを行うために普通でない距離を旅行すること、通常よりも遅い時間に司式することを余儀なくされるというある*付帯的な*理由のために謝礼を受け入れても良い[5]。

誤って破られた断食

4　使徒憲章 *Christus Dominus*（1953年1月6日）に付属した聖省の訓令（§8）に従って、2回目あるいは3回目のミサをささげることになっている司祭が不注意により、すすぎでワインを摂取した場合[6]（水はもはや断食を破ることにはならない）、それにもかかわらず、その後にミサを司式しても良い（R. XIV, a, c）。

2回目のミサの司式のための典礼規則

5　同じ教会で1つを超えるミサの司式のための規則は、以前は、御降誕の日と死者の日の第一ミサの聖体拝領唱の前、及びこれらの日の第二ミサの奉献唱の後にある特別なルブリカ中にあった。現在では、これらは憲章 *Christus*

---

[4] どちらでも問題はない。

[5] C.J.C. 824, §2. この例外は死者の日の第二と第三ミサにも適用される（教会法の確実な解釈のための委員会、1923年11月13日）。

[6] 司式者が最初のすすぎを偶然に飲むことを防ぐために、ワインの瓶の中に奉献のために足りるだけのワインを準備し、この時にワインの瓶をカリスの中に完全に*空けて*しまうことは良いことである。

*Dominus*により修正されて与えられている——ローマ儀式書の1952年版中（V, v）、及び1962年のミサ典書の*Ritus Celebrandi*の新しい項（XIV）中。

II. 異なる教会での2回のミサ

間に間隔があるミサ

1 司祭に間に間隔をあけて司式する1つを超えるミサがある場合、早い方のミサでは、いつものように2回のすすぎ（ワインと水を用いた）を摂取することになっている。しかし2回目（あるいは3回目）のミサが3時間未満で続く場合、断食を破ることにならない水のみでのすすぎを摂取する。不注意からすすぎでワインを摂取してしまった場合、必要であれば、それにもかかわらず、司祭は続くミサをささげても良い（これが、3時間が経過する前であっても）。

御降誕の日と11月2日のミサ

2 司祭が2回あるいは3回のミサを中断なく、すなわち、祭壇を離れることなく司式する場合、これらの2つの日のためのミサ典書のルブリカが遵守されることになっており、第一と第二のミサではすすぎは、水であっても、摂取してはならない[7]。従って、司式者の指を洗うための少量の水を容れた小さなボールと手拭きタオルがあらかじめ祭壇上に準備され[8]、侍者は第三のミサまですすぎがないことを知らされる。追加のミサのためのホスチアは手元にあるべきである。

3 御血の拝領で、できる限り完全にカリスを空にするべきであり、特に、パラがコルポラーレ上で清められていないカリスの上に置かれる時に、パラに触れる縁の付近に御血のしずくがないように注意するべきである。司式者はカリスをパラで覆い、次いで、両手を合わせて、中央で祈祷文 *Quod ore sumpsimus* を静かに朗唱する。

---

[7] *Christus Dominus*, §7.
[8] 祭壇上に常置の清めのボールがある場合、当然これで十分であろう。

4　次に、両手の親指と人差し指を清めのボールの中で洗い[9]、プリフィカトリウムあるいは手拭きタオルで拭く[10]。そうする間、祈祷文 Corpus tuum 等を朗唱する。

カリスをカリスベールで覆う

5　カリスをコルポラーレ上に残し、拭かずに、いつものように、すなわち、上部に渡したプリフィカトリウム（しかし、御血のしずくがあるため、杯の中に押し込まない）及び続くミサのためのホスチア（祭壇上に置いてある箱から取るか、侍者により差し出される）をのせたパテナ、パラ、カリスベールとともに整えられる。カリスベールで覆われたカリスを、コルポラーレ上で祭壇の後方に置く。

6　清められていないカリスが一定の敬意の印を受ける一方で[11]、司式者は、たとえカリスが明らかに御血のしずくを含んでいたとしても、ミサの残りの間に、カリスに向かって片膝をつかないことになっている[12]。

7　第一及び第二のミサの後、レオ13世の祈祷文は省かれる。

第二及び第三のミサの奉献

8　第二及び第三のミサの奉献で、司式者はカリスからカリスベールをはずし、カリスをコルポラーレ上で少し書簡側に置き、パテナを持ちながらいつものようにホスチアを奉献する。次いで、清められていないカリスをコルポラーレ上に残し、プリフィカトリウムで拭かずに、司祭はカリスをわずかに持ち上げて、注意深くいつもの祈祷文とともにワインと水を注ぐ。カリスの内側を拭かず、*Offerimus* 等を唱えながらすぐにカリスを奉献する。

---

[9] S.R.C. 3764[15] 参照。
[10] 御血の拝領に続く清めを飲んでいないため、唇は拭かない。
[11] 例、常にコルポラーレ上に置かれなければならず、スルプリを着た上級品級の聖職者によってのみ触れられて良い。
[12] S.R.C. 1772[7] 参照。

9　御降誕の日あるいは 11 月 2 日にミサの間に*間隔がある場合*、司式者は第一（第二）のミサで水での両方のすすぎを摂取する。ミサの間の間隔が少なくとも 3 時間である場合、水とワインでのすすぎを摂取する。

枝の主日での重複

10　司祭が御受難の第二主日に 2 回あるいは 3 回のミサを司式しなければならない場合、受難を繰り返すことを余儀なくされず、O.H.S., 枝の主日、§ 11 中に用意されている短い聖福音をいつものやり方（すなわち、*Dominus vobiscum, Sequentia . . . Gloria tibi, Domine* が先行し、終わりに *Laus tibi, Christe*）で読んでも良い。

付録B

新たに叙階された司祭の初ミサ

I.　読唱ミサ

　1　祭壇は大祝日のためのように準備されるであろう。6本のろうそくが使用されても良い。カリスはあらかじめ祭器卓の上におかれても良く¹、補佐司祭が奉献でカリスを祭壇に持って来るであろう。この場合には、ミサ典書もあらかじめ、祭壇の書簡側の隅で書見台の上に開いて置かれるであろう。*Veni Creator* と *Te Deum* を、それぞれに続く小句と祈祷文とともに含んでいる本が祭器卓の上に準備される。

　2　初ミサで司式者に補佐司祭がいることは許されており、極めて賢明である。補佐司祭はカソックとスルプリを着用するであろう²（ロチェットを着用する権利がある場合にはロチェットを着用しても良いが、スルプリにより覆われる）。補佐司祭の務めは司式者の動きを見守るためにそばに立つことである（祭壇のどちら側であっても本のところで、しかし司式者と祭壇の中央の間ではなくて）。必要な時にのみ、できる限り控え目に介入しながら、司式者を妨げることを最小限にするべきである。補佐司祭は祭壇まで司式者を先導する（あるいは左側、少し前方で歩く）。ミサ前に *Veni Creator* が、ミサ後に *Te Deum* が起こる場合には、これらのための本を差し出す。準備の祈祷文のために、司式者の後方で右側に跪く。奉挙では司式者の近くでfootpace上に跪く。司式者が聖体拝領を分配する場合、聖体拝領の皿を保持する。そして祝福のために跪く。

　3　2人の侍者がこのミサの奉仕をしても良い。

---

¹ ある著者はそうしている。扱っている儀式についてのM.R.の指示を参照。
² ミサ全体を通してかあるいは聖変化から聖体拝領まで、慣習であれば（S.R.C. 3515⁷）、ストラ（祭服の色の）の使用が許されている一方で、ストラを使用しないことはより典礼法規に適合している。

4　聖霊への賛歌 *Veni Creator* がこのミサの前に朗唱されるか歌われても良い（主日に灌水式が行われる場合には、この前に）。司式者は跪きながらこれを先唱する。全員、最初の節では跪いたままでいて、その後立つ。この賛歌の終わりで全員跪く。司式者は小句 *Emitte* を歌うか朗唱する。そして、次いで祈祷文 *Deus, qui corda fidelium* を歌う間は立つ。これは第二平日調か半祝日調で、短い結びとともに歌われる。

5　ミサ後にレオ13世の祈祷文が省かれても良く、そして *Te Deum* が歌われても（あるいは朗唱されても）良い。司式者は立ちながらこれを先唱する。全員、*Te, ergo, quaesumus* の一節が歌われる間は跪く。司式者は小句 *Benedicamus Patrem* 等、*Benedictus es* 等、*Domine, exaudi* 等を歌う間は跪く[3]。そして *Dominus vobiscum* と祈祷文 *Deus cuius misericordiae* を歌う（半祝日調で、短い結びとともに）間は立つ。

II.　荘厳ミサ

1　初ミサが荘厳ミサである場合、補佐司祭によるコープの使用[4]は黙認されている[5]。

2　助祭と副助祭がいない歌唱ミサでは、補佐司祭はコープを着てはならない。司式者が座る時、補佐司祭は sedilia で司式者の左側に座っても良い。

贖宥

3　司式者及び初ミサに列席している三親等までの親類は、大赦を得ることができる（告解及び聖体拝領、教皇の意向のための祈祷文の通常の条件で）。列席している他の全ての者は七年間の贖宥を得ることができる[6]。

---

[3] S.R.C. 2956[3].
[4] S.R.C. 3564[2].
[5] 初ミサで至聖所に立ち、司式者の両手の上に香水を注ぐ（しかしながら、Lavabo のみで）2人の平信徒がいる習慣（荘厳ミサで）は黙認されている（S.R.C. 4257[1]）。
[6] レオ13世、1886年1月16日；S. Penientiary、1932年3月18日。

新たに叙階された司祭の初ミサ

新たに叙階された司祭の祝福

4　ミサ後、香部屋に到着したらすぐに、司式者は *Benedictio Dei omnipotentis* 等の式文を用いて、補佐司祭と侍者を祝福しても良い。他の者は、司式者がミサの祭服を脱いだ後で、同じ式文で祝福されるべきである[7]。新たに叙階された司祭から祝福を受けた後で（しかしながら、この司祭から聖体拝領を受ける前に）、聖別されたばかりの新たに叙階された司祭の手にキスをする慣習は、賞賛するに足るものである[8]。

叙階のミサ

5　叙階を行う司教が新たに叙階される司祭を按手する聖霊、聖母マリア、死者のミサは4級の随意ミサであり、その司式はこのようなミサが許されている時にのみささげられて良い。死者のミサは *Missa Quotidiana* であろう。司式者はこれらのミサの成果を望むように適用し（司教儀式書中で規定されているのは、ミサの適用ではなくミサの特質である）、これらの適用のための申し出を受け入れても良い。

---

[7] S.R.C. 4257[2] 参照。

[8] それを行うことで100日間の贖宥がある（S. Penientiary, 1934年12月29日）。フランシスコ会の慣習を参照（*Caeremoniale Romano-Seraphicum*, p. 284）。

付録 C

身体に障害のある司祭により司式されるミサ

I. 病気の司祭あるいは視覚障害のある司祭のミサ

以下の極めて視覚に障害のある司祭のための訓令が、1921 年 1 月 12 日に礼部聖省により[1]、そして 1957 年 12 月 15 日と 1961 年 4 月 15 日に修正版が出された。

前置きの注意

1　重度の疲労あるいは健康への害なしで（ａ）疾病あるいは高齢、（ｂ）極めて大きな印刷の字体のみが読める程の視覚の障害のために現行の典礼暦に従ってミサを司式できない司祭は、司教がローマから権能を得ていない場合[2]、聖座から[3]これより先で詳しく説明される規則に従って随意ミサ、あるいは「毎日の」ミサと呼ばれる死者の随意ミサのどちらをも司式するための特免を得ることができる。

2　この特権に付属する条件は、単なる典礼の正確さの条件ではなく、良心に結びつけられたものである[4]。

---

[1] S.R.C. 4363.　この訓令はローマ儀式書 V, vi 中にも印刷されている。1957 年の S.R.C. 4363 の修正版は視覚障害のある司祭の特権を *sacerdos infirmus*、すなわち視覚は良いが健康に優れないためにその日の日課に従ったミサの司式が重大な負担であると認められる司祭まで拡大した。訓令の翻訳は CANON LAW DIGEST, V, under Canon 818 で見出されるであろう。

[2] 教皇大使及び教皇特使は通常、その権能を与えることができる。通常、権能には一定の条件が加えられる。（ａ）司祭が完全には視覚を失っていないという条件で。（ｂ）暗唱するのではなく、本を使用するという条件で。（ｃ）私的な礼拝堂で、あるいは公的な教会での場合には教会への出入りが少ない時間に、そして必要である限り別の司祭の助けとともに司式するという条件で。司祭が教区司祭である場合、守るべき日の聖福音を説明する義務が残ったままで権能が与えられる。

[3] すなわち、礼部聖省から。

[4] S.R.C. 4363, I, 2.

3　権能中に *dummodo Orator non sit omnino caecus* の言葉があり、その間に請願者が完全に視覚を失った場合、秘跡聖省から新しい許可を願うまで、この者はミサを司式することを控えなければならない。そして、それを得た後で、この義務が許可中に明確に言及されていなかったとしても、別の司祭の[5]補佐を得る義務が *sub gravi* である[6]。

聖母マリアの随意ミサに関する規則
何の随意ミサがささげられて良いか

特免された司祭は以下を司式しても良い。

　a）聖母マリアの共通ミサから *Salve, sancta Parens* のミサを年間のどの季節にも。

　あるいは、b）季節に割り当てられた聖母マリアの随意ミサ

　あるいは、c）ミサ典書のルブリカ 306-316 番に従って随意ミサとして許される他の全てのミサ。

随意ミサはいつささげられることになっているか

4　随意ミサは年間のいつでも行われて良い[7]。しかしながら、視力の衰えた司祭が司式する教会の典礼暦に従って死者のミサが許されていない日に行われなければならない。しかしながら、この規則は下で明らかにされる死者のミサに関する他の特権には影響を及ぼさない。

5　聖週間の最後の3日間（*Triduum Sacrum*）には、この司祭はミサの司式を完全に控えなければならない。

6　御降誕の日には、3回のミサを行っても良い。

---

[5] あるいは助祭の。
[6] 補佐する司祭は、必要な時には、聖変化から聖体拝領までスルプリと白のストラ（あるいは、祭服が黒である場合には、紫のストラ）を身につける。彼は荘厳ミサで助祭が行うこと全てを行っても良く（ワインと水を注ぐ等）、そして司式者がカリスの上方で十字の印をする時に、手をカリスの脚部の上に置いても良い。彼は司式者がいろいろな祈祷文を始めるのを助けても良く、そして、パテナあるいはコルポラーレの上に御聖体のかけらが残らないように特に確かめる。
[7] 最も荘厳な祝日でさえも。

ミサの典礼

病弱な司祭が私的に司式する場合、常に白の祭服を使用しても良い。しかし、教会あるいは礼拝堂（公的のあるいは半公的の）で司式する場合には、行う随意ミサあるいはその日の日課の色の祭服を使用するべきである。

7　賛歌 Gloria in excelsis Deo は祭服が紫である時を除き、常に唱えられて良い。通常、1つのみの祈祷文があるであろう。しかしながら、ルブリカにより規定されているか許されている他の祈祷文を加えることは合法である。クレドは、当該日のミサで唱えられるべきである時にはいつも、そしてミサが1級の随意ミサとして司式される時にはいつも、唱えられることになっている。どの随意ミサでも共通の序唱が唱えられるが、聖母マリアのミサで聖母マリアの序唱（常に Et te in Veneratione の節とともに）が使用される時を除く。ミサが歌われる場合、ミサ典書のルブリカ 515, 516 番に従って、正しい調が使用されるべきである。

死者のミサに関する規則

1　死者のミサはルブリカが許可している時にはいつでも司式されて良い。たとえミサが1級、2級、3級だとしても、「毎日のミサ」の式文が常に使用されて良い。

2　「毎日のミサ」ではただ1つの祈祷文 Fidelium のみが唱えられる。しかしながら、よりふさわしい祈祷文が選択されても良い。ミサが4級の読唱ミサである場合、別の祈祷文が加えられても良い。

3　死者の日には、病弱な司祭は3回のミサを司式しても良く、それぞれのミサのために「毎日のミサ」の式文を使用しても良い。

4　病弱な司祭は Dies irae を唱える義務は全くない。1級のミサを歌う場合、続唱を唱える必要はないが、聖歌隊はこれを歌うべきである。

II. 右腕を欠く司祭のミサ

以下の訓令が、右腕を失い、聖座からミサを行うことの特免を得た司祭によるミサの司式のために、礼部聖省により 1920 年 1 月 28 日に出された。

ミサの前

1　カリスがあらかじめ準備され、コルポラーレ上で祭壇の上に置かれる。ミサ典書も祭壇の上に置かれ、適切な場所で開かれる。祭壇の書簡側に補佐司祭の指の清めのための水を容れた器と手拭きタオルがある。

2　祭壇で着衣する必要がある場合、これは福音書側で行われ、司式者は footpace で立っている。そこからいつものようにミサを始めるために下りて行く。

3　適切な時間に、より容易に裂くことができるように、ホスチアに分割 *fractio* の線を、あらかじめ何かふさわしい器具で（通常、パテナの縁で行われる）印をつけておくと都合が良いであろう。

4　肩衣はいつものようにキスをして、補佐の助けで頭の上に置かれる、等のことがなされる。

5　アルバの右袖は（司祭に義手があるのでなければ）チングルムに固定される。

6　マニプルは通常よりも肘に近づけて左腕につけ、聖なる行為中に少しも邪魔にならないようにする。

ミサで

一般的な規則

1　通常の侍者に加え、別の司祭（用意できる時）が常に司式者を補佐することになっている。

2　以下で、補佐司祭は司式者の左側に立つであろう。

告白で（侍者がいるのでなければ）

聖福音等で

密唱等で

カリスを拭いて再び整えるため、そして最後の聖福音で

以下で、補佐司祭は司式者の右側に立つであろう。

入祭文等で

奉献等で

Qui pridie 等で

聖体拝領等で

そしてミサ後の祈祷文で

3　司式者は通常のラテン式で、すなわち横線を左から右に描きながら、物や人の上に又は向かって、また自身に、左手で十字の印をすることになっている。

4　司式者は、もし障害がないのであれば、合わせた両手を胸の前あるいは祭壇の端の上で保持すべき時にはいつでも、手を平らにして胸の下に置いて保つことになっている（聖変化後には人差し指と親指を合わせて）。しかしながら、義手の右手でルブリカをふさわしく遵守することができる場合には、そのように行う。

5　ルブリカが両手を合わせた後で開くよう指示している時にはいつでも、司式者は左手で *a pectore ad pectus* の身ぶり、すなわち左手を胸の中央から左肩と一線になるまで左側に動かすことを行うであろう。例えば *Te igitur* でのように、手を挙げることが規定されている時には、また、手を挙げるであろう。祈祷文、序唱等で、ルブリカが示すように手を保持するであろう。

6　補佐司祭が通常、ミサ典書のページをめくるであろう。しかしながら、スルプリを着た侍者がいる場合には、侍者が奉挙後にミサ典書のところに立ち、少なくとも予防策として、すなわち、司式者が容易に行えない場合に、ページをめくっても良い。

7　補佐司祭はカノンの始めから聖体拝領までストラを着用することになっている[8]。

---

[8] 祭服の色の（しかし、祭服が黒である場合には紫）。

8　司式者がカリスからパラをはずし、カリスをパラで覆う時にはいつでも、より大きな安全性のために、補佐司祭は右手の指をカリスの脚部に置くであろう。そして *Per ipsum* 等の言葉で十字の印をする時にも同じことを行うであろう。

特別な規則

1　司式者が聖福音の文章にキスをする間、司式者はミサ典書の上に左手を置き、補佐司祭がミサ典書を持ち上げるであろう。

2　奉献で補佐司祭はカリスからカリスベールをはずし、司教のミサでチャプレンにより[9]、荘厳ミサで奉仕者により行われる全てのことを行うであろう。しかしながら、補佐司祭は司祭にパテナ及びカリスを手渡す時に司式者の手にキスをしないであろう[10]。その後、補佐司祭はパテナをコルポラーレの下に置く。

3　*Qui pridie quam pateretur* の言葉で、司式者は（補佐司祭が右手で助けながら――これは、以下で補佐司祭が常に助ける方法である）*accepit panem in sanctas ac venerabiles manus suas* を唱えながらホスチアを取り、司式者が *benedixit* を唱えながらホスチアの上に十字の印ができるように、すぐに（ルブリカがカリスの聖変化で指示しているように）再び下に置くか補佐司祭の手に残す。次いで、ホスチアをもう一度持ち上げて、ミサを続ける。

4　パラは常に補佐司祭により、カリスからはずされ、カリスの上に戻して置かれる。その間、司式者は左手の指をカリスの脚部の上に置く。

5　*Per ipsum* 等の言葉の前に、補佐司祭は司式者がホスチアを持ち上げるのを助け、後であらかじめ祭壇の書簡側に置かれている清めのボール中で自身の指を清めて、拭く。

6　*omnis honor et gloria* の言葉で、補佐司祭はカリスを持ち上げるが、司式者はまだカリスの上でホスチアを保持している。

---

[9]　219 ページ参照。
[10]　すなわち、右手の義手がある場合。

7 *Pater noster*の後で、補佐司祭は、司式者の手にキスをしないことを除いて[11]、司教のミサでチャプレンが行うようにあるいは荘厳ミサで助祭が行うように、パテナを扱う。

8 司式者は補佐司祭の助けで、パテナをホスチアの下に差し入れる。

9 同様に、パテナの上でホスチアを裂くことが補佐司祭の助けで行われる。カリスの中に入れられる小片を裂くことは、司式者により行われても良く、補佐司祭はホスチアの半分の上部を保持し曲げている。

10 *Panem caelestem accipiam*の言葉で、司式者は手でホスチアを持ち上げない。手は間もなく胸を叩くために用いなければならないであろう。

11 *Domine, non sum dignus*等の言葉の時、ホスチアはパテナの上に残っているであろう。その拝領の際、補佐司祭はホスチアの片方を他方の上に置いて司式者を助けるであろう。次いで補佐司祭は右手でパテナを司式者の顎の下に保持する。その後、補佐司祭は指を清めて拭く。

12 かけらを集めた後で、司式者は指でこれらをコルポラーレ上の（置いてある）パテナの端に寄せ、次いで補佐司祭が右手でパテナをカリスの上方に持ち上げて左手でカリスの脚を保持する間、かけらをカリスの中に入れるであろう。

13 補佐司祭は、聖体拝領の際と清めを飲む時に、右手でパテナを司式者の顎の下に保持するであろう。

14 指のためのすすぎを受けるために、司式者はカリスを書簡側の隅で祭壇上に置く。

15 最後に、補佐司祭はカリスを拭いて、いつものように祭壇の中央で整えるであろう。

---

[11] すなわち、右手の義手がある場合。

III. 左腕を欠く司祭のミサ

同じ日に（1920 年 1 月 28 日）、礼部聖省は左腕を失い、ミサをささげることの教皇の特免を得た司祭のための同様の訓令を出した。

ミサの前

6 つの一般的な規則は、以下の点を除き、255 ページにあるものと同様である。

（a）補佐司祭のための清めの器は祭壇の福音書側に置かれる。（b）アルバの左袖はチングルムに固定される（司祭に義手があるのでなければ）。（c）マニプルは肘に近づけて右腕につける。

ミサで

一般的な規則

1　通常の侍者の他に、用意できる時には、別の司祭が常に司式者を補佐するべきである。

2　以下で、この補佐司祭は司式者の左側に立つであろう。

告白で（侍者がいなるのでなければ）

聖福音等で

密唱等で

Da propitius pacem 等で

最後の聖福音で

そして、以下で補佐司祭は司式者の右側に立つであろう。

入祭文等で

奉献等で

Libera, nos 等で

聖体拝領等で

そしてミサの後の祈祷文で

3　司式者は、もし障害がないのであれば、合わせた両手を胸の前あるいは祭壇の端の上で保持すべき時にはいつでも、手を平らにして胸の下に置いて保

つことになっている（聖変化後には人差し指と親指を合わせて）。しかしながら、義手の左手でルブリカをふさわしく遵守することができる場合には、そのように行うべきである。

4　ルブリカが両手を合わせた後で開くよう指示している時にはいつでも、司式者は右手で *a pectore ad pectus* の身ぶり、すなわち右手を胸の中央から右肩と一線になるまで右側に動かすことを行うであろう。例えば *Te igitur* でのように、手を挙げることが規定されている時には、また、手を挙げるであろう。祈祷文、序唱等で、ルブリカが示すように手を保持するであろう。

5　福音書側の隅では、補佐司祭がミサ典書のページをめくるであろう。あるいは少なくとも補佐司祭はこれで助けるであろう。

6　補佐司祭はカノンの始めから聖体拝領までストラ[12]を着用する。

7　司式者がカリスからパラをはずし、カリスをパラで覆う時にはいつでも、より大きな安全性のために、補佐司祭は左手の指をカリスの脚部に置くであろう。そして *Per ipsum* 等の言葉で十字の印をする時にも同じことを行うであろう。

特別な規則

1　司式者が聖福音の文章にキスをする間、司式者はミサ典書の上に手を置き、補佐司祭はミサ典書を持ち上げるであろう。

2　奉献で補佐司祭はカリスからカリスベールをはずし、司教のミサでチャプレンにより[13]、荘厳ミサで奉仕者により行われる全てのことを行うであろう。

3　*Qui pridie* の言葉で、司式者は（補佐司祭の左手で助けられながら）、*accepit panem in sanctas ac venerabiles manus suas* を唱えながらホスチアを取り、*benedixit* を唱えながらホスチアの上に十字の印ができるように、すぐに（ルブリカがカリスの聖変化で指示しているように）再び下に置く。次いで、ホスチアをもう一度持ち上げて、ミサを続ける。

---

[12] ミサの色の（祭服が黒である時には紫）。
[13] 219 ページ参照。

4　*Per ipsum* 等の言葉の前に、補佐司祭は司式者がホスチアを持ち上げるのを助けるであろう。そして、後で自身の指を清めて、拭くであろう。

5　*omnis honor et gloria* の言葉で、補佐司祭はカリスを持ち上げるが、ルブリカに従い、司式者はまだホスチアを保持している。

6　*Pater noster* の後で、補佐司祭は、司教のミサでチャプレンが[14]、そして荘厳ミサで助祭が行うようにパテナを扱い、再び司式者の左側に戻る。

7　司式者がパテナをホスチアの下に滑らせる間、補佐司祭は司式者を助けるであろう。

8　同様に、カリスの上でホスチアを裂くことが補佐司祭の助けで行われるであろう。

9　*Panem caelestem accipiam* の言葉で、司式者は手でホスチアを持ち上げない。手はその後すぐに胸を叩くために用いなければならないであろう。

10　*Domine, non sum dignus* の言葉の時、ホスチアはパテナの上に残っていることになっている。御聖体の拝領の際、補佐司祭はホスチアの片方を他方の上に置いて司式者を助け、次いで補佐司祭は右手でパテナを司式者の顎の下に保持する。後で補佐司祭は指を清めて拭くであろう。

11　かけらを集めた後で、司式者は指でこれらをコルポラーレ上の（置いてある）パテナの端に寄せ、次いで補佐司祭が左手でパテナをカリスの上方に持ち上げて右手でカリスの脚を保持する間、かけらをカリスの中に入れるであろう。

12　補佐司祭は、聖体拝領の際と清めを飲む時に、左手でパテナを司式者の顎の下に保持するであろう。

13　指のためのすすぎを受けるために、司式者はカリスを書簡側の隅で祭壇上に置くであろう。

14　最後に、補佐司祭はカリスを拭いて、いつものように祭壇の中央で整えるであろう。

---

[14] 223 ページ参照。

IV. 足が不自由な司祭のミサ

irregularis ex defectu になるほど足が不自由な司祭は、通常ミサを行うための、そして必要な場合には座ってミサを行うための許可を得ることができる。教区司祭はこの特免を秘跡聖省から、修道司祭は修道聖省から得る。通常この特免に付属する条件は、（ a ）私的な礼拝堂で司式すること、（ b ）できる限り、ミサのカノンの間、あるいは少なくとも聖変化から御血の拝領まで立つべきであること、である。

　当然、この司祭は祭壇の中央の前に座り、片膝をつくことの代わりに、できる限り深くお辞儀をするであろう。

典礼用語小辞典[1]

Altar 祭壇
（a）「固定祭壇」＝「支柱とともに一体として聖別された（石の）テーブル」（C.J.C. 1197）
（b）「可動祭壇」＝「一般的に小さな石で、それのみが聖別されたもの（支柱なしで）、あるいは、基部を伴う同様の石で、基部が石とともには聖別されていないもの」（C.J.C. 1197、§1）[2]

Ambo（複数形──ambos, ambones）説教壇＝上げられた演壇で（一種の rostrum あるいは pulpit）、階段で出入りし、通常聖歌隊席の外で会衆中に位置し、ここから聖なる典礼の一定の部分が、有名なのは荘厳ミサの書簡と聖福音、歌われていたし今なお時々歌われている。

Anamnesis（記念唱）＝キリストが我々のために行ったことをミサにより思い起こすようにとのキリストの命令を果たす聖なる典礼中の祈祷文（ルカ 22:19、コリント 11:24）。ローマ典礼では、これは聖変化の直後の祈祷文 *Unde et memores*、及び *haec quotiescumque* 等の言葉である。

Aspergillum（Aspergil）灌水棒＝聖水を振りかけるために使用される器具（例、はけ）。

Aspersorium（Aspersory）灌水器＝聖水を入れるための持ち運べる容器[3]。

Beneficiary＝（a）聖職禄を有する者。（b）司教座聖堂あるいは参事会管理の教会で、聖歌の務めで参事会の構成員を助ける聖職者。

Bination（Duplication）重複＝特別な権能により（cf. C.J.C. 806）、同じ日に同じ司祭により2つ以上のミサをささげること。

Bows お辞儀：
1　深いお辞儀（深くお辞儀をすること）＝体の深いお辞儀。
2　お辞儀＝体の中位のお辞儀。
3　頭のお辞儀（頭を下げること）＝頭のみの深いお辞儀。

Canon（人）参事会会員＝司教座聖堂あるいは参事会管理の教会の参事会の構成員。

Canon（*Pontificalis*）＝ミサの通常部とカノン、高位聖職者に固有のいくつかの典礼式文が含まれている典礼書。ミサでは、枢機卿及び司教、大修道院長、下級の高位聖職者（例、一定の教皇庁書記官）により、祭壇カードの代わりに使用される。

---

[1] 多くの典礼用語にはいくつかの意味がある。従って、個々の場合での意味は文脈により決められなければならない。この小辞典では、最も重要な典礼用語のための主たる意味が記載されている。

[2] 多くの教会では主祭壇でさえも典礼的な意味で固定祭壇ではないが、その重量と大きさのため、通常の用語の意味では可動ではないかもしれない。そのテーブルの中央に埋め込まれた可動の祭壇石がある。これが真の祭壇であり、これのみが聖別されている。しばしば木製の大きな構造は祝別されても良いが、聖別はできない。

[3] 典礼書では *aspergil* としても用いられる。

Canonical Hours＝7つの「時課」あるいは聖務日課書の毎日の朗唱の部分、あるいは聖務日課（すなわち、朝課と賛課、一時課、三時課、六時課、九時課、晩課、終課）。

Catafalque[4]棺台＝

（a）棺覆いで覆われた柩の形の骨組みで、柩と遺体がない時にこれらを象徴し、この上に死者のための赦免が与えられても良い。

（b）葬儀の儀式中に柩（あるいは遺体がない時、時には装飾を施した棺 casket）をのせる台。

（c）柩の上方のある場所に建てられ、棺覆いで覆われる構造（時には hearse[5]棺と呼ばれる）。

Cathedral 司教座聖堂＝司教区の主たるあるいは母教会で、そこで司教には常置の司教高座（cathedra）がある。

Ceremonies 儀式＝

（a）教会の外的な礼拝に属する全てのもの。

（b）外的な礼拝の動作[6]（姿勢、身振り、移動）。

（c）典礼[7]の実際の実行。

Chancel 内陣＝教区教会で、祭壇の手すり（聖体拝領台）と祭壇の間にある部分。他の大教会では「聖歌隊席 choir」と呼ばれる。

Chapter 参事会＝神の礼拝（聖なる典礼）をより荘厳な方法で執行し、一定の他の聖職儀式を行うために聖職権威により設置された聖職者の団体 college（すなわち、共通の義務と特権がある人々の団体 corporation あるいは有機体）（cf. C.J.C 391）。

A Cathedral Chapter 司教座聖堂の参事会＝神の礼拝をより荘厳な形式で進め、評議会として司教を助け、司教空位の時には司教区の運営を代行するための、司教区の司教座聖堂に付属した、高位の者と参事会会員から成る参事会（cf. C.J.C. 391）。

A Collegiate Chapter 参事会管理の教会の参事会＝司教座聖堂ではなく別の重要な教会に付属した教区司祭の参事会で、特に聖なる典礼の司式により奉仕する[8]。

Choir＝

（a）聖歌隊席。司教座聖堂及び参事会管理の教会、修道院の教会で、身廊から上げられて仕切られた、建物の部分[9]。ここに参事会会員あるいは修道士（あるいは修道女）の座席がある。

---

[4] R.R. VII, iii は遺体がある時に *feretrum* と言及している（上記 b 参照）。遺体がない時には *tumulus*【その元々の意味は「墓」であり、R.R. VII, iii, 13 ではそのように用いられている】あるいは *lectica mortuorum* を用いている。そして高位の者の場合に赦免のために建てられる人目を引く構造のために *lectus mortuorum* あるいは *castrum doloris* を用いている。

[5] 現在では埋葬の場所まで遺体を運ぶ車にも用いられる。

[6] 朗唱されるか歌われる言葉と対照させて（この意味で、儀式は典礼の一部である）。

[7] Rite 典礼を参照

[8] ローマ（及びどこでも）の主なバジリカ、例えばサン・ピエトロ大聖堂、サンタ・マリア・マッジョーレ大聖堂には、このような付属した参事会がある。

[9] 一般的に、これは身廊と祭壇の間である。しかしながら、時には祭壇の後方である。ある教会では、2つの聖歌隊席があり、1つは主祭壇の前、他方は主祭壇の後方である。

（b）（教会の聖歌隊席で）典礼儀式に参加している聖職者（例、助祭は「聖歌隊 choir」の献香を行う）。

（c）聖職者か平信徒の歌手の一団。典礼の一定の部分の歌はこれに委ねられており、独立してあるいは会衆と交唱的にのいずれかで歌う。

Clementine Instruction＝最初に 1705 年にクレメント十一世により、そして最終的な形式が 1731 年にクレメント十二世により出された、四十時間の礼拝の正しい順序のための訓令。

Collegiate Church 参事会管理の教会＝司教座聖堂の参事会会員とは別の、教区の参事会会員の一団により奉仕される教会。

Conopaeum＝天幕状の聖櫃のベール。

Conventual Church＝修道会の修道院（男子もしくは女子）に付属した教会。

Cross 十字

（a）Greek ギリシャ＝等辺の十字（四本の腕木が等しい長さである）。

（b）Latin ラテン＝横の棒が上下の棒よりも短い十字で、頭の部分が横棒の上に突き出る。

Dialogue Mass 対話ミサ＝読唱ミサで、応答のいくつかあるいは全てが、列席者により声を出して唱えられるもの。このミサでは、時に、荘厳ミサで歌われる部分、例、Gloria 及びクレド、もまた司式者とともに声を出して朗唱される。

Dignitary 高位の者＝参事会の構成員で、他の参事会会員よりも優位な特権を持つ者。例、聖堂参事会長 Dean、主唱者 precener。

Duplication（Bination を参照）

Epistolary（Epistolarium）書簡集＝副助祭の使用のための本で、ミサの書簡、あるいは朗読として歌われる pericope（あるいは典礼の使用のために指定された聖書の一節）を含んでいる。

Embolism（挿入、追加）＝ローマ典礼では、*Pater noster* の直後に続き、この祈祷文の最後の嘆願の増幅である祈祷文 *Libera*。

Evangeliarium 聖福音集＝助祭の使用のための本で、ミサの聖福音として歌われる pericope（Epistolary を参照）を含んでいる。

Faldstool 司教用床几＝折り畳んで持ち運べる椅子で、肘掛けはあるが背もたれはなく、典礼儀式の間に、この上に座るか、この前に跪くために司教（及びある下級の高位聖職者）により使用される。

Feria 平日＝平日のための典礼上の名前（従って、「ferial」——平日の、あるいは平日に関係した）。

Footpace＝祭壇が位置している壇（イタリア語の単語 *predella* も使用される）。

Frontal（Antependium, Pallium）＝絹や錦、タペストリーのような一片の高価な織物で、ミサが司式される祭壇の前部を覆う。

Gremial＝一定の儀式で座っている時に司教の膝の上に掛けられる、飾りのあるベール（膝布あるいは前掛け）。

Hebdomadary（Hebdomadarium）＝聖歌隊の職務者、すなわち、聖務日課の合唱の朗唱及び capitular と conventual のミサ（Mass を参照）での司式者として一週間の間（hebdomada）務めることを指名された参事会会員あるいは修道士。

Holy Water（purifying or cleansing water）聖水＝教会により「祝別された」(benedicta)
と呼ばれる変化された水。lustal water とも呼ばれる。

Indult（Apostolic）＝教会の慣習法によって許されていない何かを行うことを許可する、
聖座により与えられた権能。

In plano＝地面で、至聖所の床で（階段上でなく）。

Leonine Prayers＝一定の誦唱ミサの後で唱えられるよう、レオ十三世により命じられた
（1884 年と 1886 年に）祈祷文（天使祝詞3回等）。

Liturgy, The Sacred 聖なる典礼＝

1 頭とメンバーである、イエズス・キリストの神秘体の公共の礼拝全体[10]。

2 （東方教会で）ミサ。

Liturgical Function 典礼儀式＝イエズス・キリストと教会の制定により、聖座により認
可された典礼書に従って、神あるいは聖人、福者に適切な礼拝を行うために合法的に委
任された者により、執行される聖なる行為[11]。

Mass ミサ

1 *Capitular*（Chapter）＝司教座聖堂あるいは参事会管理の教会の conventual のミ
サ（下記参照）。

2 *Conventual* コンベンツアルの＝司教座聖堂と参事会管理の教会、及び聖務日課の合
唱の朗唱と結びついた修道会[12]の教会で、毎日の聖なる典礼の主要な部分として[13]、ルブ
リカにより決定された時間と方法で、聖歌隊席で[14]毎日司式されるミサ[15]。

3 *Parochial* 教区の＝

（a）*Missa pro populo*、すなわち、霊魂の世話[16]をする者[17]によりその信徒のメンバー
のために、一定の日にささげられなければならないミサ。

（b）守るべき日、あるいは教区の人々[18]の益のために[19]教区又は教区に準じた教会での
特別な公共の司式の日に、司式される[20]主たる公共のミサ[21]。

---

[10] Instr., n. 1. 従って、十字架の道行あるいはロザリオの朗唱のような信心の儀式は、
教会内で公的に行われ、司祭によって指導される時であっても、典礼儀式ではない。

[11] C.J.C. 1256; Instr., n. 1.

[12] 男子あるいは女子。

[13] 従って、通常、このミサはその日の聖務日課と一致したものであろう（R.M., n. 286）。

[14] そのため、必ずしもそうではないが通常は、参事会あるいは修道会の共同体の列席を
を伴う。

[15] 通常、（荘厳ミサでない場合）少なくとも歌唱ミサである。

[16] C.J.C. 339, 466.

[17] 例、任地に居住する司教、教区司祭。

[18] S.R.C. 3128, 3887; C.J.C. 821, §2 参照。

[19] すなわち、彼らにミサへの参加を許すこと。しかし、執行の成果が彼らに適用される
という意味ではない。

[20] 通常、教区の司祭の一人によって。

[21] しばしば歌唱ミサであり、いくらか荘厳さの印が加わる（例、主日の灌水式）。

4 *Votive* 随意＝十分な理由のために、その日の日課には適合せずに司式者のあるいは
その上長の、あるいはミサがささげられる意向の者の望み（*votum*）に従って司式され
るミサ。

Memoriale Rituum＝1725 年にベネディクト 13 世により、小さな教区教会での聖母マ
リアの清め、灰の水曜日、及び以前の聖週間の儀式のより単純な形式での執行のために
編集された典礼書[22]。

Ombrellino（又は *umbella*）＝白の絹の傘の形状の小さな天蓋であり、御聖体がある場
所から別の場所に移される時に、御聖体の上で運ばれる（例、S.R.C. 3322 参照）。

Oratory 礼拝堂＝神の礼拝のために定められたが、信徒全員のそこでの宗教の公共の実
践のための使用のためには主として意図されていない場所。

　礼拝堂は、人々のある集団、私的な人々までもの便利のために主として建てられてい
るが、しかし、信徒が一般に、少なくとも神の儀式の間に立ち入る権利がある場合には、
公共的である。一定の共同体あるいは信徒の一団のために建てられていて、誰にでも開
放されている訳ではない場合には、半公共的である（例、大学あるいは女子修道院の礼
拝堂）。ある家族あるいは私人の益のためだけに私的な家の中に建てられた場合には、私
的である（C.J.C. 1188）。

Office, Divine 聖務日課＝聖務日課書と呼ばれる典礼書中に含まれている公共的な発音
する祈祷文の一形態。これは教会によって準備され、教会の名において上級品級の全聖
職者、教会の聖職禄の全保持者、一定の男子・女子修道会の厳然と告白した構成員によ
り毎日唱えられるよう命じられている（C.J.C. 135, 610, 1475 参照）。

Office(s), Divine＝

1　公共的な神の礼拝の全ての儀式（例、C.J.C. 269，§3; 1188，§2 参照）。

2　毎日の典礼の全て[23]、すなわち、時課及び conventual のミサ。

Ordinary（人）裁治権者＝外的な「forum」[24]で、明示された地域あるいは一定の人々
の一団に、「通常の」裁治権（すなわち、教会法自体によりある地位か職務に付属する支
配力）を持つ聖職者。従って、例えば、居住している司教（及びその司教総代理）は司
教区の「裁治権者」である。大修道院長は修道院の、大上長は修道会あるいは集会の構
成員の「裁治権者」である（C.J.C. 198，§1: 488. 参照）。

　「その地の裁治権者」には狭い意味がある。これは修道会の上長を含まない（C.J.C. 198,
§2）。

---

[22] 他の小さな教会あるいは礼拝堂でのこれの使用は、使徒座の許可によってのみ許され
た。現在では *The Simple Rite of the Restored Order of Holy Week* (1957)が全ての小さ
な教会と礼拝堂での使用のために認可されている。

[23] C.J.C. 413; C.E. II, xxxiii, 33 参照。*Divina officia* には C.J.C. 2256 でも定義された特
別な教会法に基づいた意味がある。

[24] すなわち、教会が教会の公共の福祉に影響する事柄及び教会の主題の事柄に権限を振
るう範囲。

Ordinary（ミサの）通常部＝不変の、あるいは実際的に不変のミサの部分であり、この中に「固有部」が骨組みへのように、はめ込まれる[25]。

Patron Saint（ある場所の）守護聖人＝ある場所（国、管区、司教区、市、町）により、あるいは法人（社会）により選ばれ、そして、特別な栄誉の対象として、また示された場所あるいは人々の一団の神の代弁者として、聖座の認可により指定された聖人（C.J.C. 1278; S.R.C. 3048）。

Pax-brede[26]＝貴金属や大理石等の平板あるいは円盤で、聖像を帯びた持ち手があり、ミサ中に平和の接吻を司式者から一定の人々に伝えるために *Agnus Dei* の後で使用される。

Pericope＝聖なる典礼中に歌われるか読まれるよう指定された聖書の一節。

Pontificals（*Pontificalia*）司教の印＝Insignia、あるいは聖務日課を司教的に司式する時に[27]高位聖職者により身につけられる儀式上の装飾。

　使用する権利のある全ての高位聖職者に共通の pontificals は長靴とサンダル、手袋、ダルマチカとトゥニチェラ、指輪、胸十字架、司教冠である。*Canon Pontificals*[28]もまた ”pontificals” の１つと見なされている[29]。そして裁治権の領域内で、上級の高位聖職者のための高座と司教杖である[30]。

“Pontificalia Exercere”＝

（ａ）（教会法で）「典例法規に従って、司教のしるし、すなわち司教杖と司教冠を必要とする儀式を執行すること」（C.J.C. 337 §2）

（ｂ）（聖なる典礼で）聖務日課を高位聖職者に特有の典礼に従って司式すること[31]。

Prelate 高位聖職者＝

（ａ）（真の）在俗のあるいは修道会の聖職者で、*in foro externo* で通常の裁治権を有する者（C.J.C. 110）。（Ordinary を参照）

（ｂ）（名義の、あるいは名誉の）＝聖座から高位聖職者の名と位階を受けている聖職者。この者は “Monsignor” を称され、特別な典礼上の特権を享受する（C.J.C. 812; S.R.C. 4154. 参照）。

Prelate, Greater 上級の高位聖職者＝あらゆる場所での枢機卿（ローマ外で）、任地における教皇大使、派遣地における教皇使節、自身の管区での大司教、自身の司教区での司教、自分の裁治権の地での大修道院長。

---

[25] より正確には「ミサの通常部　Order (Ordo) of Mass」と呼ばれる。これはミサ典書中で聖土曜日と御復活の主日のミサの間に挿入されている。近代のミサ典書では、*Sacntus* からミサの終わりまでのこれの第二部全体が *Canon Missae*（ミサのカノン）と呼ばれていた。しかしながら、1962 年のミサ典書では *Pater noster* から終わりまでのページの先頭に ”*Ordo Missae*” と書かれている。

[26] *Instrumentum pacis.*　R. X, 3; C.E. I, xxiv, 6, 12; xxix, 8, xxx, 2 参照。

[27] これらのいくつかは非司教ミサでさえも高位聖職者により用いられる。

[28] “Canon” を参照。

[29] S.R.C. 4154（§§10, 27, 31, 70, 80）参照。

[30] C.J.C. 239 (15⁰), 337, 274 (6⁰), 325; S.R.C. 4154; 1934 年 8 月 15 日の使徒憲章 *Ad incrementum*（A.A.S. 1934, p. 497 ff）

[31] 例えば、S.R.C. 4154（§§7, 25）参照。

Proper（ミサの）固有部＝その日あるいは祝われている祝日に応じて変わるミサの典礼の部分。固有部には２つの部分がある。季節の（de tempore）固有部と聖人の固有部である。

Recto tono 単純調で＝同じ音符（同じ調子）で、一様な声で、抑揚や音調の変化なしで歌われること。

Regulars（Regular Clergy）修道聖職者＝

1　修道会の誓願をした構成員（従って、神聖な誓願を行った者、C.J.C. 488）。

2　（一般的な意味で）「在俗の」（あるいは教区の）[32]聖職者に対して、誓願により拘束され、会則（regula）に従って共同体で生活する聖職者。

Religious＝宗教機関（修道会あるいは集会）で誓願を行った者（C.J.C. 488, §7[0]）。

Rite 典礼＝

1　宗教儀式の形式と方法[33]（すなわち、唱えられるべき言葉、及びどの所定の礼拝の外的な行為を執行する際にも行われるべき動作、例えば洗礼の典礼）。

2　一定のカトリックの一団により用いられる公共的な礼拝の形式（例、ローマ典礼、東方典礼、アンブロジオ典礼）。

Sacrarium[34]（Piscina）サクラリウム＝蓋付きの洗面器[35]で、これから地中に走る管があり、この中に聖なる目的のために使用された水あるいは他の物（例、聖なるリネンを儀式的に洗うために使用された水、祝別された灰の残り）が片付けるために投じられる。

Sanctuary（または Presbytery）[36]至聖所＝主祭壇を直接取り囲む教会の（東側の）部分[37]（しばしば聖歌隊席よりも、一段以上高い）。

Sedile（Sedilia）＝司式者と助祭、副助祭のための場所のある座席あるいは腰掛け。至聖所の書簡側に置かれる（R.G. XVII, 6; C.E. I. xii, 22）。

Titular（Title）称号＝

（a）（教会の）神の位格、神秘[38]、聖なる物[39]、あるいは聖人で、その名においてそしてその栄誉のために教会または礼拝堂が創建されて聖別されるか荘厳に祝別され、その名をとって命名される（C.J.C. 1168; 7; S.R.C. 3048 参照）。

（b）（祭壇の）神の位格、神秘、聖なる物、あるいは聖人で、その名においてそしてその栄誉のために、固定か可動の祭壇が聖別される（C.J.C. 1201 参照）[40]。

---

[32] 時には、修道聖職者は教区聖職者でもある。

[33] ordo の言葉はこの意味でも用いられる。例、Ordo Missae, ordo administrandi Sacramenta。

[34] この言葉は教会ラテン語において（a）香部屋 sacristy、（b）礼拝堂 chapel あるいは聖堂 shrine、のためにも用いられる。

[35] 通常、至聖所の南の壁あるいは香部屋内、また洗礼堂内にある。

[36] 時にはこの用語は聖歌隊席全体に適用される。

[37] 小さな教会——聖歌隊席あるいは内陣がない——では、これは聖体拝領台と祭壇の間の教会の部分である。

[38] 例、受肉。

[39] 例、聖十字架。

[40] 主祭壇の第一のtitularは教会自体のtitularと同じであるべきである（C.J.C. 1201, §2）。

参考文献

(AB) Appeltern, B. Victorius, *Sacrae Liturgiae Promptuarium* (Beyaert, 1913).

Aertnys, Jos., and Dankelman, A., *Compendium Liturgiae Sacrae* (Marietti, 1936).

Alphonsus M. de Liguori (St.), *Liber de Caeremoniis Missae* (edition of G. Schober, Pustet, 1882).

Amicis, De, P., *Caeremoniale Parochorum* (Ephemerides Liturgicae, 1948).

———— *Il Cerimoniale Completo* (Pustet, 1921).

Ami du Clergé (1879-1963).

Angelis, Seraphinus de, *De Indulgentiis* (Libreria Editrice Vaticana, 1950).

Attwater, D., *The Catholic Encyclopaedic Dictionary* (Cassell, 1931).

Augustine, C. A., *Liturgical Law* (Herder, 1931).

Baldeschi, Giuseppe, *Esposizione delle Sacre Cerimonie* (Desclée, 1959).

Barin, L. R., *Catechismo Liturgico* (1932, 1934, 1935).

Beringer, Fr., *Les Indulgences* (Lethielleux, 1925).

Bootsma, G., *Tractatus de Officio Divino et Missa* (Herder, 1928).

Braun, J., *I Paramenti Sacri* (Marietti, 1914).

Brehm, F., *Synopsis Additionum et Variationum in Editione Typica Missalis Romani Factarum* (Pustet, 1920).

Britt, M., *How to Serve in Simple, Solemn and Pontifical Functions* (Bruce, 1934).

Bugnini, A., *Liturgia Viva* (Ancora, Milano, 1962).

Caeremoniale Romano-Seraphicum (1927).

Callewaert, C., *Caeremoniale in Missa Privata et Solemni* (Beyaert, 1934).

———— *De Sacra Liturgia Universim* (Beyaert, 1953).

———— *De Missalis Romani Liturgia* (Beyaert, 1937).

Carpo, De, A. M., and Moretti, A., *Caeremoniale juxta Ritum Romanum* (Marietti, 1932).

Catalani, G., *Caeremoniale Episcoporum . . . Commentariis Illustratum* (Jouby, 1860).

Catholic Encyclopedia (New York, 1912).

Cavanagh, W. T., *The Reservation of the Blessed Sacrament* (Catholic University of America, 1927).

Ceremonial for the Use of the Catholic Churches in the United States of America, Ninth Edition (revised by Rev. W. Carroll Milholland, S.S., Kilner, 1935).

Clergy Review (1931–1963).

Coelho, A., *Corso di Liturgia Romana* (Marietti, 1936-1940).

Collins, H. E., *The Church Edifice and its Appointments* (Newman Press, 1953).

Croegart, A., *see* "Stappen."

参考文献

—— *Tractatus de Rubricis Missalis Romani* (Dessain, 1935).

Dell'Oro, Fr., *La Semplificazione delle Rubriche* (D'Auria, 1960).

Deodati, G., and Toscano, A., *Manuale Pratice di Sucre Cerimonie* (Scuola Tip. Salesiana, 1928).

Dictionnaire D'Archéologie Chrétienne et de Liturgie (Letouzey et Ané, 1907-).

Dictionnaire de Droit Canonique (Letouzey et Ané, 1924-).

Dictionnaire de Theologie Catholique (Letouzey et Ané, 1909-).

Dubosq, R., *Le Guide de l'Autel* (Desclee, 1938).

Dunne, W., *The Ritual Explained* (Herder, 1940).

Enchiridion Indulgentiarum (Vatican Press, 1952).

Ephemerides Liturgicae (1887-1963).

Eucharistia (Encyclopedic Populaire; Bloud et Gay, 1934).

Favrin, B., *Praxis Sollemnium Functionum Episcoporum* (Pustet, 1926).

Feldhaus, A. H., *Oratories* (Catholic University of America, 1927).

Fortescue, A., and O'Connell, J., *Ceremonies of the Roman Rite Described* (Burns, Oates, and Washbourne, 1961).

Gatterer, M., *Annus Liturgicus* (Rauch, 1935).

—— *Praxis Celebrandi Functiones Ordinarias Sacerdotales* (Rauch, 1940).

Gavanti, B., and Merati, C. M., *Thesaurus Sacrorum Rituum* (Venice, 1744).

Gemert, P. A., *Rubricarum ac Caeremoniarum Promptuarium* (1935).

A Grammar of Plainsong (Stanbrook Abbey, 1926).

Gromier, L., *Commentaire de Caeremoniale Episcoporum* (La Colombe, 1958).

Guilfoyle, *Custom in the Code of Canon Law* (Catholic University of America).

Hanin, A., *La Législation Ecclésiastique en matière de Musique Religieuse* (Desclée, 1933).

Hébert, L., *Leçons de Liturgie* (Berche et Pagis, 1937, 1952).

Hecht, F. X., *Rubricae Generales Missae* (Ephemerides Liturgicae, 1940).

Herdt, De, J. B., *Praxis Pontificalis* (Van Linthout, 1873).

—— *Sacrae Liturgiae Praxis* (Van Linthout, 1902).

Hove, Van, A., *Tractatus de Sanctissima Eucharistia* (Dessain, 1933).

Irish Ecclesiastical Record (1864-1963).

James, R., *Origin and Development of Roman Liturgical Vestments* (1934).

Kieffer, G., and Guillaume, R., *Précis de Liturgie Sacrée* (Salvator-Casterman, 1937).

Kuenzel, L., *A Manual of the Ceremonies of Low Mass* (Pustet, 1923).

Lane, J., *Notes on Some Ceremonies of the Roman Rite* (Newman, 1961).

"La Scala," *Sintesi delle Innovarioni Nella Messa et Nel Missale* (1963).

Lechner, J., and Eisenhofer, L., *The Liturgy of the Roman Rite* (Herder, 1961).

Lesage, R., *Dictionnaire Pratique de Liturgie Romaine* (Bonne Presse, 1952).

Liturgia (*Encyclopedic Populaire*, Bloud et Gay, 1930).

McManus, F. R., *Handbook for the New Rubrics* (Helicon Press, and Geoffrey Chapman, 1961).

参考文献

Martimort, A.-G., and Picard, F., *Liturgie et Musique* (Editions du Cerf, 1958).

Martimort, A.-G., and others, *L'Eglise en Prière* (Desclée, 1961).

Martinucci, P., and Menghini, J. B., *Manuale Sacrarum Caeremoniarum* (Pustet, 1911-1915).

Moretti, A., *Caeremoniale Juxta Ritum Romanum* (Marietti, 1936-1937).

Müller, J. B., *Handbook of Ceremonies* (Herder, 1927).

Mytych, J. F., *Digest of Church Law on Church Music* (1959).

Nabuco, J., *Jus Pontificalium* (Desclée, 1956).

O'Connell, J. B., *How to Serve Mass* (Brepols, 1928).

—— *The Clementine Instruction* (a Translation and Commentary) (Burns, Oates, and Washbourne, 1927, 1949).

—— *Simplifying the Rubrics* (Burns and Oates; Bruce, 1955).

—— *Church Building and Furnishing, The Church's Way* (Burns and Oates, 1955).

—— S.R.C. *Instruction on S. Music and Liturgy, Translation and Commentary* (Burns and Oates, 1959).

O'Connell, Laurcnce J., and Schmitz. Walter J., *The Book of Ceremonies* (Bruce, rev. 1956).

O'Kane, J., and Fallon. M. J., *Notes on the Rubrics of the Roman Ritual* (Duffy, 1932).

O'Leary, P., *Pontificalia* (Browne and Nolan. 1895).

Oppenheim. P., *Institutiones Systematica — Historicae in Sacram Liturgiam* (Marietta 1938-1940).

Paroisse et Liturgie (Abbaye de Saint André. Bruges).

Perardi, G.. *La Dottrina Cattolica — Culto* (Torino, 1938).

Periodica de Re Morali, Canonica, Liturgica (1922-1963).

Questions Liturgiques et Paroissiales (Les) (Louvain, 1910-1963).

Radó. P.. *Enchiridion Liturgicum* (Herder, 1961).

Romita. F., *Jus Musicae Liturgicae* (Marietti, 1936).

Roulin. E. A., *Vestments and Vesture* (Sands, 1931).

—— *Nos Eglises* (Lethielleux, 1938).

Schmidt, H.. *Introductio in Liturgiam Occidentalem* (Herder, 1960).

Schoher, G.. *Caeremoniae Missarum Solemnium et Pontificalium* (Pustet, 1909).

Stappen, J. Van Der, and Croegaert. A., *Caeremoniale* (Dessain, 1933 and 1935).

Stehle. A., *Manual of Episcopal Ceremonies* (1916).

Sunol, G., *Text Book of Gregorian Chant* (Desclée. 1930).

Trimeloni, L., *Compendio di Liturgia Pratica* (Marietti, 1959).

Vavasseur, L., Le, Haegy. J., and Stercky. F., *Manuel de Liturgie et Cérémonial* (Gabalda, 1935).

—— *Les Fonctions Pontificates* (1932).

Veneroni. P., *Manuale di Liturgia* (Artigianelli. 1933 and 1936).

Vismara. E. M., Le Funzioni della Chiesa (Torino, 1934 and 1935).

参考文献

Wapelhorst. I., *Compendium Sacrae Liturgiae* (Benziger. 1931).

Webb, G., *The Liturgical Altar* (Burns and Oates, 1939).

Wuest, J., and Mullaney, T. W., *Matters Liturgical* (Pustet, 1956).

Zualdi, F., and Capoferri, S., *Caerenumials Missae Privatae* (Marietti, 1922).

Zualdi-Murphy, *Sacred Ceremonies of Lew Mass* (1961).

The manuals of Moral Theology of S. Alphonsus, Aertnys-Damen, Cappcllo. Davis, Genicot, Gury-Ferreres, Jorio, Marc, Merkelbach, Noldin, Prummer, Vermeersch.

The Manuals of Canon Faw of Agius. Augustine, Bouscaren-Ellis, Bouvaert-Simenon. Cance. Cappello, Cocchi, Coronata, Fanfani, Gasparri, Vermeersch-Creusen. Wernz-Vidal.

索引

276

www.ingramcontent.com/pod-product-compliance
Lightning Source LLC
Chambersburg PA
CBHW071208090426
42736CB00014B/2750